L'INDEX GLYCÉMIQUE :
UN ALLIÉ POUR
MIEUX MANGER

L'INDEX GLYCÉMIQUE : UN ALLIÉ POUR MIEUX MANGER

PROFESSEUR JENNIE BRAND-MILLER
KAYE FOSTER-POWELL
PROFESSEUR STEPHEN COLAGIURI
PROFESSEUR GÉRARD SLAMA

RECETTES DE KAYE FOSTER-POWELL
ET DE LISA LINTNER

MARABOUT

Traduction de Dominique Françoise.
© Professeur Jennie Brand-Miller, Kaye Foster-Powell et Professeur
Stephen Colagiuri, 1996, 1998, 2000, 2002.
La troisième édition de *The Glucose Revolution* a été publiée pour la
première fois en 2002 par Hachette Livre Australie. Cette version
française est publiée avec l'accord de Hachette Livre Australie Pty
Limited.
© Marabout, Hachette Livre, 2006 pour la traduction et l'édition
française.

Jennie Brand-Miller, professeur en Nutrition humaine au sein du département Nutrition humaine, biologie moléculaire et microbienne de l'université de Sydney et Présidente de la *Nutrition Society of Australia.* Cette spécialiste de l'index glycémique qui, pendant plus de vingt-quatre ans, a donné à des étudiants post-doctoraux des cours en nutrition et diététique dirige aujourd'hui une équipe de douze chercheurs. Ses travaux sur le taux de glucose dans le sang lui ont valu de se voir décerner la *Clunies Ross National Science and Technology Medal.*

Kaye Foster-Powell, diététicienne de renom spécialisée dans le diabète. Son diplôme de nutrition et de diététique en poche, elle se lance dans la recherche. Depuis plus de quinze ans, elle travaille sur l'index glycémique des aliments et ses répercussions sur l'organisme. Au sein du *Wentworth Area Diabetes Services,* elle donne des consultations aux personnes désireuses de découvrir ce qui se cache derrière l'appellation « index glycémique ». Après avoir publié *The GI Factor,* elle a continué ses recherches et livre aujourd'hui aux scientifiques et au grand public les résultats des découvertes les plus récentes.

Stephen Colagiuri, directeur du *Diabetes Centre* et Chef du département Endocrinologie, Métabolisme et Diabète de l'hôpital Prince of Wales (Randwick, Pays de Galles du Sud). Diplômé de l'université de Sydney en 1970, il devient membre du *Royal Australasian College of Physicians* en 1977. Il exerce parallèlement à l'université du Pays de Galles du Sud. Il a écrit plus de cent articles scientifiques, la majorité ayant trait au rôle capital que jouent les glucides dans l'alimentation des sujets diabétiques.

Lisa Lintner, diplômée en économie en 1974 et en cuisine *(Advance Cordon Bleu)* en 1977, obtient son diplôme d'enseignante en 1979. Durant plus de dix ans, elle a dispensé des cours en hébergement et restauration au sein des universités de Sydney Est et Sydney Nord. Elle a ensuite publié un livre de cuisine intitulé *Vegetables – A Taste of the Country.* Plus récemment, elle a concocté chacune des recettes publiées dans *The New Glucose Revolution Life Plan.* Elle a ouvert une école de cuisine au nord de Sydney dans laquelle sont formés des étudiants désireux de développer leurs talents culinaires tout en privilégiant les aliments ayant un index glycémique bas.

Gérard Slama, professeur d'Endocrinologie, Diabète, Maladies métaboliques à l'université René Descartes de Paris V, a dirigé le service de diabétologie de l'Hôtel-Dieu pendant plus de quinze ans. Il a été président de nombreuses sociétés savantes, aussi bien françaises qu'européennes. Il est notamment l'auteur de *Mieux vivre avec un diabète,* paru chez Odile Jacob en 2003.

Remerciements

S ans la collaboration de nombreuses personnes, cet ouvrage n'aurait jamais vu le jour, et nous tenons à remercier chaleureusement chacune d'entre elles. En 1995, c'est Catherine Saxelby qui nous encouragea à nous lancer dans la rédaction d'un premier ouvrage, intitulé *The GI Factor*. Philippa Sandall, alors responsable de l'édition au sein de Hodder Headline, s'impliqua dans le projet, vérifiant que le fond et la forme étaient accessibles au grand public ; devenue notre agent littéraire, Philippa a toujours travaillé avec nous, contribuant au succès que remporta chacun de nos livres.

À cette nouvelle édition ont collaboré Deonie Fiford, éditrice minutieuse chez Hodder Headline, et Lisa Lintner, consultante spécialisée dans le domaine de l'agroalimentaire, qui a concocté et testé la plupart des recettes rassemblées dans la deuxième partie. Grâce au travail énorme fourni par le Dr Susanna Holt, nous avons pu inclure à la fin de cet ouvrage des listes récapitulatives mentionnant l'index glycémique des aliments les plus consommés. Nous la remercions vivement, ainsi que tous les étudiants et les volontaires qui ont participé aux tests réalisés au département de nutrition humaine de l'université de Sydney. Nous devons beaucoup à celles et à ceux qui ont cru en nous et ont recommandé chacun de nos ouvrages publiés, notamment la Diabetes Australia et la Juvenile Diabetes Research Foundation. De nombreux diététiciens, médecins et lecteurs nous ont fait part de leurs remarques judicieuses et nous ont fait profiter de leur expérience. Parmi eux, nous remercions tout particulièrement Shirley Crossman, Martina Chippendall, Helen O'Connor, Heather Gilbertson, Alan Barclay, Rudi Bartl, Kate Marsh, Toni Irwin, Rick Mendosa, Ted Arnold, Warren Kishon, Bob Moses, Ian Caterson et Stewart Truswell.

Enfin, un grand merci à John Miller, Jonathan Powell et Ruth Colagiuri, qui n'ont pas hésité à passer des nuits et des week-ends entiers à travailler d'arrache-pied.

Sommaire

Préface

L'ouvrage mis à la disposition des lecteurs francophones est la traduction d'un best-seller mondial écrit par le Pr Jennie Brand-Miller : professeur de nutrition humaine à l'université de Sydney, en Australie, elle a consacré une part de son activité de recherche à des études sur les glucides et à l'élucidation des mécanismes et des effets variables de cette classe alimentaire dans différents types de populations de sujets sains ou porteurs de telle ou telle affection, comme l'obésité ou le diabète. Sa notoriété est internationale. Durant ces quinze dernières années, elle a puissamment contribué à l'acceptation grandissante, sinon universelle, du concept d'index glycémique. Elle est donc l'un des spécialistes incontestés. Outre ses multiples articles parus dans des revues scientifiques du monde entier, elle a publié avec ses collaborateurs et collaboratrices de nombreux ouvrages grand public tant en Australie qu'au Canada, avec un autre pionnier dans ce domaine, le Pr Thomas Wolever. Voici donc maintenant une version française, adaptée chaque fois que cela nous a semblé nécessaire, où quelques indications trop exotiques pour un public francophone ont été éliminées – cela a été fait quand cela nous paraissait ne pas dénaturer la qualité et la précision du message.

Cet ouvrage comporte quatre parties :
• la première partie explicite ce qu'est l'index glycémique d'un aliment ;

• la deuxième partie est un guide pratique pour utiliser cette notion dans la vie de tous les jours ;

• la troisième partie indique l'utilité de cette notion dans des situations particulières ;

• la quatrième partie donne d'une façon condensée, sous la forme de deux listes successives, les valeurs d'index glycémique, le poids d'une portion usuellement consommée, la teneur en glucides assimilables et la charge en glucose de la portion considérée.

À la fin de l'ouvrage se trouvent une bibliographie brève, un index et un index des recettes.

Avec l'édition de cet ouvrage, le public francophone dispose ainsi de la première source exhaustive, accessible à tous, au grand public comme aux professionnels, sur l'index et la charge glycémique des aliments ; un tel livre manquait cruellement. Nous espérons qu'il aidera à mieux utiliser cette notion nouvelle – néanmoins vieille de vingt ans ! –, qui n'est pas amenée à se substituer aux notions anciennes de nutrition et de diététique, mais qui doit davantage être considérée comme un complément, apportant des informations utiles à la fois aux sujets sains, à tous les âges de leur vie, et aux personnes souffrant d'obésité, de diabète ou de maladies cardio-vasculaires. Nous espérons également qu'il rendra service et permettra une meilleure diffusion de ces concepts sur lesquels nous avons nous-même travaillé depuis près de deux décennies, ayant pu vérifier par des travaux, aussi bien chez les animaux que chez les humains, diabétiques ou sains, qu'ils comportaient des avantages potentiels majeurs à moyen ou à long terme. Le lecteur doit bien comprendre que cet ouvrage ne propose en aucune façon un changement radical de sa façon de se nourrir, ne prononce aucune exclusion, encore moins une « diabolisation » de telle ou telle catégorie d'aliments. Il s'agit d'éveiller la conscience du consommateur quotidien pour orienter son choix, un choix préférentiel mais non exclusif, au fil des jours, des semaines, des années. La consommation des aliments les plus « mal cotés » dans les tables fournies est tout à fait acceptable ; elle est simplement recommandée, associée, chaque fois que possible, à d'autres produits « mieux cotés » afin d'atténuer les effets qui, à très long terme, seraient relativement nocifs.

Nous voudrions mettre particulièrement en garde contre une interprétation trop étriquée de l'index glycémique : un examen attentif des listes réunies en fin d'ouvrage montre clairement que les valeurs indiquées pour un même aliment peuvent parfois considérablement varier d'un laboratoire à un autre, d'un pays à un autre. Il convient de prendre les valeurs mentionnées comme des indications relatives, qui n'ont pas la signification « définitive » que la précision du chiffre laisserait croire. Bien qu'il soit précis, le chiffre donné pour tel ou tel aliment doit être interprété comme étant « de l'ordre de... », « compris entre... et... ». C'est pour intégrer ce caractère relatif que certaines équipes, dont la nôtre, ne voulant pas faire de leurs patients des « comptables-douaniers » de la calorie, de l'index et de la charge glycémique, leur fournissent des indications semi-quantitatives, classant les aliments en aliments à index glycémique élevé, moyen ou faible.

En tout état de cause, la notion d'index glycémique n'est pas la seule qui devra être prise en compte : elle devra être interprétée en même temps que la valeur calorique, la teneur en lipides et leur nature, et la charge glycémique qui, pour cette dernière, tient compte de la quantité consommée. Qu'importe, par exemple, qu'un sirop pour la toux comporte du sucre si l'on doit en consommer une cuillerée à dessert trois fois par jour ; l'index glycémique de la pastèque est très élevé, mais sa charge glycémique est très faible et sa consommation tout à fait recommandable.

À notre avis, une alimentation tenant relativement compte des notions d'index et de charge glycémique aura des effets chez le sujet indemne de toute pathologie comme une mesure de prévention efficace à l'horizon des vingt ou trente années à venir ; il est très vraisemblable que les bénéfices largement vantés et connus de tous de ce qu'il est convenu d'appeler la « diète méditerranéenne » – dont les effets ont été attribués, peut-être d'une façon abusive, à la consommation d'huile d'olive (et plus généralement d'huile riche en acides gras mono insaturés) – devraient être également ment crédités à l'apport en fibres, en fruits, en antioxydants et à la valeur basse de l'index glycémique des repas traditionnels. Le bénéfice d'une alimentation à faible index glycémique est mesurable, à bien plus court terme, chez les patients souffrant de diabète, d'obésité, d'hypercholestérolémie et d'hypoglycémie, mais également dans les performances scolaires matinales des enfants ou des sportifs de tout poil.

Actuellement, il n'existe aucune législation européenne ni française obligeant à faire porter la valeur de l'index glycémique sur l'étiquetage des produits alimentaires industriels. En revanche, cette indication est largement diffusée dans certains pays tels que l'Australie, mais également l'Afrique du Sud et le Canada, sur la base d'une démarche volontaire des industriels concernés. Cet étiquetage commence aussi à apparaître en Europe ; il est parfois seulement disponible sur demande auprès du fabricant. Nous espérons vivement que ce livre et l'intérêt qu'il saura susciter dans le public aideront à l'extension de cette pratique.

Malgré tout l'intérêt que, nous en sommes sûr, vous porterez à cet ouvrage, voici un dernier conseil : ne le dévorez pas gloutonnement mais dégustez-le par petites bouchées ; attendez son assimilation avant de cheminer jusqu'à son terme. Bonne lecture !

Pr Gérard Slama

Introduction

L' *index glycémique : un allié pour mieux manger* s'adresse à chacun d'entre nous ! Aux personnes diabétiques et aux personnes souffrant d'un trouble cardio-vasculaire ou du syndrome d'insulinorésistance, mais également à celles qui veulent contrôler leur poids et qui ont tout à gagner en appliquant les recommandations préconisées dans cet ouvrage. Il s'adresse aussi aux individus prêts à tout mettre en œuvre pour éviter de développer l'une ou l'autre de ces maladies et pour améliorer leur santé.

En 1996, nous avons écrit *The G.I. Factor,* le premier livre sur l'index glycémique, une découverte qui a révolutionné le monde médical et a changé le regard que nous portions sur notre alimentation. Six ans plus tard, *The G.I. Factor, G.I. Plus* et une collection de guides de poche comptent parmi les meilleures ventes aux États-Unis, en Grande-Bretagne et dans d'autres pays. Depuis la parution de ces ouvrages, de nombreuses études ont été réalisées sur l'index glycémique ; c'est la raison pour laquelle, poussés par les lettres et les témoignages que nous ont adressés des milliers de lecteurs du monde entier, nous avons décidé de rédiger un livre qui regrouperait et livrerait au grand public les résultats des recherches les plus récentes.

Définition

L'index glycémique (IG) permet de mesurer la *qualité* des glucides ingérés ; une comparaison des différents glucides est effectuée (gramme par gramme) afin de déterminer leur effet immédiat sur le taux de glucose dans le sang (glycémie) :

• les glucides qui se décomposent rapidement lors de la digestion ont un index glycémique **élevé** ; le taux de glucose sanguin augmente fortement en très peu de temps ;

• les glucides qui se décomposent lentement et libèrent peu à peu le glucose dans le sang ont un **faible** index glycémique.

L'index glycémique sert à mesurer la qualité des glucides, ce qui permet d'identifier ceux qui font le plus monter le taux de glucose sanguin. Connaître la valeur de l'index glycémique des aliments que vous consommez est essentiel, car vous pourrez ainsi sélectionner les glucides qui vous aideront à vous maintenir en bonne santé et à vous sentir bien dans votre corps. Si, il y a quelques années encore, nous pensions que seules les personnes diabétiques devaient se préoccuper de l'index glycémique des aliments, aujourd'hui nous avons la conviction que cet élément doit impérativement être pris en compte par toutes celles et tous ceux qui se sentent concernés par leur santé. Nous savons tous que le taux de « sucres » contenu dans le sang – en fait, le taux de glucose – augmente et diminue tout au long de la journée. Malheureusement, la plupart des informations disponibles à ce jour sur les aliments et sur la glycémie sont erronées. En publiant *L'Index glycémique : un allié pour mieux manger,* nous tenons à rétablir la vérité quant à la relation existant entre les glucides et le taux de glucose sanguin.

La quantité et la qualité des glucides

• C'est avant tout la teneur en glucides des aliments consommés qui fait varier le taux de glucose dans le sang à la suite d'un repas (glycémie postprandiale).
• C'est non seulement la quantité mais également la qualité des glucides consommés qui fait fluctuer le taux de glucose sanguin.
• Des aliments possédant la même teneur en glucides n'auront pas les mêmes effets sur le taux de glucose sanguin. En effet, tout dépend du type ou de la qualité desdits glucides, c'est-à-dire de leur index glycémique.

Nous avons commencé à nous intéresser à l'index glycémique des aliments dans les années 1980, tandis qu'aux quatre coins du monde les autorités sanitaires soulignaient pour la première fois les bienfaits d'une alimentation riche en glucides. Jusqu'alors, le grand public et les chercheurs étaient surtout préoccupés par les graisses alimentaires – ce qui, dans une certaine mesure, est encore vrai aujourd'hui. Or, qui dit régimes pauvres en graisses dit régimes riches en glucides. Les nutritionnistes ont commencé à se poser des questions : les glucides sont-ils tous identiques ? Les amidons ont-ils tous des effets bénéfiques sur la santé ? Les sucres sont-ils tous à proscrire ? Quels sont les effets des glucides sur le taux de glucose sanguin ? Plusieurs études ont été menées afin d'identifier les aliments riches en glucides qui faisaient le moins fluctuer la glycémie et semblaient avoir des effets salutaires sur l'organisme, notamment en réduisant les risques de développer un diabète ou une maladie cardio-vasculaire.

Au cours des vingt dernières années, un nombre impressionnant de travaux scientifiques portant sur l'index glycémique ont montré que les aliments contenant des glucides peuvent avoir des effets diamétralement opposés sur le taux de glucose sanguin ; ces différences, cela va de soi, ne sont pas sans conséquences sur l'organisme. De notre côté, nous avons étudié les effets de l'index glycémique sur le diabète, le contrôle du poids et la maîtrise de l'appétit, mais également avant, pendant et après un effort physique et/ou la pratique d'une activité sportive. Grâce aux différentes recherches que nous avons menées ainsi qu'aux témoignages des lecteurs de *The G.I. Factor,* nous avons découvert que l'index glycémique des aliments joue un rôle crucial dans notre existence, voire, dans certains cas, protège le capital santé et augmente l'espérance de vie.

Les chercheurs du monde entier, y compris ceux de notre laboratoire, ont déterminé l'index glycémique de plusieurs centaines d'aliments, consommés seuls ou avec d'autres ; en effet, un repas est en général constitué de plusieurs aliments. Ils ont également entrepris des études à long terme afin de définir si l'index glycémique pouvait avoir une influence bénéfique sur les personnes diabétiques et les sujets à risque. Des travaux entrepris aux États-Unis ont montré que les individus qui consomment des produits à faible index glycémique ont moins de risques de souffrir un jour ou l'autre d'un diabète de type 2 ou de développer une maladie coronarienne. Aujourd'hui, il est évident – non seulement pour nous, mais aussi pour de nombreuses commissions d'experts et autorités sanitaires internationales – que l'index glycémique des aliments est un facteur capital que nul ne peut ignorer, et c'est cette découverte révolutionnaire qui a changé notre regard sur le rôle des glucides. Le but de ce livre est de redonner espoir aux personnes diabétiques en les libérant de contraintes alimentaires peu judicieuses, qui rendent parfois leur existence impossible ; en effet, nombre de sujets diabétiques affirment que, malgré tous leurs efforts pour suivre un mode de vie irréprochable, leur glycémie reste trop élevée.

Cet ouvrage peut vous aider si vous souffrez de...

- Un diabète de type 1, qui apparaît dès l'enfance.
- Un diabète de type 2, qui apparaît à l'âge adulte.
- Un diabète gravidique, qui apparaît pendant la grossesse.
- Un surpoids.
- Pas de surpoids mais trop de graisse au niveau de la ceinture abdominale.
- Une glycémie plus élevée que la normale.
- Une diminution de la tolérance au glucose, ou prédiabète.
- Un taux élevé de triglycérides et un taux faible de cholestérol HDL (lipoprotéines de haute densité), appelé aussi le « bon » cholestérol.
- Un syndrome de l'insulinorésistance.
- Un syndrome des ovaires polykystiques, ou dystrophie ovarienne.
- Une prévention des troubles ou des maladies cités, et une protection du capital santé.

Dans chacun de ces cas, l'hyperglycémie joue un rôle majeur ; un taux de glucose sanguin trop élevé n'est jamais anodin et risque d'avoir des effets indésirables à court ou à long terme.

Notre objectif est de partager notre connaissance avec chacun d'entre eux afin qu'ils puissent sélectionner les glucides qui les aideront à contrôler et à stabiliser leur glycémie.

L'index glycémique des aliments peut contribuer à la diminution d'un taux de glucose sanguin élevé.

Dans cet ouvrage sont également regroupées diverses recommandations : elles aideront les lecteurs à choisir les glucides qui favorisent la perte de poids, qui sont à privilégier quand la faim se fait ressentir, qui régulent la sécrétion d'insuline et aident à brûler les graisses. Parvenir à stabiliser son poids au fil des ans protège l'organisme contre un grand nombre de pathologies, parmi lesquelles le diabète et les maladies cardiaques. Afin de vous y aider, nous vous parlerons des régimes riches en protéines et du régime méditerranéen, et nous vous livrerons le résultat des dernières recherches scientifiques afin que vous puissiez faire le bon choix quand vous serez face aux multiples régimes décrits dans la presse grand public. Nous répondrons également aux questions que vous vous posez à propos du régime à suivre pendant la grossesse, durant l'enfance ou lorsque vous souffrez de certaines pathologies – notamment du syndrome des ovaires polykystiques, une forme de stérilité étroitement liée à la résistance à l'insuline – et de la maladie céliaque – ou intolérance au gluten. Plus que jamais, nous le crions haut et fort : l'index glycémique doit être pris en considération par tout le monde, tous les jours et à tous les repas. En effet, il est prouvé d'une manière scientifique qu'il constitue un élément déterminant intervenant dans la protection du capital santé.

Dans cet ouvrage, nous vous donnons tous les détails sur les changements qui révolutionneront votre existence : des recettes de cuisine, des conseils pour équilibrer vos repas, des informations sur la charge glycémique afin de calculer la quantité de glucides consommés et identifier le type que vous devez privilégier. Nous vous livrons encore les résultats des études les plus récentes sur :

• l'index et la charge glycémique ;

• la corrélation entre les maladies cardio-vasculaires et le taux de glucose sanguin ;

• les relations existant entre l'index glycémique, le diabète – y compris le diabète de type 1 chez l'enfant –, la perte de poids, le cancer, le syndrome des ovaires polykystiques, la prise de poids pendant la grossesse et le diabète gravidique. Nous vous informons également sur l'index glycémique des aliments testés pour vous, notamment les barres de céréales hyperprotéinées, les aliments sans gluten et les repas à préparation rapide. Nous avons également inclus des témoignages, qui vous montrent dans quelle mesure les personnes ayant choisi de consommer des aliments à faible index glycémique ont vu leur vie transformée.

Sucre ou glucose

Si les termes « sucre » et glucose » sont synonymes, le second est davantage usité par les professionnels de santé.
Dans cet ouvrage, nous parlerons souvent de glycémie – le taux de glucose sanguin, ou taux de glucose dans le sang –, d'hyperglycémie et d'hypoglycémie.

Comment lire cet ouvrage

Nous avons découpé cet ouvrage en plusieurs parties pour mieux vous aider à atteindre votre but – à savoir ce que vous devez faire concrètement pour privilégier une alimentation à faible index glycémique. Certaines des informations risquent de surprendre un grand nombre d'entre vous, mais ces informations vous simplifieront considérablement l'existence.

• La première partie vous explique ce que signifie un « régime équilibré ». Toutes les données sont fondées sur des travaux de recherches scientifiques, des tests cliniques et des études épidémiologiques à grande échelle. Nous avons mis en exergue les points négatifs des régimes alimentaires actuels et nous insistons sur les bienfaits, largement démontrés, d'une alimentation riche en fruits et en légumes ; nous avons tout particulièrement souligné la nécessité de choisir en toute connaissance de cause tels ou tels glucides et lipides, et d'accorder plus d'importance au type – ou qualité – de protéines, de lipides et de glucides consommés, qu'à leur quantité. Cette première partie porte avant tout sur les concepts nouveaux, notamment celui de charge glycémique, tout en répondant aux questions les plus fréquentes dès qu'il est fait référence à l'index glycémique d'un aliment.

• La deuxième partie vous indique la marche à suivre pour privilégier les aliments à faible index glycémique. Nous vous donnons des conseils pour augmenter votre consommation de « bons » glucides et pour préparer vos repas ; nous vous livrons de nombreux petits trucs, par exemple consommer tel produit avec tel autre pour bénéficier des bienfaits d'un faible index glycémique tout au long de la journée.

Nous avons fait preuve d'imagination pour concocter une cinquantaine de délicieuses recettes à déguster au petit déjeuner, au déjeuner, au dîner ou lorsque vous avez une petite faim. Chaque recette est accompagnée d'un récapitulatif comprenant les valeurs nutritionnelles et l'index glycémique.

• La troisième partie aborde l'importance de l'index glycémique selon les cas de figure : la perte de poids, le diabète de type 1 et le diabète de type 2, l'hypoglycémie, les maladies cardio-vasculaires et le syndrome métabolique, l'alimentation des enfants, enfin les performances sportives.

• Pour connaître l'index glycémique d'un aliment spécifique, reportez-vous à la quatrième partie. Tandis que la première liste regroupe les aliments les plus consommés, classés par ordre alphabétique, la seconde réunit des aliments regroupés par catégorie – pains, produits laitiers, fruits… Pour chaque portion sont mentionnés l'index glycémique, la teneur en glucides et la charge glycémique. Dans cette partie figurent les aliments que nous consommons le plus régulièrement – la viande, le poisson, le fromage, les légumes… –, et ce, même s'ils ne contiennent pas de glucides ou si leur charge glycémique est égale à zéro. À ce jour, *aucune* liste de ce type n'avait encore été publiée. Pour finir, vous trouverez la bibliographie sur laquelle nous nous sommes appuyés pour rédiger notre ouvrage.

Grâce à *L'Index glycémique : un allié pour mieux manger*, vous découvrirez que manger sainement et se faire plaisir sont tout à fait compatibles.

Pr Jennie Brand-Miller
Kaye Foster-Powell
Stephen Colagiuri, professeur associé

En finir une fois pour toutes avec les idées fausses

Tordons le cou à toutes les idées fausses qui courent sur les aliments et les glucides. Nous savons aujourd'hui, preuves scientifiques à l'appui, qu'un grand nombre de croyances populaires sont erronées.

Faux Les aliments qui contiennent de l'amidon, par exemple le pain et les pâtes, font grossir.

Vrai La plupart des aliments contenant de l'amidon sont riches en glucides et rassasient plus vite que d'autres produits. À privilégier si vous voulez perdre du poids.

Faux Le sucre est l'ennemi juré des personnes diabétiques.

Vrai Consommés avec modération, le sucre et les aliments sucrés ne font pas plus monter le taux de glucose sanguin qu'un grand nombre d'aliments riches en amidon. Les graisses saturées sont beaucoup plus néfastes pour la santé des personnes diabétiques.

Faux Le sucre favorise le diabète.

Vrai Il n'y a pas que le sucre. Tous les aliments qui augmentent le taux de glucose dans le sang accroissent les risques de diabète. Or, le sucre possède moins d'effets négatifs que la plupart des aliments renfermant de l'amidon.

Faux Tous les types d'amidon sont digérés lentement dans les intestins.

Vrai Certains types d'amidon, notamment l'amidon contenu dans les pommes de terre, se digèrent très rapidement. Le taux de glucose sanguin augmente alors plus vite que lorsqu'on consomme des produits contenant du sucre.

Faux Quand vous voulez perdre du poids, vous ne pouvez pas éviter les fringales.

Vrai Les aliments riches en glucides à faible index glycémique, par exemple les pâtes, rassasient et permettent d'attendre le repas suivant sans que l'estomac crie famine.

Faux Les aliments riches en graisses rassasient davantage.

Vrai Des études scientifiques ont prouvé le contraire. C'est pourquoi un grand nombre de personnes mangent « sans même s'en apercevoir » plus de frites ou de chips que la quantité nécessaire pour couvrir leurs besoins.

Faux Le sucre fait grossir.

Vrai Le sucre ne se transforme pas plus en graisse que les autres glucides. Toutefois, les aliments les plus énergétiques et les plus caloriques – par exemple les gâteaux et les biscuits – sont en général riches en sucre. En réalité, ce sont les calories et non pas la teneur en sucre qui sont responsables de la prise de poids.

Faux Consommer des aliments riches en amidon rend plus performant lors de la pratique d'une activité sportive.

Vrai Un sportif devrait manger des quantités impensables d'aliments riches en amidon – par exemple des pommes de terre – pour améliorer ses performances. Avant un effort physique, mangez plutôt des aliments à faible index glycémique.

Faux Les régimes à base d'aliments riches en sucre sont moins nourrissants que les régimes à base d'amidon.

Vrai Des études ont montré que les aliments contenant du sucre – y compris les produits laitiers et les fruits – sont plus riches en micronutriments – calcium, vitamine B2 (riboflavine) et vitamine C – que les aliments pauvres en sucre.

Faux Quand on suit un régime, il ne faut faire aucune différence entre le sucre et les graisses.

Vrai En général, les régimes riches en sucre sont pauvres en graisses, et vice versa. Les aliments les plus gras sont souvent peu sucrés – par exemple les frites –, et les aliments sucrés sont pauvres en graisses – par exemple les jus de fruits. Cependant, certains produits – le chocolat, les glaces, les gâteaux, les biscuits – sont à la fois riches en graisses et en sucres, tandis que d'autres sont riches en amidon et en graisses – les chips, les frites, les canapés pour l'apéritif.

Partie I

Qu'est-ce que l'index glycémique ?

Les résultats des études les plus récentes,
le point sur les nouveaux concepts
et les réponses à vos questions les plus fréquentes

CHAPITRE 1

LES DÉFAUTS DE L'ALIMENTATION D'AUJOURD'HUI

Comment se nourrissaient nos ancêtres ?

Les hommes du Paléolithique étaient des chasseurs-cueilleurs ; ils se nourrissaient des animaux et des végétaux qui étaient présents dans leur environnement naturel. D'où tenons-nous ces informations ? Des vestiges que nos ancêtres ont laissés derrière eux : les os des animaux, les coquilles et les carapaces des fruits de mer qu'ils consommaient, ainsi que les outils qu'ils utilisaient pour chasser, couper la viande et extraire la moelle des os. Ainsi, nous avons découvert que ces hommes de la période paléolithique ne mangeaient pas n'importe quoi. Ils montraient en particulier une prédilection pour les pattes arrière des gros animaux, si possible des femelles, plus riches en graisses, donc plus juteuses et plus parfumées ; ils appréciaient aussi les organes – le foie, les rognons, la cervelle – très riches en nutriments. Au fil des siècles, les hommes sont devenus de plus en plus carnivores, préférant manger des animaux plutôt que des végétaux. Les études les plus récentes portant sur les derniers chasseurs-cueilleurs ont montré que leur alimentation était composée pour deux tiers de produits animaux – y compris des poissons et des fruits de mer – et pour un tiers de végétaux. Pour certains anthropologues, la chasse a favorisé le développement du cerveau humain et de l'intelligence ; à l'inverse, elle aurait eu des répercussions néfastes sur l'environnement, entraînant notamment la disparition de certaines espèces animales gigantesques qui vivaient sur notre planète depuis des milliers d'années.

L'index glycémique est une mesure qui permet de définir la qualité d'un glucide.

Depuis la parution de la première édition de cet ouvrage en 1996, de nouveaux travaux relatifs à la teneur en nutriments des aliments consommés par les chasseurs-cueilleurs ont été publiés. Apparemment, nos ancêtres témoignaient d'un apport en protéines supérieur au nôtre, tandis que l'apport en glucides était inférieur ; par ailleurs, si l'apport en lipides était quasi similaire à celui des générations actuelles, les graisses consommées étaient différentes. L'apport en glucides des chasseurs-cueilleurs était inférieur au nôtre, car il provenait des fruits et des légumes, mais rarement des céréales. En effet, le blé, le riz et autres céréales ne sont apparus qu'à la période néolithique, il y a dix mille ans environ, quand les hommes sont devenus sédentaires et se sont mis à pratiquer l'agriculture et l'élevage.

Les recommandations en matière alimentaire qui sont prônées aujourd'hui ont été considérablement influencées par les découvertes scientifiques ; cela ne signifie pas qu'il faut manger quantité de viande pour être en bonne santé, mais que le type et la quantité de protéines, de glucides et de lipides que nous consommons doivent être en grande partie reconsidérés.

Rien ne vous oblige à consommer uniquement des aliments à faible index glycémique.

Depuis la révolution agricole

La révolution néolithique, ou révolution agricole, a profondément modifié l'alimentation des hommes. Pour la première fois, ils ont consommé un grand nombre de glucides sous la forme de céréales complètes, notamment du blé, du seigle, de l'orge, de l'avoine, du maïs et du riz ; les légumineuses, les racines et les tubercules riches en amidon, ainsi que les fruits et les baies, ont également contribué à l'augmentation de leur apport en glucides. Jadis, les aliments étaient préparés de la manière la plus simple qui soit : après avoir été écrasés entre deux pierres, ils étaient cuits au feu de bois. Les glucides contenus dans les aliments étaient lentement digérés et assimilés, entraînant une élévation lente et modérée du taux de glucose dans le sang. Les bienfaits d'un tel régime alimentaire étaient grands. En effet, après un repas, l'énergie est libérée lentement dans l'organisme – ce qui permet d'attendre le repas suivant – et fournit aux muscles le carburant dont ils ont besoin pour travailler, tandis que les cellules du pancréas sécrètent assez d'insuline pour réguler le taux de glucose dans le sang (la glycémie).

La sécrétion de l'insuline par le pancréas

Situé derrière l'estomac, le pancréas est un organe vital. D'une part, il fabrique des sucs nécessaires à la digestion, qui sont déversés dans l'intestin pour se mélanger aux aliments à digérer ; d'autre part, il sécrète des hormones, dont l'insuline. Plus que tout autre composant présent dans les aliments, les glucides stimulent la sécrétion de cette hormone. Plus les glucides sont assimilés lentement, plus étale est la sécrétion d'insuline. Si le pancréas est très sollicité pendant une longue période, il « s'épuise », ce qui se traduit chez des sujets prédisposés génétiquement par l'apparition d'une maladie appelée diabète de type 2. Sans parler de diabète, une trop forte sécrétion d'insuline n'est peut-être pas sans risque, car elle pourrait favoriser le développement de pathologies cardio-vasculaires.

Grâce aux progrès technologiques, les grains ont été débarrassés du son et du germe, et la farine complète a disparu au profit de la farine blanche, qui allait être de plus en plus fine. Au XIXe siècle, les moulins à grains constitués de meules puissantes et rapides ont permis d'obtenir des farines possédant l'aspect et la texture du talc. Depuis leur apparition, les farines blanches ont été très appréciées, notamment pour la confection de pains moelleux et de succulentes pâtisseries très légères.

Avec l'amélioration du niveau de vie, l'orge, l'avoine, le seigle et les légumineuses qui constituaient jusqu'alors l'alimentation de base de nos ancêtres ont été délaissés au profit des viandes, riches en graisses. La nourriture est devenue plus riche en graisses saturées et plus pauvre en fibres et en glucides, pourtant plus faciles à digérer. Ces modifications des habitudes ont eu des répercussions sur l'organisme auxquelles nul ne s'attendait : l'alimentation actuelle, riche en farines très raffinées, en protéines et en graisses, entraîne une élévation excessive du taux de glucose sanguin, qui persiste pendant de nombreuses heures, stimulant les cellules du pancréas afin qu'elles sécrètent davantage d'insuline. Or, plus la glycémie est élevée après un repas, plus la réponse insulinique est élevée ; par ailleurs, nous savons aujourd'hui que l'insuline – une hormone qui régule le taux de glucose dans le sang – est indispensable au métabolisme des glucides et joue un rôle crucial dans le développement de certaines maladies.

De nombreuses preuves existent pourtant, qui tendent à démontrer qu'une élévation excessive de la glycémie, s'accompagnant d'une sécrétion d'insuline tout aussi importante, jour après jour, année après année, comporte des risques d'hypertension et de maladies cardio-vasculaires. Si l'insuline est nécessaire à l'organisme pour brûler les glucides, elle joue aussi un rôle capital pour y stocker les graisses.

Ce qui différencie le plus l'alimentation de nos ancêtres de la nôtre, c'est la nature des glucides consommés et, par-delà, les conséquences que la vitesse de digestion de ces glucides peut avoir sur la glycémie et le taux d'insuline. Autrefois, tous les régimes alimentaires incluaient des glucides lentement digérés et assimilés par l'organisme – des aliments qui, nous le savons aujourd'hui, ont un faible index glycémique –, tandis que l'alimentation actuelle est fondée sur des glucides qui se digèrent rapidement – autrement dit, des aliments à index glycémique élevé.

On ne mange pas seulement pour se nourrir

La nourriture est influencée par de nombreux facteurs d'ordre culturel, religieux, social, personnel… Des éléments sensoriels sont importants, comme l'aspect – qui fait intervenir la vision –, la texture – pour le toucher – et le goût, qui dépend également en grande partie de l'odorat. Pour les bébés, la nourriture est associée au réconfort, une sensation qui dépasse le besoin purement physique induit par la faim. Pour les adultes, ce qui est dans l'assiette reflète le statut social : en signe de respect ou d'amitié, nous préparons des plats spéciaux pour une occasion spéciale et pour des invités spéciaux.
Nous sommes tellement marqués par ces facteurs que nous en arrivons à oublier la raison principale pour laquelle nous nous nourrissons : assurer notre croissance et préserver notre santé. Dans la vie active où le temps est souvent compté, nous ne nous mettons à table que lorsque notre estomac crie famine, ce qui conduit souvent à trop et mal manger.

De nouvelles techniques de fabrication

Dans les pays industrialisés, l'alimentation a été fortement influencée par la modification des goûts, du temps passé à cuisiner et par l'industrialisation des procédés de fabrication : nous tendons à préférer les farines les plus blanches pour la confection du pain que nous consommons de moins en moins ; nous délaissons les légumineuses, longuement mijotées et considérées comme la nourriture du pauvre ; nous utilisons de nouvelles techniques de conservation et de préparation industrielle – la pasteurisation, la stérilisation, la réfrigération, la congélation, la cuisson brève à très haute température, le séchage par tambour, ou atomisation, pour ne citer qu'elles. Par ailleurs, la transformation des céréales a, entre autres, considérablement évolué – utilisant des moulins à marteaux à grande vitesse de rotation, l'extrusion à haute température ou haute pression, le soufflage et la fermentation.

Grâce à ces progrès, nous avons désormais à notre disposition une multitude d'aliments assez bon marché, agréables au goût – certains diront même trop – et dont la sécurité est garantie par de nombreux contrôles. Nous ne mangeons jamais la même chose, nous n'avons jamais notre assiette vide, il n'y a pas de charançons dans nos aliments et, pour l'essentiel, nous savons ce que nous consommons – en principe ! Dans les pays industrialisés, plus personne ne souffre des carences en vitamines observées jadis : le scorbut et la pellagre ont été éradiqués, sauf pour des cas particuliers – les personnes âgées ou isolées. Les industriels de l'agroalimentaire font constamment évoluer la gamme des produits qu'ils commercialisent afin de proposer des aliments sains et attractifs, mettant à mal notre désir de modération.

Si, pour la plupart des produits qui envahissent peu à peu les rayons des magasins, la matière première reste la même – à savoir le blé, le maïs, les légumineuses… –, les techniques de fabrication ont changé. Les grains sont écrasés jusqu'à l'obtention d'une poudre toujours plus fine, utilisée pour confectionner du pain, des gâteaux, des biscuits, des céréales pour le petit déjeuner et des en-cas. En effet, les minotiers – qui transforment les grains en farine –, les boulangers et les pâtissiers savent très bien que les produits fabriqués avec les farines les plus blanches sont ceux qui sont davantage prisés par le consommateur.

Rien n'étant jamais parfait, les progrès techniques n'ont malheureusement pas que du bon. Notre organisme absorbe plus vite les aliments à base de glucides transformés, notamment le pain que nous mangeons au quotidien, et de plus en plus de personnes voient leur glycémie augmenter.

Graisses saturées, graisses insaturées

L'un des points noirs de notre alimentation est le *type* de graisses consommées. Les industriels de l'agroalimentaire et les cuisiniers ont compris que nous apprécions les produits riches, crémeux, qui fondent dans la bouche, dont nous avons tendance à abuser. Les graisses attendrissent la viande, donnent de la saveur aux légumes, aux salades et aux desserts ; nous préférons les pommes de terre sautées, les frites et les chips ; nous apprécions tout particulièrement le poisson pané ou nappé de sauce crémeuse, ainsi que les pâtes au beurre ou en sauce. Il suffit d'un peu de graisse pour que, comme par magie, les produits les plus fades – du riz ou des pommes de terre à l'eau – deviennent savoureux, mais très caloriques. Si nous y regardons de plus près, nous nous apercevons que la plupart des aliments consommés aujourd'hui sont certes succulents mais également très riches en lipides et en glucides rapidement digérés.

Chacun doit apprendre à consommer moins de graisses saturées.

Ce n'est pas seulement la quantité mais aussi – et peut-être surtout – la qualité des graisses qui importent. En effet, certaines graisses qui sont consommées en excès tout au long d'une existence sont sans doute néfastes pour les artères, qu'elles tendent à obstruer : il s'agit des graisses dites « saturées ». Elles se présentent d'ordinaire sous la forme de solides au froid et sont d'origine animale – les viandes grasses, le saindoux, certaines margarines, le beurre, le fromage. En revanche, les huiles dites « insaturées » sont habituellement liquides – l'huile d'olive, de pépins de raisin, de tournesol, de soja… – ou bien cachées dans des aliments tels que les noix, les noisettes ou les cacahouètes. Les poissons contiennent également des graisses insaturées. Si ces matières grasses possèdent le même pouvoir calorique – donc le même effet sur le poids – que les graisses saturées, elles n'ont pas les mêmes conséquences néfastes sur les artères, parfois même au contraire pour les graisses dites « mono-insaturées » – l'huile d'olive, de soja ou de coprah, et les graisses de poisson.

Nos ancêtres, les chasseurs-cueilleurs du Paléolithique, consommaient beaucoup de graisses animales mais peu de graisses saturées, car la chair des animaux sauvages ainsi que la cervelle et les autres organes sont plus riches en graisses insaturées qu'en graisses saturées. Les troupeaux élevés en liberté, qui ne mangent que l'herbe des pâturages, sans compléments alimentaires – tourteaux et grains – témoignent d'une viande plus riche en graisses insaturées. Alors, pour consommer le moins de graisses saturées possible, retirez le gras de la viande – ce qu'un grand nombre d'entre vous font sans doute déjà.

Nombreux sont ceux qui ont estimé que le meilleur message nutritionnel à faire passer auprès du grand public pour faire baisser sa consommation de graisses saturées était, sans distinction de nature, celui-ci : « Diminuez toutes les graisses de votre alimentation. » Ce message avait l'avantage de concerner à la fois la diminution de la prise calorique et celle des graisses saturées. Cependant, il a l'inconvénient, pour être trop simple, d'être simpliste, car tout le monde n'a pas besoin d'une restriction calorique et certaines graisses sont essentielles au maintien d'une bonne santé – ainsi le groupe des graisses polyinsaturées où se trouvent en particulier les graisses contenues dans les produits de la mer.

S'il est certain que les plats cuisinés industriels présentent toutes les garanties de sécurité quant à leur préparation, leur contenu et leur valeur nutritionnelle, il serait néanmoins illusoire de penser qu'ils sont de ce fait « bons pour la santé », équilibrés et pouvant constituer une source alimentaire exclusive.

Qu'est-ce qu'un régime équilibré ?

Un peu de bon sens suffit pour comprendre que notre alimentation doit être variée afin de satisfaire les besoins de notre organisme et de stabiliser notre poids. Or, dans nos sociétés modernes, avoir un régime équilibré est plus difficile qu'il n'y paraît. En effet, si nous n'y prenons pas garde, tout nous pousse à manger plus que nécessaire des produits dont nous pourrions nous passer, par exemple les produits raffinés, les plats prêts à consommer et les aliments proposés dans les établissements de restauration rapide, pauvres en légumes et en fibres mais riches en graisses – même si l'on croit le contraire ; nous absorbons alors trop de calories sans que nous nous sentions toujours rassasiés. L'autre point noir est le manque d'exercice physique. Se rendre quelque part en marchant prend plus de temps que d'y aller en voiture – sauf peut-être aux heures de pointe ! Mais il n'y a pas de mystère : une alimentation trop riche et un manque d'exercice se traduisent inexorablement par un gain de poids.

Des tests cliniques l'ont prouvé : une consommation régulière d'aliments à faible index glycémique ralentit le développement du diabète et des maladies cardio-vasculaires.

Si votre apport calorique est supérieur à vos besoins et si vous ne faites jamais de sport, vous devez impérativement transformer votre mode de vie. Croire que la solution idéale est de faire en permanence un régime ou de se dire : « Moins je bouge, moins je mange » est voué à l'échec. Essayez plutôt de trouver des moyens de dépenser vos calories superflues et saisissez toutes les occasions pour pratiquer une activité physique, quitte à manger plus. Dans la vie quotidienne, ces occasions ne manquent pas : montez les escaliers au lieu de prendre l'ascenseur, faites 10 min de marche pendant votre pause déjeuner, entraînez-vous sur un tapis de course en regardant les informations, lisez un roman en faisant de la bicyclette d'intérieur, désherbez et bêchez votre jardin, allez faire vos courses à pied, garez votre voiture à quelques centaines de mètres de votre bureau et, tous les soirs, emmenez votre chien en promenade.

Pas question de vous faire violence et de vous lancer dans une activité que vous abhorrez, mais joignez l'utile à l'agréable : si vous êtes une fée du logis, vous serez ravie d'apprendre qu'astiquer votre maison fait perdre des calories. Faites-nous confiance ! Tout est bon pour ne pas laisser les kilos s'accumuler, le secret de la réussite étant une pratique régulière de l'activité choisie, quelle qu'elle soit.

Voyez ce que vous pouvez faire pour augmenter votre activité physique et, de notre côté, nous allons vous apprendre à sélectionner les aliments qui vous permettront d'élaborer un régime pour trouver un juste équilibre entre l'apport calorique et les dépenses énergétiques. Mais qu'est-ce qu'un régime équilibré ? Un régime standard, avec un apport bien défini en graisses, en glucides et en protéines, qui s'adresse à tout un chacun ? En un mot, LE seul régime vers lequel nous devrions tous nous tourner ? Soyons clairs, ce régime idéal n'existe pas et n'existera jamais ; dès le temps des chasseurs-cueilleurs, on pouvait identifier plusieurs régimes alimentaires, plus ou moins riches en protéines, en glucides et en graisses, aussi bénéfiques les uns que les autres. Les nutritionnistes qui se sont penchés sur la complexité de la question ne prônent pas UN régime mais vantent les mérites du régime méditerrané en traditionnel, du régime asiatique ainsi que des régimes des Inuits et des Aborigènes, car même si leur teneur en graisses, en protéines et en glucides n'est pas identique, tous révèlent un effet positif sur la santé.

Quel que soit le régime prôné, il obéit toujours aux trois mêmes principes de base : consommer de préférence des glucides qui se libèrent lentement dans l'organisme ; préférer aux graisses saturées des graisses insaturées en quantité adéquate ; manger chaque jour une certaine quantité de fruits et de légumes. En conclusion, si nous devions faire passer un seul message, ce serait celui-ci : choisissez le régime qui correspond le mieux à votre mode de vie et à vos origines ethniques et culturelles afin de ne pas être tenté d'oublier vos bonnes résolutions au bout de quelques jours. Quel que soit votre choix, vous devrez impérativement respecter un certain nombre de règles fondamentales (voir l'encadré ci-dessous).

Les sept principes de base d'un régime équilibré

1. Manger au minimum sept portions de fruits et de légumes par jour.
2. Manger du pain et des céréales à faible index glycémique.
3. Augmenter sa consommation de légumineuses – haricots, pois, lentilles, soja, fèves…
4. Pour les personnes n'ayant pas de problème de poids, consommer quelques fruits à coque – noix, noisettes, amandes.
5. Manger plus de poissons et de fruits de mer.
6. Manger des viandes maigres, de la volaille et des œufs.
7. Consommer des produits laitiers allégés en graisses.

Dans les chapitres suivants, vous découvrirez comment mettre au point le régime alimentaire sain et équilibré qui vous convient le mieux. Aucun régime ne sera efficace s'il exclut vos aliments préférés, qu'il s'agisse du pain, des pommes de terre, des glaces ou des pâtes. Cet ouvrage va *beaucoup* plus loin que tous les autres livres portant sur la nutrition, car il souligne le rôle fondamental et encore trop souvent négligé que joue l'index glycémique des aliments sur votre bien-être physique et mental.

Un régime équilibré peut parfaitement inclure les aliments à index glycémique élevé que vous aimez le plus.

CHAPITRE 2

POURQUOI NOUS AVONS TELLEMENT BESOIN
DES GLUCIDES

Un carburant indispensable

S avez-vous que les glucides sont, après l'eau, les substances les plus consommées dans le monde ? En fait, les glucides occupent une place éminente dans l'alimentation humaine car ils sont les plus disponibles et les moins coûteux. Le glucose, le plus simple de tous les glucides, est un carburant *essentiel* pour le cerveau, les globules rouges et la formation de l'embryon, tout en étant également la principale source d'énergie des muscles soumis à un effort intense. Cependant, cet indispensable glucose n'existe presque pas à l'état simple dans l'alimentation, mais plutôt sous une forme complexe, avant tout dans les céréales et les légumineuses, ainsi que dans les produits industriels raffinés. Même si l'alimentation est, d'une manière anormale, dérivée de glucides, l'organisme saura en fabriquer à partir de ses réserves musculaires : quoi qu'il arrive, le carburant indispensable que constitue le glucose sera ainsi disponible à la vie. Les glucides représentent une source d'énergie à laquelle il est souhaitable de faire une place quantitativement essentielle dans notre alimentation. Cependant, tous les glucides n'étant pas équivalents, vous devez savoir lesquels privilégier selon votre mode de vie.

De même que les voitures ont besoin d'essence pour rouler, notre organisme a besoin de carburant pour fonctionner. Le carburant utilisé provient d'un mélange de protéines, de graisses, de glucides et d'alcool qui est apporté par l'alimentation. Chaque jour, nous devons mettre dans notre « réservoir » la bonne quantité et le type de carburant nécessaires pour nous sentir bien dans notre corps et dans notre tête, et avoir assez d'énergie pour assumer les tâches qui nous incombent.

L'index glycémique varie selon la nature du glucide consommé.

Qu'est-ce qu'un glucide ?

Les glucides sont des substances présentes dans les aliments avant tout d'origine végétale ou fabriqués d'une manière industrielle. L'amidon est un glucide, comme les sucres et certains types de fibres. Les amidons et les sucres constituent des réserves naturelles produites par les plantes à partir de l'énergie solaire, du dioxyde de carbone et de l'eau. L'amidon est composé de millions de molécules de glucose attachées les unes aux autres.
• Le glucide le plus simple est une molécule de sucre simple, appelée « monosaccharide » – le préfixe « mono » signifie « unique » et « saccharide » « sucre ». Le **glucose** est un monosaccharide présent dans les aliments, soit en tant que tel en très petites quantités, soit et surtout en tant que constituant de l'amidon ; il représente le principal carburant des cellules du corps humain. Il existe d'autres monosaccharides, en particulier le **fructose,** ou sucre de fruit.
• Quand deux monosaccharides sont combinés, ils forment un « disaccharide » – « di » signifie « deux ». Le **saccharose,** ou sucre de table, est un disaccharide, de même que le **lactose,** le sucre contenu dans le lait.
• Plus le nombre de molécules de glucose liées les unes aux autres augmente, moins le glucide a un goût sucré. Les **maltodextrines** sont des « oligosaccharides » – « oligo » signifie « quelques » – composés de cinq ou six molécules de glucose entrant dans la composition d'aliments. Légèrement sucrées, elles sont contenues dans les farines pour bébés.

• Les **amidons** sont des longues chaînes de molécules de sucre liées les unes aux autres comme les perles d'un collier, d'où le nom de « polysaccharides » – « poly » signifie « plusieurs » ; ils ne sont pas de goût sucré.

Qu'ils possèdent ou non un goût sucré, ces glucides seront fragmentés dans le tube digestif et digérés pour être absorbés sous forme de monosaccharides. Que la molécule de glucose provienne donc de l'amidon polysaccharide, d'une farine maltodextrinée (un oligosaccharide) ou du saccharose, son devenir est identique, indiscernable. En revanche, l'organisme fait une grande différence entre le glucose et les autres monosaccharides absorbés.

• Les **fibres alimentaires** sont de longues molécules de glucides contenant plusieurs sortes de monosaccharides. Ce qui distingue les fibres alimentaires des amidons et des sucres est le fait que, chez les humains, elles ne sont pas décomposées par les enzymes lors de la digestion ; elles arrivent presque intactes dans le gros intestin, où des bactéries commencent à fermenter et à les détruire. Les fibres ne possèdent pas toutes les mêmes propriétés physiques et chimiques. Les fibres **solubles** se dissolvent dans l'eau ; certaines fibres solubles sont particulièrement visqueuses lorsqu'elles se trouvent dans une solution, ce qui ralentit beaucoup la vitesse de digestion. La majorité des fibres, y compris la cellulose, ne sont pas solubles dans l'eau et n'affectent donc pas directement la vitesse de digestion ; néanmoins, la présence de ces fibres **insolubles** est très utile pour assurer un bon fonctionnement du gros intestin et lutter contre la constipation.

Les sucres présents dans les aliments

Les monosaccharides (une seule molécule de sucre simple)	Les disaccharides (deux molécules de sucre simple)
Glucose	Maltose = glucose + glucose
Fructose	Saccharose = glucose + fructose
Galactose	Lactose = glucose + galactose

La proportion de protéines, de graisses, de glucides et d'alcool varie d'heure en heure et dépend en grande partie des aliments consommés au cours d'un repas. Les différentes substances qui entrent dans la composition de ce carburant indispensable à notre organisme respectent une sorte de hiérarchie, ou plus précisément un ordre de priorité, qui détermine quels éléments seront brûlés en premier : l'alcool arrive en tête car, dans l'organisme, aucune place n'est prévue pour stocker l'alcool non utilisé ; viennent ensuite les protéines, puis les glucides, enfin les graisses. En pratique, le carburant est avant tout constitué de glucides et de graisses dans des proportions plus ou moins importantes. Juste après un repas, l'utilisation des glucides domine ; plus on s'éloigne du repas, plus la combustion des graisses prévaut.

Le fait que notre organisme brûle plus ou moins de graisses est capital dès lors que nous voulons contrôler notre poids. Les graisses non brûlées sont stockées et s'accumulent au fil du temps. Or, la proportion de graisses ou de glucides qui constitue le carburant employé par l'organisme dépend du *taux d'insuline* dans le sang à un moment précis de la journée : si ce taux d'insuline est faible – ce qui se passe lorsque nous nous réveillons le matin –, l'organisme puise dans les graisses ; au contraire, s'il est élevé – quand nous consommons des aliments riches en glucides –, l'organisme puise dans les glucides ; si le taux d'insuline reste toujours élevé – ainsi chez les personnes insulinorésistantes ou ayant une surcharge pondérale –, les cellules sont en permanence contraintes de brûler des glucides au détriment des graisses qui, peu à peu, s'accumulent. Ces découvertes font dire aux chercheurs que le moindre dysfonctionnement dans la combustion des graisses entraîne, dans la plupart des cas, des problèmes de surpoids voire d'obésité.

Remplacez les aliments à index glycémique élevé par des aliments à faible index glycémique.

46

Les principales sources

Un glucide est un composé chimique présent sous la forme d'amidon dans les aliments tels que le riz, le pain, les pommes de terre et les pâtes. Ce sont également les glucides qui donnent aux aliments leur goût sucré : les sucres contenus dans les fruits sont des glucides, de même que les sucres raffinés qui sont éventuellement ajoutés dans les jus de fruits, les pâtisseries et les confiseries.

Les principales sources de glucides sont les aliments d'origine végétale comme les céréales, les fruits, les légumes et les légumineuses. Les produits laitiers frais, à l'exception des fromages, contiennent aussi des glucides sous la forme de lactose. Le lactose est le premier glucide que nous consommons dès notre naissance ; le lait maternel a une teneur en lactose supérieure à celle du lait des autres mammifères. Le lactose couvre la moitié des besoins énergétiques d'un bébé. Tandis que certains aliments tels que les céréales, la pomme de terre et les légumineuses sont très riches en glucides, d'autres tels que la carotte, le brocoli et les légumes verts n'en contiennent que de petites quantités.

Parmi les aliments riches en glucides figurent :

• **les céréales,** notamment le riz, le blé, l'avoine, l'orge, le seigle, le maïs et tous les produits à base de céréales (le pain, les pâtes, les nouilles chinoises, la farine et les céréales du petit déjeuner) ;

• **les fruits,** notamment la pomme, la banane, le raisin, la pêche et le melon ;

• **les légumes,** comme la pomme de terre et la patate douce ;

• **les légumineuses,** comme les haricots blancs, les haricots rouges, les lentilles et les pois chiches ;

• **les produits laitiers,** notamment les yaourts et les crèmes glacées.

Les principales sources de glucides

Teneur approximative en glucides pour 100 g d'aliment	
Sucre	100 %
Céréales	
Maïs doux	16 %
Pâtes pesées cuites	23 %
Riz blanc cuit	25,4 %
Pain de mie et baguette industrielle	47 %
Baguette classique	55-60 %
Flocons d'avoine	61 %
Orge	61 %
Biscuits au froment	62 %
Pâtes pesées crues	70 %
Biscuits salés	71 %
Riz blanc cru	75-85 %
Farine	73 %
Corn-flakes	85 %
Fruits	
Orange	8 %
Pomme	12 %
Poire	12 %
Prune	12 %
Raisin	15 %
Raisin	15 %
Banane	21 %
Raisins secs	75 %
Légumes	
Pomme de terre	15 %
Patate douce	17 %

Tapioca cru	85-90 %
Légumineuses	
Petits pois	8 %
Haricots blancs cuisinés	11 %
Pois cassés	45-60 %
Produits laitiers	
Lait	5 %
Crème glacée	22 %

La digestion des glucides

Les sucres et les amidons puisés dans les aliments doivent être décomposés afin de pouvoir être assimilés et utilisés par les cellules ; ce processus est la digestion. La digestion commence dans la bouche avec la mastication, lorsque l'amylase, une enzyme présente dans la salive qui digère l'amidon, se mélange avec les aliments. L'amylase salivaire scinde les longues chaînes de molécules d'amidon en petites chaînes, notamment en maltose et en maltodextrines – ce qui laisse un goût légèrement doux dans la bouche à la mastication du pain ; ce processus est interrompu par les acides sécrétés dans l'estomac, puis reprend quand les glucides le quittent pour passer dans l'intestin grêle.

Le phénomène qui permet aux aliments de pénétrer dans l'intestin grêle après avoir quitté l'estomac est appelé vidange de l'estomac, ou vidange gastrique. Certaines substances entrant dans la composition des aliments – les fibres visqueuses, des solutions acides ou très concentrées – ralentissent cette vidange gastrique et, par-delà, la vitesse de digestion des glucides.

La digestion de l'amidon se poursuit dans l'intestin grêle. L'amylase pancréatique est sécrétée en grande quantité dans le suc pancréatique déversé dans l'intestin grêle. La vitesse de digestion dépend de la nature même de l'amidon, à savoir de sa résistance – au sens physique et chimique – face aux attaques des enzymes. Si la plupart des amidons contenus dans les aliments sont digérés rapidement, certains sont plus résistants, ce qui ralentit leur digestion.

D'autres facteurs ont des répercussions sur la vitesse de digestion. Si les aliments sont riches en fibres visqueuses, les amidons et les enzymes mettent plus de temps à se mélanger lors de la mastication. Le chyme (mélange des aliments et des enzymes), lui-même visqueux, aura besoin de plus de temps pour atteindre la paroi intestinale. Lorsqu'il y parvient, les petites chaînes constituées de molécules d'amidon et les sucres contenus dans les aliments sont décomposés par des enzymes spécifiques afin de donner des monosaccharides, le glucose, le fructose et le galactose, qui passeront de l'intestin grêle dans le sang pour fournir l'énergie indispensable à la bonne marche des cellules.

N'oubliez pas que les glucides ne sont pas tous équivalents.

Nourrir son cerveau

Excepté durant une période de jeûne, les glucides constituent la seule source d'énergie utilisée par le cerveau. Le cerveau est l'organe qui a le plus besoin d'énergie pour fonctionner correctement – ces besoins représentant plus de la moitié des besoins de base de l'organisme. À la différence des cellules musculaires qui brûlent aussi bien les graisses que les glucides, le cerveau ne brûle que les glucides. Si vous jeûnez pendant 24 h ou si, pour une raison ou pour une autre, vous ne consommez pas de glucides, votre cerveau puise dans les glucides stockés dans le foie. Peu importantes, ces réserves sont vite épuisées, et le foie se met alors à synthétiser du glucose à partir de substances non glucidiques – y compris du tissu musculaire !

Selon plusieurs rapports médicaux récents, les performances intellectuelles sont meilleures après une charge en glucose ou la prise d'un élément glucidique. Les tâches nécessitant une grande concentration intellectuelle sont celles qui sont le plus améliorées, les tâches courantes n'étant pas affectées par une telle absorption. La consommation de glucose par le cerveau augmente pendant les périodes d'activité intellectuelle intenses : la mémorisation de mots, le déplacement dans un labyrinthe, la mémoire immédiate, le traitement rapide des informations et le raisonnement. De plus, cette propriété a été observée aussi bien chez des enfants que chez des étudiants, des sujets diabétiques et des personnes âgées en parfaite santé ou souffrant de la maladie d'Alzheimer. Toutes ces études prouvent – si nous en doutions encore – qu'il ne faut pas négliger l'apport en glucides.

Quel que soit le moment de la journée, le taux de glucose dans le sang est maintenu afin de permettre au cerveau et au système nerveux central de bien fonctionner. Une chute de la glycémie en dessous d'une valeur seuil, telle qu'on peut la voir dans certaines circonstances chez une personne diabétique, est accompagnée de manifestations plus ou moins marquées – des tremblements, des vertiges, des nausées, un discours décousu et incohérent et un manque de coordination. Si des mesures ne sont pas prises immédiatement pour faire remonter le taux de glucose, la personne diabétique peut alors perdre connaissance. Tout cela montre bien, même si on reste dans le cadre d'une maladie, l'importance du glucose pour le cerveau.

Pourquoi les régimes pauvres en glucides sont-ils néfastes ?

Selon de nombreuses études scientifiques récentes, si les régimes pauvres en glucides favorisent la perte de poids, ils présentent également certains risques à long terme. En effet, riches en graisses – et surtout s'il s'agit de graisses saturées –, ils contribuent au développement des maladies cardio-vasculaires. Il semble préférable de recommander une alimentation riche en glucides à digestion retardée, c'est-à-dire à faible index glycémique, qui assure un bon apport énergétique sans solliciter d'une façon excessive la sécrétion d'insuline.

Si les régimes pauvres en glucides sont aussi populaires, c'est parce qu'ils permettent de perdre vite du poids. Malheureusement, ce ne sont pas les graisses qui disparaissent en premier, mais d'une part le glycogène localisé dans les muscles et d'autre part l'eau. Lorsque les aliments ne fournissent plus assez de glucides à l'organisme, ce dernier puise dans ses réserves afin que les muscles puissent travailler. Quand vous perdez 1 g de glucide sous la forme de glycogène localisé dans les muscles ou dans le foie, vous perdez quatre fois plus d'eau ; par conséquent, lorsque vous commencez un régime pauvre en glucides, en quelques jours votre organisme puise dans ses réserves : vous perdez 500 g de glycogène et 2 kg d'eau ; au total, vous avez certes 2,5 kg en moins mais votre graisse est toujours là ! À l'inverse, quand vous recommencez à vous alimenter normalement, les réserves en glucides et en eau sont rapidement reconstituées et vous reprenez du poids.

Au bout d'un certain temps, les personnes qui suivent un régime pauvre en glucides s'aperçoivent que leur poids stagne, alors qu'elles se sentent fatiguées et manquent de tonus : cela n'est absolument pas surprenant, dans la mesure où les muscles n'ont plus de réserves de glycogène et que, lors d'exercices intenses, ils puisent à la fois dans les graisses et dans les glucides. À long terme, les adeptes des régimes pauvres en glucides n'ont plus le courage de faire les exercices physiques indispensables pour stabiliser leur poids.

À notre avis, un bon régime est un régime que vous pourrez suivre le reste de votre vie ; ce régime ne doit ni vous priver de vos aliments préférés ni aller à l'encontre de votre héritage ethnique et culturel. À ce jour, toutes les études scientifiques vont dans le même sens : pour perdre du poids, il faut consommer des aliments riches en glucides et à faible index glycémique, pauvres en graisses, ce qui sous-entend que vous êtes capable à la fois de choisir les bons glucides et d'éliminer les mauvaises graisses. Privilégier les aliments à faible index glycémique permet aussi de mieux contrôler son poids. De plus, ces aliments augmentent la sensation de satiété et fournissent à l'organisme une quantité de nutriments indispensables à son bon fonctionnement. **Cela explique pourquoi les aliments à faible index glycémique ont la faveur d'un grand nombre de scientifiques.**

Pour que le taux de glucose sanguin reste stable entre les repas, l'organisme puise dans le glycogène. Or, les réserves en glycogène sont peu importantes et doivent être reconstituées à chaque repas. Plus l'alimentation est pauvre en glucides, moins il y a de glycogène stocké et plus vite les réserves sont épuisées. Quand ces réserves en glycogène sont épuisées – soit entre 12 et 24 h après le début d'un jeûne –, l'organisme s'attaque aux protéines musculaires afin de synthétiser le glucose dont il a besoin ; mais la quantité de glucose synthétisé est insuffisante pour couvrir tous les besoins du cerveau. En dernier recours, le cerveau utilise alors les cétones, des sous-produits du métabolisme des graisses. Le taux de corps cétoniques dans le sang augmente peu à peu, et vous pouvez identifier leur odeur dans votre haleine – une odeur qui rappelle celle de la pomme reinette.

Lorsqu'il puise dans les corps cétoniques, le rendement du cerveau n'est pas à son maximum, et certaines facultés, comme le discernement, peuvent être affectées ; des maux de tête apparaissent, réfléchir devient difficile. Les réserves de glycogène dans les muscles étant épuisées, le moindre exercice demande des efforts considérables et la fatigue se fait rapidement ressentir. La complexité de ce processus nous amène à poser la question qui suit.

De quelle quantité de glucides l'organisme a t-il réellement besoin ?

Comme nous l'avons vu, mieux vaut éviter les régimes pauvres en glucides. Mais quelle est la teneur en glucides idéale que doivent avoir les aliments que nous consommons ? Doit-elle être élevée et correspondre à 50 ou 55 % de l'énergie totale nécessaire chaque jour à l'organisme ? C'est ce que recommandent la plupart des nutritionnistes. Ou doit-elle être modérée et correspondre à 40 % environ de l'énergie totale ? C'est ce que prônent les membres de la Harvard Medical School. Portant sur les régimes des différentes populations du monde entier, une étude poussée a démontré qu'un apport en glucides, qu'il soit élevé ou modéré, a des effets bénéfiques sur la santé. À notre avis, cet apport peut être *plus ou moins* élevé, l'essentiel étant que votre alimentation reste variée et que vous choisissiez en toute connaissance de cause les aliments que vous consommez.

Devez-vous adopter un régime riche en glucides ?

Dans un grand nombre de pays, les professionnels de la santé avancent les chiffres suivants : chez un adulte, 55 % environ de l'énergie devraient être fournis par les glucides, contre moins de 30 % par les graisses, les 15 % ou plus restants provenant des protéines. Cela correspond-il à votre alimentation ? Si vous êtes attentif à votre santé, si vous ne mangez pas régulièrement des aliments gras ou si vous appréciez une cuisine asiatique traditionnelle qui apporte une portion généreuse de riz blanc, il y a de fortes chances pour que vous ayez une alimentation riche en glucides.

Suivre ces recommandations revient à adapter son apport de glucides à la quantité totale de calories que vous absorbez :

• si vous avez un appétit moyen, si vous êtes par exemple un homme moyennement actif et si votre poids est normal et stable, c'est que vous consommez sûrement de l'ordre de 2 000 à 2 500 kcal (8 370 à 10 462 kJ)/jour ; votre alimentation comporte alors entre 240 et 300 g de glucides, 70 g de lipides et 75 g de protéines ;

• si vous avez un petit appétit, si vous êtes par exemple une femme mince et de taille moyenne, vous mangez probablement entre 1 200 et 1 400 kcal (5 022/5 859 kJ), ce qui représente entre 180 et 200 g de glucides, 40 g environ de lipides et 50 g de protéines par jour. Pour connaître la teneur en glucides de quelques aliments, 93-98.

Devez-vous privilégier les aliments à l'apport glucidique modéré ?

Si vous êtes un Occidental typique ou si votre famille est d'origine méditerranéenne, vous consommez sans doute plus d'aliments riches en graisses et moins d'aliments riches en glucides que dans le cas précédent – 40 à 45 % de votre énergie provenant des glucides. Il y a quelques années encore, les nutritionnistes auraient tiré la sonnette d'alarme, mais ça n'est plus le cas aujourd'hui. En effet, ce type d'alimentation n'est pas du tout incompatible avec le fait d'être en bonne santé, dès lors que vous consommez les bons glucides et les bons lipides (voir plus loin, p. 56). Si vous avez un petit appétit, veillez à ce que votre apport glucidique soit de 125 g par jour environ, contre 225 g si vous avez un appétit plus conséquent.

Faire appel à un diététicien

Si vous avez des doutes quant à vos besoins en glucides, consultez votre médecin généraliste, un médecin nutritionniste ou un diététicien.

En fin de compte, ce qui prime, ce n'est pas la quantité mais le *type* ou la *source* de glucides et de graisses consommés. Que l'apport glucidique soit élevé ou modéré dépend de votre choix et de vos critères personnels – vos habitudes, vos préférences, votre poids, votre activité physique… Ce régime doit vous permettre de consommer les aliments que vous aimez. Rappelons-le : le régime idéal n'existe pas. C'est à vous de définir celui qui répond le mieux à vos besoins et à vos attentes.

La plupart des populations ont une alimentation riche en glucides, faite de riz, de maïs, de millet et de produits à base de blé comme le pain et les pâtes. Dans certaines régions d'Afrique et d'Asie, l'apport glucidique représente 70 à 80 % de l'apport énergétique total, ce qui est probablement trop élevé et risque d'avoir des effets néfastes sur la santé. À l'inverse, dans les pays industrialisés – l'Europe, l'Amérique du Nord, l'Australie… –, l'apport glucidique est moitié moindre, entre 40 et 45 % de glucides, contre 33 à 40 % de graisses.

Graisses ou glucides, il faut choisir

Les glucides et les graisses ne sont pas seulement les principales sources de carburant dont dispose l'organisme, ils sont aussi les deux principaux constituants des aliments, l'un l'emportant sur l'autre selon le produit ; les protéines fournissent également de l'énergie, mais dans une moindre mesure, de 15 à 20 %, contre les 85 % apportés conjointement par les glucides et les lipides. Dans un régime riche en glucides, 50 %

au moins de l'apport énergétique proviennent des glucides et moins de 30 % des graisses ; dans un régime riche en graisses, 40 % environ de l'apport énergétique sont fournis par les graisses et seulement 40 % par les glucides.

En conclusion, si l'on veut garder un poids normal et stable, un régime est soit riche en glucides soit riche en graisses. Lorsque nous nous efforçons de consommer plus de glucides, l'apport en graisses diminue, et vice versa. Les aliments riches en glucides remplissent l'estomac et rassasient – ainsi les fruits et les légumes – tout en étant sources de micronutriments, alors que les aliments riches en graisses ont plus de goût – ainsi le chocolat et le fromage –, puisque c'est en général les graisses qui donnent leur saveur aux aliments. Les graisses sont des sources d'énergie très concentrées : 1 g de graisse pure est 2,2 fois plus énergétique que 1 g de glucide ou de protéine pur.

**Ce qui compte le plus chez une personne
de poids normal, c'est plus le type de glucides
et de lipides que l'on consomme que leurs quantités.**

Malgré tout, il faut prendre conscience que les aliments riches en lipides sont certes agréables à consommer mais sont riches en calories, remplissent peu l'estomac et sont très faciles à surconsommer, si bien qu'un régime riche en lipides et pauvre en glucides dérive souvent vers un régime hypercalorique et riche en graisses saturées. Si votre alimentation repose avant tout sur ce type d'aliments et si vous menez une existence plutôt sédentaire, vous aurez tôt fait de prendre du poids. Comme nous l'avons vu, les graisses saturées favorisent le développement des maladies cardiovasculaires ; c'est pourquoi de nombreux nutritionnistes préfèrent conseiller une alimentation riche en glucides, garantissant un apport glucidique quotidien correspondant à 50-60 % de l'apport énergétique total.

**Mangez du pain aux céréales, des pâtes,
des légumineuses, des fruits et des légumes.**

Glucides simples et glucides complexes

Nous avons longuement évoqué la *quantité* de glucides apportée par l'alimentation. Mais qu'en est-il du type ou de la *nature* desdits glucides ? Il y a peu de temps encore, les glucides étaient classés en fonction de leur structure chimique : les glucides simples et les glucides complexes. Les sucres faisaient partie des glucides simples et les amidons des glucides complexes, tout simplement parce que les premiers sont des petites molécules et les seconds des grosses molécules. Du fait de leur taille, il semblait évident que les glucides complexes tels que l'amidon étaient lentement digérés et assimilés, entraînant une hausse légère et progressive du taux de glucose sanguin ; à l'inverse, on pensait que les glucides simples tels que le sucre étaient rapidement digérés et assimilés, entraînant une hausse rapide de la glycémie.

Quelques travaux de recherche peu approfondis menés sur les amidons et les sucres purs ont semblé confirmer ces théories qui, pendant cinquante ans, ont été présentées à tous les étudiants en médecine et en biochimie comme un « fait établi ». Or, nous savons aujourd'hui que le fait qu'un glucide soit « simple » ou « complexe » n'explique en rien les variations plus ou moins rapides du taux de glucose sanguin. De plus, des travaux réalisés pendant vingt ans ont prouvé que toutes les hypothèses émises au sujet de la vitesse de digestion étaient totalement erronées.

En s'appuyant sur des faits scientifiques, nul ne pouvait dire si la glycémie postprandiale allait grimper progressivement ou rapidement selon que les glucides consommés étaient des glucides simples ou complexes. Il fallait se rendre à l'évidence et trouver un autre système pour à la fois décrire la nature des glucides et les classer selon leur incidence sur le taux de glucose sanguin. Pour la première fois, la notion d'index glycémique fut alors avancée.

La découverte de l'index glycémique

Étrangement, il a fallu attendre les années 1980 pour que les chercheurs se penchent sur les répercussions que les aliments les plus courants avaient sur la glycémie ; jusqu'à cette date, ils s'étaient contentés de tester des solutions de sucres purs et d'amidons non modifiés, mais leurs conclusions n'étaient pas valables pour les repas traditionnels.

Depuis 1981, des centaines d'aliments ont été testés seuls ou associés à d'autres, à la fois sur des personnes en pleine forme et sur des patients souffrant de diabète. Les Pr David Jenkins et Tom Wolever, de l'université de Toronto, ont été les premiers à parler d'« index glycémique » pour comparer les incidences des différents glucides sur les variations du taux de glucose sanguin (voir le chapitre 3, p. 69).

L'index glycémique est un instrument validé par le monde scientifique, qui offre la possibilité de décrire la façon dont les glucides contenus dans un aliment spécifique influencent la glycémie ; tandis que les aliments à index glycémique élevé renferment des glucides qui possèdent un effet considérable sur la glycémie, les aliments à faible index glycémique contiennent des glucides témoignant d'un effet moindre. Ainsi, l'index glycémique permet de comparer entre eux les aliments glucidiques et leur influence sur le taux de glucose sanguin, ceux-ci à quantité de glucides égale, par exemple 50 g de glucides apportés par des pommes de terre ou par du potiron. Dire par exemple que tel aliment a un index glycémique à 60 et tel autre à 30 signifie que le premier a 60 % de l'effet hyperglycémiant de l'aliment pris comme référence – une solution de glucose ou du pain blanc, selon les auteurs – et que le second a 30 % de cet effet ; c'est dire, finalement, que ce dernier a deux fois moins d'effet sur la glycémie que le premier.

L'index glycémique est une mesure permettant de décrire l'influence du sucre sur la glycémie.

L'IG est utilisé pour décrire le type de glucides contenus dans un aliment et susceptibles d'avoir une influence sur l'augmentation du taux de glucose sanguin.

Les travaux ont remis en question toutes les croyances passées – les résultats firent l'effet d'une bombe – et, on le comprendra aisément, ont fait l'objet d'une controverse nourrie. Les chercheurs ont tout d'abord découvert que l'amidon présent dans certains aliments tels que le pain, les pommes de terre et certains types de riz est rapidement digéré et assimilé ; pendant des années, ils avaient affirmé le contraire. Puis, ils ont trouvé que le sucre présent dans certains aliments, notamment les fruits, les pâtisseries et les glaces, n'augmentait ni d'un seul coup ni d'une manière durable le taux de glucose sanguin ; pendant des décennies, cela avait été considéré comme un fait établi.

La notion de charge glycémique

Le taux de glucose dans le sang est déterminé non seulement par la valeur de l'index glycémique mais également par la quantité de glucides ingérée. On comprend facilement que manger une minuscule quantité d'un glucide très hyperglycémiant a moins d'effet sur le taux de glucose qu'absorber une très grande quantité d'un glucide moins hyperglycémiant : c'est donc bien à la fois la valeur de l'index glycémique et la teneur en glucides de l'aliment considéré, donc le volume ingéré, qui comptent.

Prenons un exemple extrême, celui du potiron. Si l'index glycémique du potiron est très élevé (valeur de l'IG : 75), sa teneur en glucides digestibles est très faible (4 g pour 100 g environ). Pour calculer l'index glycémique, on a donc comparé l'effet sur la glycémie de 25 g de glucides ingérés sous la forme de potiron (soit 625 g du légume) à 25 g de glucose. Pour savoir si notre glycémie sera très affectée par un aliment, il faut calculer la charge glycémique : elle correspond à l'index glycémique multiplié par la quantité de glucides, et divisé par 100 (voir aussi le chapitre 3, p. 80).

Pour reprendre l'exemple extrême du potiron, considérons, cette fois-ci, la consommation d'une quantité usuelle de ce légume (125 g par exemple) ; la teneur en glucides étant de 4 %, l'apport sera donc de 5 g de glucides. Le calcul de la charge glycémique sera donc : $(75 \times 5)/100 = 3,75$. Comme pour la notion d'index glycémique, la notion de charge glycémique permet de comparer une prise alimentaire à une autre prise alimentaire. Dire que la charge glycémique est de 3,75 ne signifie pas que le taux de sucre dans le sang va s'élever de 3,75, mais que la prise de cet aliment n'est que de 3,75 % d'une quantité équivalente en poids (125 g) de pain blanc ; celle d'une cuillère à café de confiture est : $(51 \times 5)/100 = 2,5$. Dans ces deux exemples, la charge glycémique est très faible, soit parce que les deux produits sont pauvres en glucides soit parce que les portions sont très petites.

La charge glycémique est plus élevée pour les aliments riches en glucides, notamment pour ceux que nous avons tendance à consommer en grande quantité. Comparons la charge glycémique des aliments ci-dessous afin de voir à quel point les portions et l'index glycémique sont des facteurs déterminants :

• 150 g de riz cuit à l'eau : 43 g de glucides et un IG de 83. La charge glycémique est de : $(83 \times 43)/100 = 36$.
• 150 g de spaghettis cuits à l'eau : 48 g de glucides et un IG de 44. La charge glycémique est de : $(44 \times 48)/100 = 21$.

En réalité, la plupart des sucres contenus dans les aliments, et quelle qu'en soit la source, ont une incidence plus faible sur l'augmentation de la glycémie que la plupart des amidons.

Il était grand temps d'oublier tout ce qui avait été dit sur les différences existant entre les aliments contenant des amidons et les aliments renfermant des sucres ou entre les glucides simples et les glucides complexes, tout au moins pour ce qui était du taux de glucose dans le sang.

Aujourd'hui encore, il est difficile – même pour un scientifique expérimenté ayant une parfaite connaissance de la composition chimique d'un aliment – de dire quel est l'index glycémique d'un aliment.

**Ne parlons plus ni de glucides simples
ni de glucides complexes mais pensons
en terme d'index glycémique faible ou élevé.**

Résumons quelques définitions importantes

• Quand on parle de **sucre** (LE sucre), il s'agit de saccharose, c'est-à-dire de sucre blanc, de table, en poudre, en morceaux…

• Quand on parle de **sucres** (au pluriel), il s'agit d'une classe d'aliments nombreux, comportant LE sucre, les autres sucres comme le fructose, mais aussi les amidons ; on préfère aujourd'hui parler de **glucides** pour lever les ambiguïtés, qui étaient parfois également appelés **hydrates de carbone** (sucres = glucides = hydrates de carbone).

• Le saccharose, le fructose et le lactose sont des **sucres simples.**

• Les amidons sont des **sucres complexes.**

• En pratique, la notion de sucre simple/sucre complexe n'a pas grand intérêt ; la notion de sucre rapide/sucre lent, en tant que synonyme de sucre peu hyperglycémiant ou très hyperglycémiant, est tout simplement fausse.

> • L'**index glycémique** permet de classer les aliments glucidi-ques en comparant l'effet sur le taux de glucose de quantités équivalentes de glucides : par exemple 50 g de glucose dans de l'eau, 90 g de pain blanc, 1 250 g de potiron…
>
> • Calculer la **charge glycémique** d'un aliment, c'est tenir compte non seulement de son index glycémique mais également de la quantité ingérée : l'index glycémique du potiron a beau être élevé, en manger 125 g, ce qui est déjà conséquent, n'a pas grand effet sur le taux de glucose sanguin.

Recommandations

Pour être sûr de consommer assez de glucides et surtout les bons types de glucides, mangez :

• des fruits et/ou des légumes à chaque repas ;

• au moins un aliment à faible index glycémique à chaque repas ;

• au moins la quantité de glucides recommandée pour les petits appétits (voir p. 66) ;

• des aliments qui remplissent l'estomac et rassasient rapide-ment, c'est-à-dire des aliments ayant une densité énergétique peu élevée ou un faible rapport kcal (kJ)/g. Si vous êtes vigilant, le taux d'insuline diminuera et vous brûlerez plus de graisses.

Pour améliorer vos habitudes alimentaires, gardez à l'esprit ces deux points :

1. Identifiez les produits riches en glucides que vous consommez et privilégiez ceux à faible index glycémique. Attention ! Préférer les aliments à faible index glycémique ne signifie pas vous priver des aliments que vous aimez, sous pré-texte qu'ils ont un index glycémique élevé.

2. Identifiez les aliments riches en graisses et essayez de dimi-nuer votre consommation de graisses saturées en privilégiant les produits contenant des graisses mono- et polyinsaturées telles que l'huile d'olive et l'huile de tournesol. Une fois encore, ne tombez pas dans l'excès et, de temps à autre, faites-vous plaisir.

Comment modifier ses habitudes alimentaires ?

Parmi les aliments à faible index glycémique figurent :
• les pains aux céréales ;
• certaines céréales pour le petit déjeuner ;
• les fruits ;
• les yaourts ;
• les pâtes, les légumineuses et les légumes.

**La glycémie varie en fonction de la quantité
et du type de glucides consommés.**

Un apport important en glucides

Voici un exemple d'une alimentation riche en glucides – 55 % de l'apport énergétique étant fourni par les glucides – pour un petit appétit et un appétit moyen.

Pour les petits appétits

Même les petits appétits doivent consommer chaque jour :
• environ 4 tranches de pain, ou l'équivalent (biscottes, petits pains, pain azyme) ;
• au moins 2 fruits frais, ou l'équivalent (jus de fruits ou fruits secs) ;
• environ 250 g de légumes cuits riches en glucides (légumineuses, pommes de terre) ;
• environ 100 g de céréales cuites ou d'aliments à base de céréales (céréales du petit déjeuner, riz, pâtes, maïs ou toute autre céréale) ;
• au moins 300 ml de lait écrémé ou demi-écrémé, ou l'équivalent (yaourts, fromage blanc), y compris le lait versé dans le thé, le café ou sur les céréales.

Si ces recommandations semblent correspondre à vos besoins et à votre mode de vie, essayez de vous y conformer, car ces aliments vous garantissent un apport minimal en glucides : 175 g de glucides pour un régime égal à 1 200 kcal (5 000 kJ)/jour. Si vous avez encore faim, reportez-vous aux recommandations ci-dessous.

Profil des petits appétits

Il regroupe les personnes suivantes :
• des femmes très menues ;
• des personnes mangeant peu ;
• des personnes se dépensant peu physiquement ;
• des personnes désireuses de perdre du poids.

Pour les appétits moyens

Une personne d'appétit moyen doit consommer chaque jour :

• environ 6 tranches de pain, ou l'équivalent (biscottes, petits pains, pain azyme) ;

• au moins 3 fruits frais, ou l'équivalent (jus de fruits ou fruits secs) ;

• environ 250 g de légumes cuits riches en glucides (légumineuses, pommes de terre) ;

• environ 200 g de céréales cuites ou d'aliments à base de céréales (céréales du petit déjeuner, riz, pâtes, maïs ou toute autre céréale) ;

• au moins 400 ml de lait écrémé ou demi-écrémé, ou l'équivalent (yaourts, fromage blanc), y compris le lait versé dans le thé, le café ou sur les céréales. Ce type d'aliments garantit un apport glucidique de 260 g pour un régime égal à 1 800 kcal (7 500 kJ)/jour.

Il est très rare de consommer en excès des produits riches en fibres et en glucides et pauvres en graisses, tels que ceux mentionnés ci-dessus, sous peine d'avoir l'impression de bientôt « exploser ». Par conséquent, privilégiez toujours les aliments qui remplissent l'estomac, en particulier ceux qui sont riches en fibres, comme le pain complet, les céréales, les fruits, les légumes et les légumineuses, et mangez à votre faim.

Profil des appétits moyens

Il regroupe les personnes suivantes :
• les adultes de corpulence moyenne ;
• les individus pratiquant régulièrement une activité physique peu intense.

Un apport modéré en glucides

Si vous préférez choisir une alimentation moyennement riche en glucides – 40 % de l'apport énergétique étant fournis par les glucides – et plus riche en graisses, voici quelques recommandations à suivre jour après jour pour un petit appétit et un appétit moyen.

Pour les petits appétits

Afin d'éviter toute carence en nutriments, consommez chaque jour :
• environ 4 tranches de pain, ou l'équivalent (biscottes, petits pains, pain azyme) ;
• au moins 2 fruits frais, ou l'équivalent (jus de fruits ou fruits secs) ;
• environ 125 g de légumes cuits riches en glucides (légumineuses, pommes de terre) ;
• environ 50 g de céréales cuites ou d'aliments à base de céréales (céréales du petit déjeuner, riz, pâtes, maïs ou toute autre céréale) ;
• au moins 300 ml de lait écrémé ou demi-écrémé, ou l'équivalent (yaourts, fromage blanc), y compris le lait que vous versez dans votre thé, votre café ou sur vos céréales.

Ces aliments garantissent un apport glucidique de 130 g pour un régime égal à 1 200 kcal (5 000 kJ)/jour.

Pour les appétits moyens

Une personne d'appétit moyen doit consommer chaque jour :
• environ 6 tranches de pain, ou l'équivalent (biscottes, petits pains, pain azyme) ;
• au moins 2 fruits frais, ou l'équivalent (jus de fruits ou fruits secs) ;
• environ 125 g de légumes cuits riches en glucides (légumineuses, pommes de terre) ;
• environ 150 g de céréales cuites ou d'aliments à base de céréales (céréales du petit déjeuner, riz, pâtes, maïs ou toute autre céréale) ;
• au moins 400 ml de lait écrémé ou demi-écrémé, ou l'équivalent (yaourts, fromage blanc), y compris le lait que vous versez dans votre thé, votre café ou sur vos céréales.

Ces aliments garantissent un apport glucidique de 195 g pour un régime égal à 1 800 kcal (7 500 kJ)/jour.

Pour déterminer le pourcentage de kilojoules fournis par les glucides, multipliez le nombre de grammes de glucides par 16 (le nombre de kilojoules fournis par 1 g de glucides) puis par 100 et divisez par le nombre total de kilojoules :
Exemple : (195 × 16 × 100)/7 500 = 40 % environ.
NB : 1 kcal = 4,185 kJ.

CHAPITRE 3

TOUT CE QUE VOUS DEVEZ SAVOIR
SUR L'INDEX GLYCÉMIQUE

Le concept d'index glycémique fut développé en 1981 par le Dr David Jenkins, professeur en nutrition à Oxford (Grande-Bretagne) puis à l'université de Toronto (Canada), alors que celui-ci tentait de définir les aliments répondant le mieux aux besoins des personnes diabétiques. Jusqu'alors, leur régime reposait sur un système d'équivalents-portions de glucides, tous les équivalents-portions d'un aliment donné ayant le même contenu en glucides. Dans un pays, un système d'équivalents-portions représentait 15 g de glucides, contre 12 ou 10 g dans un autre. Ce système était fondé sur l'hypothèse selon laquelle tous les aliments contenant de l'amidon avaient le même effet sur le taux de glucose sanguin – bien que plusieurs études antérieures aient prouvé que cette théorie était fausse. David Jenkins fut l'un des premiers à remettre en question, et d'une façon éclatante, le bien-fondé de ce système et à analyser la manière dont les aliments se comportaient une fois ingérés.

N'oubliez pas que les glucides ne sont pas tous égaux.

Fondés sur des observations systématiques, les travaux de Jenkins ne passèrent pas inaperçus. Avec ses collaborateurs, il testa un grand nombre d'aliments ; les résultats obtenus furent des plus surprenants : ils démontrèrent par exemple qu'une portion de glace – malgré sa teneur élevée en sucre –

avait moins d'incidence sur le taux de glucose sanguin qu'une portion de pain. Durant les quinze années qui suivirent, des médecins et des chercheurs du monde entier – dont les auteurs de cet ouvrage – testèrent les effets d'une multitude d'aliments sur la glycémie, contribuant ainsi au développement d'un nouveau concept, à savoir la classification des glucides selon leur index glycémique.

Durant longtemps, l'index glycémique fut un concept très controversé, avec d'un côté ses fervents adeptes et de l'autre ses virulents détracteurs qui, plutôt que de trouver un consensus, tentèrent d'imposer leurs convictions au cours de conférences houleuses. Au début, la critique était justifiée ; en effet, dans les premières études, rien ne prouvait qu'un repas composé d'aliments à faible index glycémique avait, par conséquent, un faible index glycémique, et qu'un repas composé d'aliments à index glycémique élevé avait, par conséquent, un index glycémique élevé : en d'autres termes, rien ne prouvait que la notion d'index glycémique valable pour un aliment pris seul le restait pour un repas complexe, mélangeant tous les types d'aliments. En outre, nul ne pouvait affirmer que cette théorie ferait avancer d'une manière concrète et efficace la pratique diététique. Plus perturbant encore : les résultats variaient selon les pays et laissaient les chercheurs sceptiques. Les premières études portaient avant tout sur des volontaires en parfaite santé, et nul ne pouvait avancer que les résultats obtenus étaient susceptibles de s'appliquer à des sujets diabétiques.

Aujourd'hui, tous les travaux réalisés nous font tirer des conclusions irréfutables quant à la fiabilité de l'index glycémique comme instrument permettant de prévoir l'incidence des aliments sur le taux de glucose sanguin, et, par-delà, d'entrevoir un avenir meilleur pour les personnes souffrant de diabète, de troubles cardio-vasculaires ou ayant une surcharge pondérale. À ce jour, les études menées au Royaume-Uni, en France, en Italie, en Suède, en Australie et au Canada ont prouvé que l'index glycémique était un facteur essentiel dans nombre de pathologies ; seuls les chercheurs américains se montrent encore réticents, même si quelques centres de renom tels que la Harvard School of Public Health et le Children's Hospital de Boston recommandent non seulement aux malades mais aussi aux personnes bien portantes de se préoccuper de l'index glycémique des aliments.

Rappelons-le, l'index glycémique permet de classer les aliments contenant des glucides selon l'impact qu'ils ont, tout de suite après l'ingestion, sur le taux de glucose dans le sang. Tous les aliments sont comparés à la même quantité d'un aliment de référence, le plus souvent du glucose pur. Selon les résultats obtenus, et pour simplifier, les aliments entrent alors dans la catégorie des aliments à faible index glycémique, moyen ou élevé. Aujourd'hui, nous connaissons l'index glycémique de plusieurs centaines d'aliments, qui ont été testés selon une méthode validée par la communauté scientifique (voir dans la quatrième partie les listes d'aliments).

L'index glycémique mesure la vitesse de la digestion

Les aliments qui renferment des glucides et qui se décomposent vite pendant la digestion ont l'index glycémique le plus élevé ; la réponse du glucose sanguin est rapide et massive. En d'autres termes, le glucose dans le sang augmente rapidement. À l'inverse, les aliments qui renferment des glucides et qui se décomposent lentement, libérant peu à peu du glucose dans le système sanguin, ont un faible index glycémique. Nous pourrions faire un parallèle entre ce phénomène et la fable de La Fontaine, « Le Lièvre et la Tortue » : à l'instar des aliments à index glycémique élevé, le lièvre est le plus rapide, ce qui ne l'empêche pas de perdre la course derrière la tortue, qui remporte la victoire de son pas lent et régulier ; en effet, les aliments à faible index glycémique font augmenter lentement et progressivement le taux de glucose dans le sang (voir la figure 1, p. 74).

En règle générale, les aliments à faible index glycémique présentent plus d'avantages pour la santé que ceux à index glycémique élevé. Toutefois, certains sportifs de haut niveau sont plus performants et récupèrent plus vite s'ils consomment des aliments à index glycémique élevé pendant et après une compétition (voir le chapitre 13). Par ailleurs, les aliments à index glycémique élevé possèdent un effet bénéfique lors du traitement de l'hypoglycémie (voir le chapitre 10).

Il n'est pas nécessaire de consommer uniquement des aliments à faible index glycémique.

Mise au point

Dans le chapitre 2 (voir l'encadré, « résumons quelques définitions importantes », p. 62), il a été précisé que la notion de sucre rapide/sucre lent est tout simplement fausse. Elle l'est en effet : les sucres simples – c'est-à-dire les aliments ayant un goût sucré – étaient jusque-là supposés rapides – c'est-à-dire donnant une élévation précoce, rapide, intense et d'une durée **brève** –, tandis que les sucres lents – assimilés aux glucides des féculents – auraient donné naissance à une élévation lente à s'installer, progressive, peu intense mais **prolongée.** Répétons-le, il a été démontré que cela était inexact.

En revanche, ce qui vient d'être dit distingue les glucides rapidement digérés des glucides lentement digérés : tandis que les premiers donnent une élévation importante et **prolongée** du taux de glucose sanguin – aliments à index glycémique élevé, parmi lesquels se trouvent aussi bien des glucides au goût sucré que des amidons –, les seconds provoquent une élévation modérée et **brève** de la glycémie – aliments à faible index glycémique, parmi lesquels se trouvent aussi bien des glucides au goût sucré que des amidons.

L'IG est un outil dont les effets bénéfiques chez les sujets ayant du diabète ou des troubles coronariens et les personnes voulant contrôler leur poids ont été prouvés cliniquement.

La substance qui agit le plus sur le taux de glucose dans le sang est le glucose pur. À quantité égale, la plupart des aliments contenant des glucides agissent moins sur la glycémie que le glucose pur.

Comment les scientifiques mesurent-ils l'index glycémique d'un aliment ?

1. Un volontaire ingère une quantité déterminée d'un aliment avec une teneur en glucides variant le plus souvent entre 25 et 50 g. Par exemple, pour calculer l'index glycémique des spaghettis, le sujet doit manger 200 g de spaghettis, ce qui correspond à un apport en glucides de 50 g (conformément au tableau de la composition chimique de l'aliment).
2. Au cours des 2 h qui suivent le repas (ou 3 h si le sujet est diabétique), du sang est prélevé toutes les 15 min pendant la première heure et toutes les 30 min, 1 h ou 2 h suivantes. Les prélèvements sont envoyés dans un laboratoire qui mesure le taux de glucose dans le sang.
3. Les différents taux sont entrés dans un ordinateur. Grâce à un programme informatique, une courbe est dessinée à partir des données obtenues (voir la figure 1).
4. La réponse glycémique à l'ingestion de spaghettis – ou de tout autre aliment testé – est comparée à la réponse glycémique du volontaire après l'absorption de 50 g de glucose dans de l'eau – l'aliment de référence.
5. L'aliment de référence est testé deux ou trois fois sur des individus différents, et une valeur moyenne d'index glycémique est définie. En effet, la réponse de l'organisme varie d'un jour à l'autre et selon les moments de la journée.

6. Le test est réalisé sur huit à dix volontaires, ce qui permet de définir une valeur de l'index glycémique moyenne, qui sera considérée comme la valeur de l'index glycémique de l'aliment testé.

Figure 1. Mesurer l'index glycémique d'un aliment.

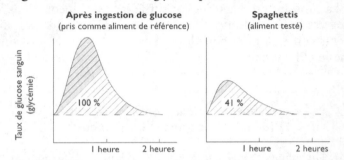

L'aliment testé et l'aliment de référence doivent apporter la même quantité de glucides, en général 50 g. Toutefois, si, pour avoir un apport glucidique de 50 g, la quantité de nourriture à ingérer est trop importante – dans l'exemple du potiron, il faudrait 1,25 kg de légume ! (voir le tableau des aliments p. 325) –, le calcul est basé sur 25 g de glucides seulement, voire sur 15 g dans certains cas. L'index glycémique obtenu est presque le même quel que soit l'apport de glucides, pourvu que l'aliment testé et l'aliment de référence en contiennent des quantités équivalentes. Il n'est qu'une mesure relative.

L'index glycémique du glucose pur est égal à 100. Une échelle allant de 0 à 100 permet de définir l'index glycémique des aliments testés en fonction de leur effet sur le taux de glucose sanguin. (Remarque : quelques rares aliments ont un index glycémique légèrement supérieur à 100 ; cela tient à ce que le glucose pris en référence est absorbé très concentré et s'évacue donc plus lentement de l'estomac qu'une boisson pétillante sucrée par exemple.)

**Les index glycémiques supérieurs à 70
sont des index glycémiques élevés.
Les index glycémiques compris entre 56 et 69
sont des index glycémiques moyens.
Les index glycémiques inférieurs ou égaux à 55
sont des index glycémiques faibles.**

La valeur de l'index glycémique de l'aliment étant la valeur moyenne calculée d'après tous les résultats obtenus, les tests effectués sur d'autres volontaires doivent en principe donner un résultat similaire. De plus, les résultats obtenus chez un groupe de personnes diabétiques sont comparables à ceux observés chez un groupe de sujets bien portants. La valeur de l'index glycémique varie donc d'un jour à l'autre, d'un sujet à l'autre, mais également sous l'influence de nombreux facteurs (voir le tableau pp. 83 à 84). En outre, il s'agit de valeurs moyennes. En conséquence, la valeur d'un index glycémique doit être prise comme une indication approximative très utile et non pas comme une valeur absolue, définitive, « mathématique ».

Il est impossible de présumer de la valeur de l'index glycémique d'un aliment en fonction de sa composition chimique ou de l'index glycémique des produits fabriqués à partir de cet aliment. Seuls les professionnels peuvent mesurer l'index glycémique d'un aliment.

Glucose ou pain blanc ?

Autrefois, pour mesurer l'index glycémique d'un aliment, certains chercheurs prenaient comme aliment de référence non pas le glucose pur mais une portion de pain blanc en tranches – un produit typique de l'alimentation anglo-saxonne. Sur l'échelle qu'ils utilisaient, l'index glycémique de ce pain était, par convention, fixé à 100 ; de ce fait, de nombreux aliments testés avaient un index glycémique supérieur à 100, car ils étaient absorbés plus vite que le pain.

Avoir dans le monde deux aliments de référence – le glucose pur et le pain blanc – pour déterminer l'index glycémique d'un aliment a été source de confusion. C'est pourquoi, aujourd'hui, tous les chercheurs se sont mis d'accord pour n'avoir qu'un seul aliment de référence, le glucose. Pour passer de l'échelle 0-100 définie pour le pain blanc à l'échelle 0-100 définie pour le glucose, il suffit d'utiliser le facteur 0,7 (70/100) ; en effet, sur l'échelle définie pour le glucose, l'index glycémique du pain blanc est égal à 70. Afin d'éviter tout malentendu, nous avons choisi dans cet ouvrage de travailler sur l'échelle 0-100, 100 étant la valeur de l'index glycémique du glucose.

Plus l'index glycémique d'un aliment est élevé, plus la glycémie après l'ingestion de l'aliment est élevée. En général, les aliments à index glycémique élevé atteignent une valeur maximale plus élevée ; ce pic glycémique est plus haut, même si le taux de glucose sanguin reste peu élevé au cours des deux heures suivant la consommation de l'aliment – ce qui se produit avec le pain blanc.

Le riz soufflé (valeur de l'IG = 87) et les pommes de terre cuites au four (valeur de l'IG = 85) ont des index glycémiques très élevés. Lorsque vous consommez ces aliments, le taux de glucose dans le sang est presque aussi haut que lorsque vous consommez du glucose pur : oui, vous avez bien lu ! La figure 2 (voir page suivante) permet de comparer la glycémie après avoir consommé, d'une part du glucose pur, d'autre part du pain blanc. La figure 3 (voir page suivante) permet de comparer la glycémie après avoir consommé d'une part du glucose pur, d'autre part des aliments à faible index glycémique tels que les lentilles (valeur de l'IG = 29).

Figure 2. Les effets du glucose pur (50 g) et du pain blanc
(1 portion contenant 50 g de glucides) sur le taux de glucose sanguin.

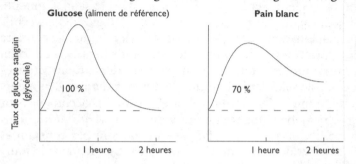

Figure 3. Les effets du glucose pur (50 g) et des lentilles
(1 portion contenant 50 g de glucides) sur le taux de glucose sanguin.

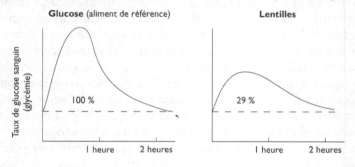

Pour les aliments à faible index glycémique (les lentilles),
la valeur du pic glycémique est moins élevée et, comme le
montre la courbe, le taux de glucose dans le sang diminue
plus progressivement que pour l'aliment à index glycémique
élevé (le glucose pur).

En prévention de nombreuses maladies

La vitesse de digestion d'un aliment à faible index glycémique est lente, et le taux de glucose dans le sang augmente puis diminue peu à peu. Les aliments à faible index glycémique jouent donc un rôle crucial dans le régime alimentaire des personnes qui, comme les sujets diabétiques ou ceux montrant une intolérance au glucose, doivent impérativement contrôler leur glycémie. La consommation d'aliments à faible index glycémique et les effets qui en découlent sont également bénéfiques aux individus en parfaite santé, dans la mesure où les cellules du pancréas ne sont pas contraintes de sécréter de l'insuline en grande quantité pendant la journée (voir les chapitres 8 à 13).

Plus le processus de la digestion est ralenti, moins la faim se fait ressentir au cours de la journée, ce qui favorise la perte de poids chez les personnes ayant une surcharge pondérale.

Une glycémie peu élevée contribue également à la prévention d'un grand nombre de maladies coronariennes, car le stress oxydatif associé aux pics glycémiques est considérablement réduit. Lorsque la glycémie est stable, les vaisseaux sanguins restent souples et élastiques, ce qui diminue les risques d'accumulation de graisses sur les parois artérielles et la formation de plaques à l'intérieur des artères, susceptibles de gêner ou d'empêcher la circulation sanguine – c'est l'athérosclérose. Enfin, la stabilité de la glycémie empêche, à très long terme, la formation de caillots qui peut entraîner une crise cardiaque.

Ne croyez pas que nous noircissons le tableau pour vous effrayer ; ces affirmations reposent sur des études scientifiques publiées dans les revues médicales internationales les plus prestigieuses. Mais n'allez pas croire pour autant que la consommation d'aliments à index glycémique élevé vous fait courir le risque d'une crise cardiaque ; ce qui vient d'être avancé n'est que le résultat de dix, vingt, trente années d'une consommation exagérée desdits aliments.

N'oubliez pas que les glucides ne sont pas tous égaux.

Peut-on parler de l'index glycémique d'un repas ?

Bien qu'un repas soit constitué d'un mélange d'aliments différents, on peut néanmoins apprécier son index glycémique moyen à partir de l'index glycémique des aliments glucidiques qui le composent. Des chercheurs ont découvert qu'on peut prédire les répercussions sur le taux de glucose dans le sang d'un repas constitué d'aliments à index distincts. En effet, il est possible de connaître la teneur en glucides d'un repas en fonction de la teneur en glucides de chaque aliment ; pour cela, reportez-vous à la composition chimique de chaque aliment pris isolément.

Imaginons que votre petit déjeuner soit composé d'un jus d'orange, de céréales complètes, de lait et de pain. Pour connaître son index glycémique, consultez le tableau ci-dessous.

Calculer l'index glycémique d'un repas

Aliments	Glucides (g)	% de glucides	Index glycémique	Index glycémique rapporté à la quantité de glucides
Jus d'orange (150 ml)	13	24	46	24 % × 46 = 11
Céréales (60 g)	21	38	69	38 % × 69 = 26
Lait (150 ml)	7	13	27	13 % × 27 = 4
Pain (30 g)	13	24	70	24 % × 70 = 17
Total	54			IG du repas = 58*

* Tous les nombres décimaux ont été arrondis au nombre entier le plus proche. Ce mode de calcul de l'index glycémique d'un repas est assez fiable, à condition que l'index glycémique de chaque aliment pris séparément ait été calculé en tenant compte du mode de préparation.

Le mode de calcul peut paraître compliqué, mais sachez qu'en pratique nous n'avons pas besoin de faire ces calculs. De nombreuses études ont montré une étroite corrélation entre les prévisions et les résultats observés.

**La glycémie varie en fonction de la quantité
et du type de glucides consommés.**

Un index, mais aussi une charge

Quand nous prenons un repas composé de glucides, la glycémie augmente puis diminue. La vitesse à laquelle ce taux augmente pour atteindre le pic glycémique et le temps qui s'écoule avant qu'il commence à diminuer dépendent de la quantité de glucides ingérés au cours du repas, ainsi que de la nature – l'index glycémique – de ces glucides. Ces *deux* facteurs conditionnent les fluctuations du taux de glucose sanguin. Malheureusement, si la quantité de glucides est toujours prise en considération, l'index glycémique est, quant à lui, encore trop souvent ignoré.

Pour connaître la quantité de glucides contenus dans un aliment, il suffit de lire l'étiquetage de l'emballage ou de consulter un tableau de composition alimentaire. Cependant, ces tableaux donnent rarement la valeur des index glycémiques correspondants ; vous devrez alors vous reporter aux listes d'aliments qui figurent dans la quatrième partie de cet ouvrage.

Dans la mesure où il est impératif de connaître la quantité et la nature des glucides ingérés pour prévoir les effets d'un repas sur la glycémie, des chercheurs ont mis au point un moyen permettant de combiner et de décrire ces deux facteurs. Une équipe de l'université de Harvard a ainsi créé le concept de « charge glycémique » (CG). Celle-ci se calcule en multipliant l'index glycémique d'un aliment par sa teneur en glucides (nombre de grammes dans une portion) et en divisant le résultat obtenu par 100 :

CG = (IG × teneur en glucides dans une portion)/100.

Prenons l'exemple d'une pomme (valeur de l'IG = 40) ; elle apporte 15 g de glucides environ. Sa charge glycémique est de :

$$(40 \times 15)/100 = 6.$$

Considérons maintenant une pomme de terre (valeur de l'IG = 90) ; la teneur en glucides est de 20 g pour 100 g de pommes de terre cuites. Sa charge glycémique pour ces 100 g est de :

$$(90 \times 20)/100 = 18.$$

Attention à l'interprétation de ces résultats : cela ne signifie pas que le taux de glucose dans le sang fluctuera trois fois plus si vous mangez une pomme de terre, mais simplement que l'effet métabolique, y compris le besoin total d'insuline, peut être trois fois plus élevé.

Quelques conseils

« Quelle est la charge glycémique idéale ? » vous demandez-vous peut-être. Elle dépend de plusieurs facteurs, à savoir l'apport énergétique total et l'apport en glucides recherché – un apport modéré ou élevé (voir plus haut, pp. 64 à 67). Si vous visez un apport glucidique quotidien égal à 250 g et si vous souhaitez consommer uniquement des aliments à faible index glycémique – donc inférieur à 55 –, la charge glycémique quotidienne devra être inférieure à :

$$(250 \times 55)/100 = 138 \text{ (valeur arrondie)}.$$

• Souvenez-vous, il n'est pas nécessaire de consommer exclusivement des aliments à faible index glycémique. Si la moitié des glucides ingérés a un faible index glycémique, c'est déjà bien. Dans ce cas, vous pouvez vous baser sur le calcul suivant :

$$(250 \times 65)/100 = 163 \text{ (valeur arrondie)}.$$

• Par ailleurs, gardez à l'esprit que les portions indiquées sont à titre indicatif et ne correspondent pas toujours aux portions que vous consommez réellement. En cas de doute, pesez vos aliments et, en fonction du poids, déterminez la teneur en glucides et la charge glycémique.

• Ne faites pas l'erreur de tenir compte uniquement de la charge glycémique, car vous risquez alors d'opter pour une alimentation pauvre en glucides mais très riche en graisses – notamment en graisses saturées – et en protéines (voir le chapitre 1, p. 37-38). Pour être en bonne santé, soyez très vigilant quant à l'apport en graisses, en fibres et en micronutriments. En cas de doute, consultez un diététicien, qui saura vous conseiller.

Qu'est-ce qui détermine l'index glycémique d'un aliment ?

Des chercheurs ont tenté de comprendre les raisons qui font que l'index glycémique de certains aliments est faible, alors que celui d'autres aliments est élevé. Les informations obtenues lors des différentes études sont si nombreuses qu'il est parfois difficile de s'y retrouver. C'est la raison pour laquelle nous avons résumé dans le tableau ci-dessous les résultats des nombreux travaux qui ont mis en lumière les facteurs ayant une influence sur l'index glycémique d'un aliment. Ce qui ressort de ces résultats, c'est que la valeur de l'index glycémique dépend en grande partie des caractéristiques physicochimiques de l'amidon présent dans un aliment. Ainsi, vous comprenez pourquoi les progrès réalisés dans le domaine agroalimentaire aux XIXe et XXe siècles ont considérablement modifié l'index glycémique des produits que nous consommons aujourd'hui.

Les facteurs influençant l'index glycémique d'un aliment

Facteur	Mécanisme	Exemples d'aliments pour lesquels l'effet est visible
Gélatinisation de l'amidon	Moins l'amidon se gélatinise (gonfle), plus lente est la vitesse de digestion. Plus l'amidon est gélatinisé, plus rapide est la vitesse de digestion.	Les spaghettis, les flocons d'avoine, les sablés contiennent peu d'amidon gélatinisé. Le pain de mie, les pommes de terre vapeur, la génoise.
Protection contre la digestion enzymatique	L'enveloppe fibreuse autour des légumineuses et des graines ainsi que les parois des cellules végétales font office de barrières. Les enzymes accèdent moins vite à l'amidon se trouvant à l'intérieur (boulgour).	Le pain noir allemand, le pain aux céréales complètes.
Taille des particules	Plus les particules sont petites, plus l'eau et les enzymes pénètrent rapidement.	L'index glycémique des farines blanches est plus élevé que celui des semoules à grain moyen ou gros.
Rapport amylose/ amylopectine élevé*	Plus un aliment contient d'amylose, moins l'amidon se gélatinise et plus la vitesse de digestion est lente.	Le riz basmati, le maïs et les légumineuses renferment un amidon plus riche en amylose que les autres céréales.
Viscosité des fibres	Les fibres visqueuses et solubles augmentent la viscosité des aliments dans les intestins, ce qui ralentit l'interaction entre l'amidon et les enzymes. En revanche, le son n'a pas cette propriété. Les farines de blé complet et de seigle se digèrent et sont assimilées rapidement, car les fibres ne sont pas visqueuses.	Les flocons d'avoine, les légumineuses, les lentilles, les pommes et le mucilage agissent contre la constipation.

Sucre	À quantité égale, la digestion du sucre produit deux fois moins de molécules de glucose que l'amidon (mais produit du fructose). La teneur en sucre réduit la gélatinisation de l'amidon en diminuant la fixation de l'eau et la quantité d'eau « disponible pour l'amidon ».	Les biscuits et les céréales du petit déjeuner riches en sucre ont un index glycémique assez faible.
Acidité	Les acides présents dans les aliments ralentissent la vidange gastrique. L'amidon est alors digéré plus lentement.	Le vinaigre, le jus de citron, le jus de citron vert, la vinaigrette, les saumures, les marinades et le pain au levain.
Graisses	Les graisses ralentissent la vidange gastrique. L'amidon est alors digéré plus lentement.	Les chips ont un index glycémique plus faible que les pommes de terre cuites à l'eau.

* L'amylose et l'amylopectine sont deux composants moléculaires présents dans l'amidon. Le rapport entre ces deux polymères varie selon les aliments (voir la figure 6, p. 88).

L'effet de la gélatinisation de l'amidon

Dans les aliments crus, l'amidon qui est stocké dans des granules compacts et solides est difficile à digérer. C'est pourquoi la plupart des aliments contenant de l'amidon doivent être cuits ; si vous mangiez des pommes de terre crues, vous auriez sans doute mal au ventre. Pendant la cuisson, l'eau et la chaleur font plus ou moins gonfler les granules, certains éclatent et libèrent des molécules d'amidon. C'est ce qui se passe lorsque vous faites une sauce : vous chauffez l'eau et la farine jusqu'à ce que les granules d'amidon éclatent et que la sauce épaississe. Si la majorité des granules contenant de l'amidon gonflent et éclatent pendant la cuisson, on dit que l'amidon est entièrement gélatinisé. La figure 4 (ci-dessous) montre la différence entre l'amidon cuit et l'amidon cru des pommes de terre.

Quand les granules sont chauffés, ils gonflent et éclatent. Les molécules d'amidon libérées se digèrent très facilement, car les enzymes qui assimilent l'amidon dans l'intestin grêle peuvent agir sur une plus grande surface. Les enzymes agissent vite et le taux de glucose dans le sang augmente rapidement après l'ingestion de l'aliment – rappelez-vous que l'amidon est une chaîne de molécules de glucose (voir le chapitre 2, p. 49). Un aliment qui renferme de l'amidon entièrement gélatinisé aura donc un index glycémique très élevé.

Pour les aliments qui, comme les sablés, contiennent du sucre et des lipides mais très peu d'eau, la gélatinisation de l'amidon est plus difficile, et seule la moitié des granules environ est gélatinisée ; cela explique pourquoi ces biscuits ont un index glycémique moyen.

Figure 4. Granules d'amidon dans une pomme de terre crue (granules compacts, à gauche) et dans une pomme de terre cuite (granules gonflés, à droite).

Profitez des bienfaits des viandes maigres, du poisson et des produits laitiers pauvres en matière grasse.

85

L'effet de la taille des particules

En ce qui concerne la gélatinisation de l'amidon et la valeur de l'index glycémique, la taille des particules de l'aliment est un facteur à prendre en considération. Le fait de broyer ou de moudre finement des céréales réduit la taille des particules qui, d'une part absorbent davantage l'eau, d'autre part sont plus facilement détruites par les enzymes digestives. En règle générale, les aliments à base de farine finement moulue ont un index glycémique élevé. Plus les particules sont grosses, plus l'index glycémique est faible (voir la figure 5, p. 87).

Au milieu du XIXe siècle, les moulins à marteaux à grande vitesse de rotation ont considérablement modifié les aliments : les fibres ont été presque entièrement retirées, et les particules d'amidon devinrent de plus en plus petites. Jusqu'alors, les grains broyés par des pierres à meuler donnaient des farines grossières, qui étaient lentement digérées et assimilées.

Lorsque l'amidon est consommé dans son « emballage naturel » – c'est-à-dire lorsque les grains laissés tels quels sont mis à tremper dans l'eau, puis cuits –, l'index glycémique est faible : ainsi pour l'orge cuit (valeur de l'IG = 25) et la plupart des légumineuses cuites (valeur de l'IG comprise entre 30 et 40, contre 41 pour le blé complet cuit).

La seule céréale ayant un index glycémique naturellement élevé est le riz, en particulier les variétés de riz à faible teneur en amylose comme le riz calrose (valeur de l'IG = 83). Ces variétés de riz renferment de l'amidon qui se gélatinise très facilement au moment de la cuisson et que les enzymes ont donc tôt fait de dégrader ; cela explique pourquoi la faim se fait parfois ressentir assez vite après un repas à base de riz. Toutefois, certaines variétés de riz – basmati, à long grain parfumé ou doongara – ont un faible index glycémique (compris entre 50 et 58), car la teneur en amylose est plus élevée (voir page suivante) que celle du riz de qualité traditionnelle.

Figure 5. Plus les particules sont grosses, plus l'index glycémique est faible.

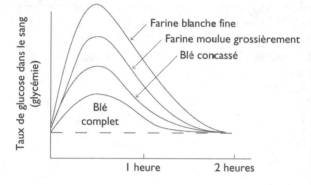

L'effet de l'amylose et de l'amylopectine

L'amidon est constitué de deux polymères : l'amylose et l'amylopectine. Des chercheurs ont découvert que le ratio amylose/amylopectine a une influence considérable sur l'index glycémique des aliments. L'amylose est une chaîne rectiligne de molécules de glucose et l'amylopectine une chaîne ramifiée de molécules de glucose ; ces deux types de molécule sont attaqués d'une manière très différente par la cuisson puis par les enzymes digestives. Prenons l'image d'un fagot de bois et imaginons l'amylose comme un amas de branches de noisetier longues, rectilignes et peu feuillues : le fagot sera dense, difficile à mouiller par la pluie ; le grain riche en amylopectine peut être comparé à un fagot fait de branchettes très ramifiées : le fagot sera aéré, peu dense, volumineux, donc immédiatement accessible à l'eau de la pluie.

Les aliments dont l'amidon est composé d'un plus grand nombre de molécules d'amylopectine que de molécules d'amylose ont un index glycémique élevé – par exemple le riz calrose et la farine de froment. Les aliments dont l'amidon est constitué d'un plus grand nombre de molécules d'amylose que de molécules d'amylopectine ont un faible index glycémique – par exemple le riz basmati et les légumineuses.

Figure 6. L'amylose, une chaîne rectiligne de molécules de glucose, est plus difficile à digérer que l'amylopectine, une chaîne ramifiée de molécules de glucose.

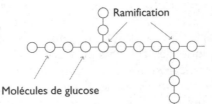

L'effet du sucre

Le sucre de table, ou sucre raffiné (saccharose), a un index glycémique compris entre 60 et 65 ; ce disaccharide (sucre double) est formé d'une molécule de glucose liée à une molécule de fructose (voir chapitre 2, pp. 44-45). Le fructose est assimilé et acheminé directement vers le foie, où il subit un sort différent de celui du glucose. Le fructose (valeur de l'IG = 19) a peu d'effet sur le taux de glucose dans le sang. Ainsi, quand nous consommons du saccharose, nous consommons en réalité pour moitié du glucose. C'est pourquoi, lorsque nous ingérons 50 g de saccharose, la glycémie grimpe environ deux fois moins que lorsque nous consommons 50 g de sirop de maïs ou de maltodextrines, composés uniquement de molécules de glucose. De nombreux aliments riches en sucre raffiné ont un index glycémique proche de 60, ce qui est inférieur à l'index glycémique du pain blanc (valeur de l'IG = 70).

Les sucres naturels les plus courants sont le lactose, le saccharose, le glucose et le fructose, dans des proportions variant selon les aliments. Il est difficile de dire si, après la consommation d'un aliment donné, le taux de glucose sanguin va grimper rapidement ou, au contraire, progressivement ; en effet, plus la teneur en sucre est élevée – et ce, quel que soit le sucre –, plus la vidange gastrique est ralentie.

**La charge glycémique dépend à la fois
de la quantité et de la nature des glucides.**

Pourquoi les pâtes ont-elles un faible index glycémique ?

En premier lieu, les chercheurs ont cru que les pâtes avaient un faible index glycémique parce qu'elles étaient à base de semoule de blé (blé concassé) et non de farine finement moulue. Or, même les pâtes à base de farine finement moulue ont un index glycémique peu élevé.

En réalité, si les pâtes se digèrent lentement, c'est parce que les granules d'amidon non gélatinisé sont enserrés dans un réseau de mailles faites de molécules d'une protéine appelée gluten ; seules les pâtes possèdent cette particularité. Quelles que soient la forme et la taille des pâtes, celles-ci ont un index glycémique compris entre 30 et 60 ; les nouilles asiatiques ont également un index assez peu élevé.

Tandis que certains fruits ont un faible index glycémique (par exemple le pamplemousse, valeur de l'IG = 25), d'autres ont un index glycémique élevé (par exemple la pastèque, valeur de l'IG = 72). Dans les deux cas, cette valeur est modulée par une concentration en sucre faible voire très faible – pour la pastèque –, ce qui, de toute façon, entraîne une charge glycémique très faible (de l'ordre de 4). Il semblerait que plus le taux d'acidité et plus la force osmotique (le nombre de molécules par millilitre) d'un fruit sont élevés, plus l'index glycémique est faible. C'est pourquoi tous les fruits ne sont pas équivalents ; de même, dire que tous les fruits ont un faible index glycémique en raison de leur teneur élevée en fibres est une grossière erreur. À chaque fruit son index glycémique (voir les listes d'aliments dans la quatrième partie).

Les sucres contenus dans un grand nombre de fruits sont un mélange de sucres raffinés et de sucres naturels ; il est donc difficile de savoir si la glycémie va augmenter rapidement ou progressivement – d'où la multitude de tests réalisés sur des sujets volontaires pour définir l'index glycémique du plus grand nombre d'aliments glucidiques pris isolément.

L'effet des fibres

Selon leur nature et leur viscosité, les fibres n'ont pas toutes le même effet sur l'index glycémique. Les fibres contenues dans le blé finement moulu – qui entre notamment dans la composition du pain complet – n'ont aucun effet sur la vitesse de digestion de l'amidon et sur le taux de glucose dans le sang. De même, tout produit à base de farine de blé complet a un index glycémique similaire à celui de ce même produit, mais cette fois à base de farine blanche. Les céréales du petit déjeuner faites à partir de farine complète ont en général un index glycémique élevé, sauf quand d'autres substances entrent dans leur composition. Réalisés à base de grains de blé complet cuits, les grains de blé soufflés (valeur de l'IG = 80) ont un index glycémique élevé *malgré* leur forte teneur en fibres.

Si les aliments n'ont subi aucun traitement (par exemple les céréales All-Bran®), les fibres agissent comme une barrière physique, altérant le processus de digestion. L'index glycémique est alors plus faible. C'est également l'une des raisons pour lesquelles les céréales complètes ont en général un faible index glycémique.

Les fibres visqueuses augmentent la viscosité ou la consistance des aliments dans les voies digestives. Les aliments sont acheminés plus lentement, les enzymes agissent moins vite, ce qui ralentit la digestion et empêche le taux de glucose dans le sang de s'élever. Les légumineuses, les flocons d'avoine et le psyllium – une poudre concentrée obtenue à partir de matières végétales, qui entre dans la composition de nombreuses céréales du petit déjeuner et de produits laxatifs – ont une teneur élevée en fibres visqueuses et un faible index glycémique.

**Des tests cliniques l'ont prouvé :
la consommation régulière d'aliments
à faible index glycémique ralentit le développement
du diabète et des maladies cardio-vasculaires.**

L'effet de l'acidité

Plusieurs rapports publiés au cours de ces dernières années dans des revues scientifiques ont montré que le vinaigre ou le jus de citron, utilisé pour assaisonner une salade accompagnant d'autres aliments, diminue considérablement le taux de glucose sanguin. La vinaigrette – 20 ml de vinaigre mélangés à 10 ml d'huile – diminuerait de 30 % le taux de glucose dans le sang. Cette découverte est relativement intéressante pour les personnes souffrant de diabète et pour les sujets à risque dans la prévention du diabète, des maladies cardio-vasculaires ou du syndrome d'insulinorésistance (voir les chapitres 9 et 11).

La baisse du taux de glucose dans le sang serait due à l'acidité de certains produits. En effet, d'autres acides organiques – l'acide lactique et l'acide propionique – diminuent également la glycémie dans des proportions variant selon l'acide concerné. Nous savons tous que l'acidité de certains aliments ralentit la vidange gastrique, les aliments étant alors acheminés lentement vers l'intestin grêle. La digestion des glucides présents dans les aliments est ralentie, ce qui se traduit par une glycémie particulièrement faible.

**Manger une salade au cours d'un repas
– notamment un repas à IG élevé –
permet de mieux contrôler le taux de glucose sanguin.**

À la différence des pains blancs classiques, le pain au levain, dans lequel les acides lactique et propionique sont le résultat de la fermentation naturelle de l'amidon par une culture de levure, contribue à la baisse du taux de glucose dans le sang et de la production d'insuline – la diminution est de 22 %. Par ailleurs, la sensation de satiété est supérieure lorsque nous consommons des pains qui sont digérés et assimilés lentement. En conclusion, pour abaisser la glycémie et la production d'insuline sans avoir l'impression d'avoir l'estomac vide, choisissez, si vous l'appréciez, du pain au levain.

Il n'y a pas que l'index glycémique qui compte !

Croire qu'il faut privilégier les aliments riches en graisses, comme le chocolat, tout simplement parce que leur index glycémique est faible serait une grossière erreur ! En effet, la valeur de l'index glycémique n'est pas le seul facteur qui doit vous faire choisir tel aliment plutôt que tel autre. Une teneur élevée en graisses – et en protéines – a tendance à ralentir la vidange gastrique, donc la vitesse à laquelle les aliments sont digérés dans l'intestin grêle. C'est pourquoi les aliments riches en graisses ont en général des index glycémiques plus faibles que ces mêmes aliments sous leur forme « allégée en matière grasse » ; les chips ont un index glycémique égal à 54, alors que les pommes de terre cuites au four sans matière grasse ont un index glycémique égal à 85 ; les sablés ont presque tous un index glycémique compris entre 55 et 65 (soit inférieur à l'IG du pain, qui est de 70). Ces quelques exemples montrent bien que ce n'est pas parce qu'un aliment a un faible index glycémique qu'il est meilleur qu'un autre sur le plan nutritionnel. En effet, les graisses saturées contenues dans des aliments à faible index glycémique favorisent le développement des maladies cardio-vasculaires. Toutefois, vous pouvez faire un écart et vous accorder un petit plaisir de temps à autre.

Attention ! Ne nous faites pas dire ce que nous n'avons pas dit ! Toutes les graisses ne sont pas à éliminer de votre alimentation. Mais à l'instar des glucides, toutes les graisses ne sont pas équivalentes, et il faut apprendre à les distinguer : les bonnes graisses – notamment les oméga-3, qui sont des graisses polyinsaturées – sont à privilégier, d'autant qu'elles contribuent à diminuer la glycémie à la suite d'un repas.

L'index glycémique (IG) et la charge glycémique (CG) de quelques aliments courants

	IG	CG
Céréales du petit déjeuner		
All-Bran® (Kellogg's)	30	4
Choco Pops® (Kellogg's)	77	20

Corn-flakes® (Kellogg's)	77	20
Mini Wheats® (Kellogg's)	58	12
Musli grillé	43	7
Musli non grillé	49	10
Nutrigrain® (Kellogg's)	66	10
Flocons d'avoine	42	9
Grains de blé soufflés	80	17
Riz soufflé (Kellogg's)	87	22
Special K® (Kellogg's)	54	11
Flocons d'avoine et raisins secs (Kellogg's)	73	14
Kellogg's Extra® (Kellogg's)	68	15
Barres de céréales	69	12
Céréales/Pâtes		
Boulgour	48	12
Riz calrose	83	36
Riz doongara	56	22
Riz basmati	58	22
Riz à cuisson rapide	87	36
Nouilles chinoises à cuisson rapide	47	19
Pâtes aux œufs	32	15
Spaghettis (valeur moyenne)	38	18
Vermicelle	35	16
Sarrasin	54	16
Maïs doux	54	13
Pain/Viennoiserie		
Croissant*	67	17
Crêpe	69	13
Pain aux céréales (valeur moyenne)	49	6

Pita	57	10
Pain noir	41	5
Pain de seigle (valeur moyenne)	65	9
Pain blanc (valeur moyenne)	75	10
Pain complet (valeur moyenne)	80	9
Biscuits salés		
Craquelin au blé ou au boulgour	71	12
Craquelin aux céréales soufflées	81	15
Craquelin au seigle	69	11
Biscuit salé (cracker)	70	12
Biscuits sucrés		
Biscuit pour le petit déjeuner	79	15
Biscuit au blé complet (pilpil de blé)	62	11
Sablé	64	10
Gâteaux		
Muffin aux pommes	44	13
Gâteau de Savoie	46	17
Gaufre	76	10
Légumes		
Betterave rouge en conserve	64	5
Carotte	49	2
Panais	97	12
Petits pois (valeur moyenne)	48	3
Pomme de terre cuite au four (valeur moyenne)	85	26
Pomme de terre cuite à l'eau	88	16
Pomme de terre frite	75	22
Pomme de terre en purée	91	18
Potiron	75	3

Patate douce	44	11
Rutabaga	72	7
Igname (valeur moyenne)	37	13
Légumineuses		
Haricots blancs (valeur moyenne)	48	7
Fèves	79	9
Haricots beurre	31	6
Pois chiches (valeur moyenne)	28	8
Lingots (valeur moyenne)	38	12
Haricots rouges (valeur moyenne)	28	7
Lentilles (valeur moyenne)	29	5
Fèves de soja séchées	20	1
Fruits		
Pomme (valeur moyenne)	38	6
Abricot	30	8
Banane (valeur moyenne)	52	12
Cerise	22	3
Pamplemousse	25	3
Raisin (valeur moyenne)	46	8
Kiwi	58	7
Mangue	51	8
Orange (valeur moyenne)	42	5
Papaye	56	5
Pêche au sirop	58	9
Pêche, fruit frais (valeur moyenne)	42	5
Poire (valeur moyenne)	38	4
Ananas	66	6
Prune	39	5

Raisins secs	64	28
Cantaloup	65	4
Pastèque	72	4
Produits laitiers		
Lait entier	27	3
Lait écrémé	32	4
Lait aromatisé au chocolat	42	13
Lait concentré sucré	61	83
Crème anglaise	43	7
Glace de qualité traditionnelle (valeur moyenne)	61	8
Glace allégée	50	3
Yaourt maigre	33	10
Boissons		
Jus de pomme	40	11
Coca-Cola®	53	14
Boisson fortifiante	66	13
Fanta®	68	23
Jus d'orange	52	12
En-cas/Alimentation à préparation rapide		
Chips au maïs*	42	11
Poisson pané	38	7
Cacahouètes* (valeur moyenne)	14	1
Pop-corn	72	8
Chips de pommes de terre*	57	10
Saucisses*	28	1
Soupe de lentilles	44	9
Soupe de pois	66	27
Soupe à la tomate	38	6

Sushi	48	17
Confiserie		
Chocolat*	44	13
Bonbons Jelly Beans (valeur moyenne)	78	22
Bonbons Live Savers	70	21
Mars®*	62	25
Musli, barre*	61	13
Sucres		
Miel (valeur moyenne)	55	10
Fructose (valeur moyenne)	19	2
Glucose	100	10
Lactose (valeur moyenne)	46	5
Saccharose (valeur moyenne)	68	7

* Aliments riches en graisses.

CHAPITRE 4

TOUTES LES RÉPONSES
AUX QUESTIONS QUE VOUS VOUS POSEZ

C hoisir nos aliments en tenant compte de leur index glycémique ne peut être que bénéfique. Nous devrions tous élaborer nos repas en prenant ce facteur en considération, sans négliger pour autant les autres paramètres. En effet, tous les nutriments se trouvent naturellement sous la forme de substances qui s'assimilent peu à peu. Or, au fil des siècles et surtout depuis la Seconde Guerre mondiale, nous consommons de plus en plus les glucides non pas sous leur forme brute mais plutôt dans des produits industrialisés, raffinés et cuisinés. Ils sont devenus de plus en plus digestibles, absorbés rapidement, et cela a participé – avec d'autres facteurs, dont la surabondance de produits à bas prix – à l'éclosion de maladies telles que l'obésité, les troubles cardio-vasculaires et le diabète.

Aujourd'hui, il est impossible de revenir en arrière en refusant totalement ces facilités ; en revanche, nous disposons de suffisamment d'informations sur les aliments et la diététique pour que chacun fasse la part des choses et, en toute connaissance de cause, choisisse les produits qui répondent le mieux à ses besoins. Le tout est de savoir où trouver ces informations – et d'avoir de bonnes lunettes pour lire les étiquettes des emballages ! –, d'apprendre à les interpréter et d'obtenir ainsi les réponses aux questions que chacun est en droit de se poser.

Se préoccuper uniquement de l'index glycémique des aliments n'est pas la solution.

Quel est l'index glycémique de la viande de bœuf, du poulet, du poisson, des œufs, des noix, des noisettes, des cacahouètes et des avocats ? Pourquoi ces aliments n'apparaissent-ils pas dans les listes qui répertorient les index glycémiques des aliments les plus consommés ?

Ces aliments ne contiennent pas – ou si peu – de glucides que les tests permettant de mesurer l'index glycémique ne sont pas appropriés. Rappelons par ailleurs que l'index glycémique sert à évaluer la qualité et non la quantité des glucides. Lorsqu'ils sont consommés isolément, les aliments cités ci-dessus n'ont presque aucun effet sur le taux de glucose dans le sang ; c'est la raison pour laquelle, dans les listes récapitulatives destinées à nos lecteurs (voir en quatrième partie), nous leur avons attribué une valeur d'index glycémique égale à 0. Mais si ces aliments ont une teneur en glucides négligeable, ce n'est pas le cas pour leur valeur calorique, élevée voire très élevée.

Quel est l'index glycémique des boissons alcoolisées ?

Les boissons alcoolisées sont presque toujours pauvres en glucides. En réalité, la plupart des vins et des alcools forts n'en contiennent pratiquement pas. Par exemple, le vin de table, les vins blancs secs ou fruités et le champagne brut ne contiennent pas de sucre. En revanche, les apéritifs comme le porto et le vermouth, les vins blancs doux et le champagne demi-sec ou sec en comportent des quantités notables ; quoi qu'il en soit, la modération est de mise ! Une canette de bière (300 ml) contient 10 g de glucides environ, contre 36 g dans 300 ml de jus de fruits, soit près de quatre fois plus. La bière n'a donc presque aucun effet sur la glycémie, sauf si vous buvez plusieurs canettes par jour – ce qui, bien sûr, est déconseillé.

Dans les listes récapitulatives d'aliments, la valeur de l'index glycémique des boissons alcoolisées est de 0.

L'index glycémique d'un aliment est-il fonction de la quantité consommée ? Si je mange deux portions d'un aliment X, la valeur de l'index glycémique est-elle multipliée par 2 ?

Non. L'index glycémique est un mode de comparaison d'un aliment à un autre ; en manger plus ou en manger moins ne change pas sa « carte d'identité ». En revanche, ce qui va changer, c'est la charge glycémique (voir p. 80) qui est, rappelons-le, égale à : IG × quantité de glucides (et non pas d'aliments) absorbés. Ainsi, si vous mangez deux portions, votre glycémie augmentera plus fortement et elle mettra plus de temps à redescendre que si vous vous contentez d'une seule portion.

Après un repas, la glycémie augmente ou diminue selon la quantité et la qualité des glucides consommés. Si vous avez un apport en glucides deux fois plus important et si vous n'êtes pas diabétique, le taux de glucose dans le sang ne sera pas multiplié par deux, car votre organisme limitera l'augmentation de la glycémie par une sécrétion adaptée d'insuline. Le pic glycémique sera plus élevé mais ne passera pas du simple au double. En revanche, si vous êtes diabétique, votre pic glycémique peut augmenter beaucoup plus, voire doubler, à moins que vous ayez pris les mesures préventives adéquates – à voir avec votre médecin.

Si la glycémie dépend à la fois de la quantité et de la qualité des glucides consommés au cours d'un repas, comment puis-je prévoir la variation du taux de glucose dans le sang ? Comment puis-je comparer deux repas à base d'aliments ayant un taux de glucide et un index glycémique différents ?

Si vous tenez absolument à le savoir, alors il vous faudra calculer la charge glycémique de chaque repas.

Prenons l'exemple suivant : si vous mangez une pomme de 150 g (15 g de glucides), avec un index glycémique de 40, la charge glycémique est de : $(15 \times 40)/100 = 6$. Si vous mangez une pomme de terre de 150 g (20 g de glucides), avec un index glycémique de 90, la charge glycémique est de : $(20 \times 90)/100 = 18$. La charge glycémique est donc trois fois supérieure lorsque vous mangez une pomme de terre : cela ne signifie pas que la glycémie sera trois fois plus élevée mais que les cellules du pancréas devront sécréter trois fois plus d'insuline.

Quelles répercussions peut avoir une alimentation trop riche en protéines et en graisses sur l'index glycémique et la glycémie ?

Consommées séparément, les protéines et les graisses ont peu d'effets sur la glycémie. Si vous mangez de la viande ou un morceau de fromage, le taux de glucose sanguin ne monte pas d'un seul coup car, une fois encore, ce sont les glucides qui font varier la glycémie. En revanche, consommer des protéines et des graisses avec des glucides a des répercussions sur la glycémie : la vidange gastrique est retardée et les glucides sont digérés et assimilés plus lentement. En conclusion, un repas riche en graisses a moins d'effet sur la glycémie qu'un repas pauvre en graisses, même si la quantité et la nature des glucides sont les mêmes. néanmoins, n'oubliez pas qu'un aliment à index glycémique élevé agit plus sur le taux de glucose sanguin qu'un aliment à faible index glycémique, qu'il soit consommé avec des graisses ou des protéines.

**La glycémie varie en fonction de la quantité
et du type de glucides consommés.**

Si un apport en graisses et en protéines se traduit par une glycémie moins élevée, ne faudrait-il pas recommander aux personnes diabétiques de choisir une alimentation plus riche en protéines et en graisses ?

Le problème, c'est que les régimes alimentaires très riches en graisses ou en protéines sont associés à l'insulinorésistance (voir le chapitre 11). À long terme, la consommation de glucides – quel que soit l'index glycémique – aura tendance à faire grimper considérablement le taux de glucose dans le sang et le taux d'insuline. Il sera alors de plus en plus difficile de contrôler la glycémie.

Consommer un peu plus de protéines et de graisses – de préférence des graisses mono-insaturées – pourrait être préconisé, mais nous devons faire des recherches plus approfondies dans ce domaine. En effet, il semblerait qu'une alimentation riche en graisses mono-insaturées ait un effet bénéfique sur les lipides circulant dans le sang, mais nul ne peut dire si ces graisses permettent de contrôler aussi bien la glycémie que le taux d'hémoglobine glycosylée, ou glyquée (voir p. 108).

L'index glycémique permet-il de savoir quelles seront les répercussions d'un aliment (une portion normale s'entend) sur la glycémie ?

Oui. Les détracteurs de la théorie de l'index glycémique arguent souvent que les aliments n'ont pas la même teneur en glucides selon que l'on exprime la valeur par portion ou par 100 g ou si on le rapporte à 1 000 kJ. La réponse est simple : quel que soit le système, on compare l'aliment testé à une quantité équivalente de glucose ; c'est donc une constante, une véritable carte d'identité. En règle générale, la classification des aliments qui part de l'index glycémique le plus élevé vers l'index glycémique le plus faible est presque la même, que l'on se base sur une portion, sur 1 000 kJ ou sur 100 g de nourriture.

Peut-on se fonder sur l'index glycémique pour prévoir l'incidence qu'aura sur la glycémie un repas à base d'aliments ayant des valeurs d'index glycémique très différentes ?

Oui. Plus de quinze études ont porté sur des repas composés d'aliments ayant des index glycémiques différents ; pour douze d'entre elles, les hypothèses des chercheurs ont été confirmées : il est possible de calculer l'index glycémique d'un repas en appliquant des règles de base (voir p. 101). Si la moitié des glucides consommés proviennent d'aliments ayant un index glycémique égal à 30 (par exemple des pois chiches) et si l'autre moitié provient de riz (valeur de l'IG = 80), le repas aura un index glycémique de : (50 % × 30) + (50 % × 80) = 55. Cet exemple montre bien qu'il n'est pas nécessaire de bannir tous les aliments à index glycémique élevé au profit d'aliments à faible index glycémique, mais qu'il suffit de consommer un aliment à faible index glycémique à chaque repas.

Il n'est pas nécessaire de ne consommer que des aliments à faible index glycémique.

Qu'en est-il des régimes pauvres en glucides, des low carb diets des Anglo-Saxons ? Si les glucides font monter la glycémie, ne faut-il pas privilégier les aliments pauvres en glucides ?

Ce n'est pas aussi simple que cela. À ce jour, aucun chercheur n'a pu prouver qu'un faible apport en glucides est bénéfique pour tout le monde. Certains régimes prônent le bannissement des glucides de l'alimentation, où même les fruits et les légumes devraient être consommés en quantité limitée au profit de la viande et des produits laitiers riches en graisses saturées. Ces régimes, riches en graisses saturées, conduiraient à long terme à la crise cardiaque – il suffit de se référer aux multiples articles sur le sujet.

Cependant, tous les régimes pauvres en glucides ne sont pas à rejeter en bloc. Certains sont même tout à fait acceptables, comme le « régime Zone » du Dr Barry Sears, qui préconise une diminution modérée de l'apport en glucides (40 % environ au lieu de 55 %), compensée par une augmentation de l'apport en protéines (30 % au lieu de 15 %) et un apport en graisses assez faible (inférieur à 30 %). Par ailleurs, ce régime fait bien la distinction entre les glucides à index glycémique élevé ou faible et entre les graisses saturées ou insaturées. Ce type de régime impose souvent de recourir à des suppléments alimentaires sous forme de sachets ou de packs liquides. Si vous optez pour ce type d'alimentation et si vous êtes sûr de ne pas tout laisser tomber au bout de quelques semaines, pourquoi pas ? Mais attention ! Attendez-vous, à un moment ou à un autre, à craquer pour du pain ou des pommes de terre.

Une étude néerlandaise récente a montré qu'augmenter modérément sa consommation de protéines (passer de 15 à 25 %) et diminuer sa consommation de glucides (passer de 55 à 45 %) pouvait être bénéfique. Les tests ont été réalisés sur deux groupes de sujets volontaires, l'un ayant un apport protéique de 15 % environ, l'autre, plus élevé, de 30 % de l'énergie totale ; l'apport en graisses était identique pour les deux groupes. Si ces sujets avaient tous un libre accès aux aliments, ils avaient néanmoins un objectif commun : perdre du poids. Après douze semaines de ce régime, seuls ceux qui avaient suivi le régime faible en glucides et fort en protéines avaient atteint leur objectif et perdu quelques kilos superflus.

Ces chercheurs ont conclu que les régimes riches en protéines augmentaient le métabolisme de base et favorisaient la sensation de satiété. Tout le monde sait que les protéines stimulent plus la thermogenèse (production de chaleur par les êtres vivants) que tout autre nutriment, et que les protéines induisent plus vite la sensation de satiété que les glucides et les graisses. Dans leurs travaux, les scientifiques n'ont à aucun moment évoqué l'index glycémique.

Il n'est pas nécessaire de bannir tous les aliments à IG élevé au profit d'aliments à IG bas à condition de consommer un aliment à IG bas à chaque repas.

La théorie de l'index glycémique a fait l'objet de controverses, car la réponse glycémique varie non seulement d'un individu à un autre mais également d'un jour à un autre pour une même personne. Dans quelles limites les variations de la réponse glycémique sont-elles acceptables ?

Lorsque nous travaillons avec un groupe de volontaires pour mesurer l'index glycémique d'un aliment, il est indéniable que les résultats ne sont pas identiques d'un individu à un autre (voir la figure 7, p. suivante). Par exemple, si le test porte sur la pomme (valeur moyenne de l'IG = 40), l'index glycémique sera peut-être égal à 20 chez un sujet et à 60 chez un autre. Cette différence est une différence biologique naturelle, observée dès qu'il s'agit de tolérance au glucose. C'est la raison pour laquelle nous faisons toujours trois tests sur chaque personne pour définir l'index glycémique de l'aliment de référence – le glucose –, car nous voulons obtenir une indication fiable de leur tolérance au glucose. Si, pour la pomme, nous faisions trois tests, nous nous apercevrions que, selon le moment de la journée, les résultats ne sont pas les mêmes. Mais, ce qui nous intéresse, c'est de dire si l'index glycémique de tel ou tel aliment est élevé, moyen ou faible (voir la figure 7, p. suivante).

Cette variabilité a conduit certains à dénier toute importance à la théorie de l'index glycémique. Cette critique n'est pas fondée : cette variabilité est toujours présente, quel que soit le mode de prescription diététique que l'on utilise, fondé sur des listes d'équivalents, sur la quantité de glucides et sur les notions d'index et de charge glycémiques. Classer les aliments en fonction de leur index glycémique est un procédé fiable, qui laisse anticiper la manière dont vous, en tant qu'individu, allez, la plupart du temps, réagir après avoir consommé tel ou tel aliment.

Figure 7. Trois aliments à index glycémique élevé (●), moyen (▲) et faible (■). Quels que soient les individus, la hiérarchie est conservée.

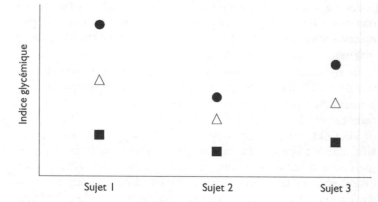

J'ai lu que les produits laitiers stimulaient la sécrétion d'insuline. Tandis que leur index glycémique est compris entre 30 et 50, leur index insulinique est trois fois plus élevé. Comment expliquer cela ?

Nous autres, scientifiques, ne savons pas expliquer ce phénomène. Nous supposons que les protéines du lait sont « insulinogéniques », car elles favorisent la croissance des jeunes mammifères. L'insuline est une hormone anabolisante qui achemine les nutriments vers les cellules – non seulement le glucose mais également les acides gras, les acides aminés et les protéines. Il semblerait que le lait contienne des acides aminés qui, quand ils sont associés, stimulent plus l'insuline que lorsqu'ils sont isolés. Cette disparité entre le glucose et l'insuline ne s'observe pas uniquement avec les produits laitiers mais également avec des confiseries et des produits spécifiques cuits au four. Le chocolat pourrait également contenir des acides aminés insulinogéniques.

L'index glycémique est une mesure permettant de définir la qualité d'un glucide.

La réponse insulinique n'est-elle pas un facteur plus important que l'index glycémique ? Ne vaudrait-il pas mieux connaître l'index insulinique des aliments plutôt que leur index glycémique ?

Bien qu'il soit possible qu'une sécrétion augmentée d'insuline ait des conséquences néfastes à long terme, il n'est pas sûr qu'il faille préférer la mesure de l'index insulinique à celle de l'index glycémique. En effet, dans l'immense majorité des cas, il existe un parallélisme entre les deux index : les aliments à faible index glycémique sont accompagnés d'une sécrétion d'insuline faible, et vice versa. En tout état de cause, les variations du taux de glucose dans le sang ont bien d'autres conséquences que leur action sur la sécrétion d'insuline ; c'est le cas de la glycation et de la glycosylation des protéines (la glycation et la glycosylation sont deux processus chimiques voisins qui consistent en la fixation irréversible de glucose ou des molécules de protéines qui n'en comportent habituellement pas ; ceci modifie plus ou moins fortement les propriétés de ces protéines. Pour simplifier, on peut dire qu'il y a une sorte de « caramélisation » des protéines) ; c'est aussi le cas de la production d'un stress oxydant, autant de phénomènes néfastes augmentés par une élévation excessive du glucose.

Cependant, il est indéniable que certains aliments à faible index glycémique ont un index insulinique élevé, par exemple le lait ou les barres de confiserie. D'autres aliments dépourvus de glucides, par exemple la viande, le poisson et les œufs, ont également la capacité de stimuler la sécrétion d'insuline, alors que leur index glycémique est égal à 0.

À ce jour, nous ne sommes pas en mesure de déterminer les conséquences à long terme de ces phénomènes – glycémie normale et insuline élevée ; elles pourraient être favorables ou défavorables, notamment en favorisant l'épuisement des cellules qui sécrètent de l'insuline, ce qui pourrait hâter l'éclosion d'un diabète. En tout état de cause et jusqu'à preuve du contraire, nous considérons que la notion d'index glycémique est utile.

Pourquoi la plupart des variétés de riz ont-elles un index glycémique aussi élevé ?

La plupart des variétés de riz consommées en Australie et en Nouvelle-Zélande ont un index glycémique élevé ; le riz calrose est l'exemple le plus parlant (valeur de l'IG = 83). Les variétés importées de Thaïlande et le riz brun ont également un index glycémique élevé. Cela pourrait provenir de la gélatinisation de l'amidon au moment de la cuisson des grains (voir le chapitre 3, pp. 84 à 86).

Même s'il s'agit de riz complet, la gélatinisation a lieu pendant la cuisson. L'enveloppe des grains est alors parsemée de fissures microscopiques dans lesquelles s'infiltre l'eau. Celle-ci pénètre au cœur des grains, les granules d'amidon gonflent, et l'amidon est hydraté. Certaines variétés de riz, comme le riz basmati et le riz doongara, ont un index glycémique assez faible ; en effet, la teneur en amylose étant plus élevée, l'amidon se gélatinise moins facilement. Si vous êtes un gros mangeur de riz, nous vous conseillons donc de consommer du riz basmati ou doongara, ou de manger des nouilles chinoises ; à base de farine de riz, elles ont un faible index glycémique. Si vous aimez les sushis et les noris (algues), vous êtes sauvé, car le vinaigre utilisé dans leur préparation fait baisser l'index glycémique du riz (valeur de l'IG des sushis = 48).

Et qu'en est-il de l'index glycémique des carottes ?

Réalisés en 1981, les premiers tests donnaient aux carottes un index glycémique de 92. Il s'agissait d'une époque où le concept venait juste de naître, et la méthodologie n'était pas encore bien assise ; en effet, l'étude mentionnée portait sur cinq sujets seulement, et l'aliment de référence ne fut testé qu'une fois. En reprenant les études sur plus de sujets – au nombre de dix – et en testant deux fois l'aliment de référence, le chiffre plus crédible de 49 a pu être déterminé.

Cette erreur a eu et a encore des conséquences malheureuses : sur cette base erronée, de nombreuses personnes ont exclu les carottes de leur régime. Une fois encore, cet exemple montre bien que le calcul de l'index glycémique doit reposer sur une méthode fiable et normalisée. Par ailleurs, cela confirme que l'index glycémique n'est pas le seul facteur à prendre en compte : rappelons que la teneur en glucides des carottes étant très faible, leur charge glycémique pour 100 g n'est que de 5.

Manger des fruits à chaque repas contribue à faire baisser l'index glycémique de ce repas et permet de mieux contrôler le taux de glucose sanguin.

Est-ce que la surface sous la courbe d'hyperglycémie est un bon reflet de la réponse glycémique ?

Comme on l'a vu sur la figure, p. 74, on peut porter sur un graphique les valeurs des taux de sucre dans le sang observées de quart d'heure en quart d'heure, de demi-heure en demi-heure et d'heure en heure. On peut ainsi calculer la surface de cette courbe (zone hachurée ou grisée), mesurer la valeur maximale atteinte (pic glycémique), apprécier la durée totale de l'élévation glycémique au-dessus de la valeur de départ. Des études ont montré une très bonne corrélation entre cette surface sous courbe (hyperglycémie postprandiale), la valeur de pic et la durée de l'hyperglycémie. Plus le pic est élevé, plus l'hyperglycémie dure longtemps, plus la surface sous courbe est élevée. De nombreux chercheurs sont convaincus qu'il y a plus d'indications et d'intérêt à étudier la glycémie postprandiale que la glycémie à jeun ou, tout du moins, que l'un et l'autre paramètres sont riches d'enseignement.

N'oubliez pas que les glucides ne sont pas tous égaux.

Si, au lieu des deux ou trois heures que durent les mesures de l'index glycémique, le test était prolongé pendant plusieurs heures, n'arriverait-on pas à des surfaces sous courbe équivalentes pour des aliments à index glycémique élevé et faible ?

Cette question se pose en effet car, dans les deux cas – index glycémique élevé et faible –, la quantité de glucides est par définition égale ; dans le cas du faible index glycémique, ce glucide ingéré, qui n'apparaît pas sur la courbe, ne s'est pourtant pas volatilisé. Bien sûr, au bout du compte, c'est la même quantité de glucose qui est digérée et pénètre dans le corps. Mais le taux de glucose que l'on voit dans le sang est le résultat d'une sorte de compétition entre sa mise à disposition (production de glucose par l'intestin) et son utilisation (stockage du glucose ingéré). Pour mieux comprendre cela, prenons l'exemple d'une pluie qui arrose un jardin : il vaut mieux une pluie fine et continue pendant plusieurs heures qu'une trombe d'eau pendant 10 min. Dans le premier cas, l'eau sera absorbée à mesure qu'elle tombe ; dans l'autre cas, elle stagnera en surface. Il en va de même pour les glucides. Ainsi, l'organisme métabolise mieux un glucide de digestion lente et progressive qu'un glucide digéré trop vite. Les glucides qui sont libérés rapidement entraînent des

« inondations », et l'organisme ne peut pas extraire assez vite le glucose du sang.

Que penser des sirops de glucose ?

On lit souvent sur des étiquettes d'aliments industriels que le goût sucré est apporté non pas par du saccharose (LE sucre) mais par un sirop de glucose. Que penser de ces sirops ? La question est assez complexe mais peut se résumer de la façon suivante :

1. les sirops de glucose sont obtenus par une digestion enzymatique industrielle de l'amidon de maïs ;

2. il existe une très grande variété de sirops de glucose – il n'est jamais indiqué sur les étiquettes de quelle variété il s'agit –, qui sont faits à 100 % de molécules de glucose et des sirops de glucose qui contiennent jusqu'à 80 à 90 % de fructose ! Un mélange 50-50 % aurait le même goût que le saccharose que nous utilisons couramment ;

3. quel est l'intérêt de ces sirops ? Ils sont la source principale de produits sucrants aux États-Unis qui ne produisent que très peu de saccharose – fabriqué à partir de canne à sucre ; ces sirops se présentent sous la forme d'un liquide visqueux, plus facile et plus dense à manipuler et à utiliser industriellement ;

4. s'ils sont largement utilisés aux États-Unis, ils sont assez peu consommés en Europe, sauf dans les confiseries et la pâtisserie industrielle : nous n'en absorbons que peu. Sans études spécifiques, leur effet sur la glycémie est peu prévisible, l'index glycémique de ce sucre se situant entre 30 pour le fructose et 100 pour le glucose.

Existe-t-il une différence entre les sucres naturels contenus dans les aliments et le sucre raffiné ?

Certains sucres sont naturellement présents dans les aliments : le lactose dans le lait, le fructose et, à un moindre degré, du saccharose et du glucose dans le miel, les fruits et certains légumes, ainsi que dans des jus de fruits – même dits « non sucrés » –, dans le lait et les produits à base de lait comme les yaourts et les crèmes – mais pas dans les fromages, où ce lactose est entièrement consommé par la fermentation (valeur de l'IG des fromages affinés = 0). Le sucre de table est tout aussi naturel que les sucres dits naturels, puisqu'il est extrait de la betterave ou de la canne à sucre ; il est simplement extrait, purifié, raffiné. La seule différence qui existe entre les aliments naturellement sucrés et les aliments artificiellement sucrés n'est pas nécessairement le type de sucre mais surtout la quantité – plus importante quand on en rajoute – et le fait que les aliments naturellement sucrés apportent quelque chose de plus, en particulier des vitamines.

Les sucres naturels ne sont ni plus vite ni plus lentement digérés et assimilés que les sucres raffinés. Par exemple, l'index glycémique varie considérablement d'un fruit à l'autre (voir les listes d'aliments dans la quatrième partie) ; cependant, n'oubliez pas de tenir compte non seulement de la valeur de l'index glycémique mais également de la concentration en sucre du fruit, donc de sa charge glycémique. Par exemple, la pastèque a une valeur glycémique élevée (72) mais une concentration glucidique, donc une charge glycémique basse ; elle peut donc être consommée en assez grande quantité ! – complexe, non ? De même, certains aliments contenant du sucre raffiné ont un faible index glycémique, tandis que d'autres ont un index glycémique élevé. L'index glycémique des yaourts sucrés ne dépasse pas 33, contre une valeur de l'index glycémique égale à 62 pour un Mars®, très gras (IG inférieur à l'IG du pain).

Manger des fruits à chaque repas contribue à faire baisser l'IG du repas et permet de mieux contrôler le taux de glucose sanguin. Les professionnels de la santé recommandent trois ou quatre fruits par jour.

Le sucre favorise-t-il le développement du diabète ?

Non. Les professionnels de santé sont unanimes : le sucre ne favorise pas le développement du diabète. Le diabète de type 1 (diabète insulinodépendant, ou DID) est une pathologie auto-immune due à des facteurs environnementaux mal connus tels que les virus. Le diabète de type 2 (diabète non insulinodépendant, ou DNID) est certes dû à un patrimoine génétique défavorable, mais c'est le mode de vie – un manque d'exercice physique et une surcharge pondérale – qui favorise les risques d'être touché par la maladie (voir le chapitre 9). Bien entendu, une consommation excessive de sucre, donc de calories, contribue, avec les autres glucides, les graisses et les protéines, à la constitution de cette surcharge pondérale : ni plus ni moins. Autrefois, les médecins préconisaient aux personnes diabétiques des régimes alimentaires sans sucre, d'où la croyance que le sucre est, d'une manière ou d'une autre, responsable de la maladie. Si le sucre est aujourd'hui mis hors de cause, les aliments à index glycémique élevé sont montrés du doigt ; en effet, de nombreuses études menées par des chercheurs de Harvard prouvent que les aliments à index glycémique élevé favorisent le développement du diabète et des maladies cardiovasculaires.

Les personnes diabétiques peuvent-elles consommer du sucre ?

La réponse est oui. Les personnes diabétiques peuvent, comme les personnes non diabétiques – et raisonnables – consommer raisonnablement du sucre. D'où vient donc la croyance contraire, si répandue ? Pendant des années, on a dit et répété aux sujets diabétiques qu'il leur était strictement interdit de manger du sucre. En effet, les professionnels de santé étaient convaincus que les sucres simples, et notamment le saccharose, étaient tout particulièrement responsables de l'augmentation du taux de glucose dans le sang. Nous savons aujourd'hui que les personnes souffrant de diabète peuvent manger, sans mettre leur santé en danger, autant de sucre que les personnes en bonne santé, à condition toutefois de ne pas oublier que ce sucre doit s'intégrer dans la ration quotidienne de glucides et non pas être consommé en plus et en quantités immodérées. Si la ration quotidienne de glucides d'une personne est de 180 ou de 240 g par jour, elle ne doit pas passer à 240 pour le premier cas et à 300 pour le second, du fait d'une prise intempestive d'aliments ou de boissons sucrés. Comme toujours, il faut trouver la juste mesure.

Se préoccuper uniquement de l'index glycémique des aliments n'est pas la solution.

Pourquoi les nutritionnistes continuent-ils à préconiser des aliments riches en amidon plutôt que des aliments riches en sucre ?

Si on tolère une quantité modérée de sucre (de l'ordre de 50 g au total par jour), il n'en va pas de même pour les consommations beaucoup plus importantes, qui sont de plus en plus fréquentes, en particulier chez les gros consommateurs de boissons pétillantes sucrées et de crèmes glacées – signe d'une véritable américanisation de nos habitudes alimentaires. Que le sucre en grande quantité soit montré du doigt provient des résultats de plusieurs études réalisées chez des rongeurs auxquels ont été administrées des doses excessives de sucre pur. Cependant, il faut noter que des quantités assez modérées (de l'ordre des 50 g mentionnés ci-dessus) risquent d'entraîner une élévation du taux de graisse dans le sang (triglycérides) chez certaines personnes prédisposées. Par ailleurs, le sucre a été longtemps considéré comme une source concentrée de calories, et qui plus est de calories vides, car n'apportant ni vitamines ni minéraux.

Aucune de ces affirmations n'est à ce jour scientifiquement prouvée.

Un jus de fruits a la même teneur énergétique par gramme qu'une pomme. Les aliments riches en amidon, comme les céréales complètes, sont sources de micronutriments, alors que d'autres aliments riches en amidon doivent être enrichis. En termes de nutrition ou d'index glycémique, il n'y a donc pas grande différence entre les sucres et les amidons. Nous trouvons tout à fait licite de consommer du sucre afin de donner plus de saveur à des aliments riches en nutriments – par exemple saupoudrer de la cassonade sur les flocons d'avoine, ou étaler du miel ou de la confiture sur du pain.

Un aliment riche en graisses peut avoir un faible index glycémique. Ne risque-t-on pas alors de se méprendre et de penser à tort que cet aliment est bon pour la santé ?

Oui, le risque est certain, ce qui est d'autant plus ennuyeux s'il s'agit d'un aliment riche en graisses saturées. L'index glycémique des chips ou des frites est inférieur à celui des pommes de terre cuites au four ; celui des chips de maïs est inférieur à celui d'un épi de maïs doux. Lorsque nous consommons des aliments très riches en graisses, la vidange gastrique est ralentie et les aliments sont digérés plus lentement ; par ailleurs, les graisses saturées augmentent considérablement les risques de développer une maladie cardio-vasculaire.

Si nous devions quantifier les bienfaits sur la santé d'un aliment à index glycémique élevé mais pauvre en graisses (par exemple de la purée de pommes de terre) par rapport à un aliment à faible index glycémique mais riche en graisses saturées (par exemple des biscuits), les pommes de terre remporteraient le premier prix. Au moment de choisir un aliment, ne tenez pas compte uniquement de son index glycémique mais prenez aussi en considération sa teneur en nutriments, en fibres, en graisses et en sodium.

Plutôt que de vous dire : « C'est fini, je ne consomme plus aucune graisse », demandez-vous plutôt quels types de graisses sont contenus dans tel ou tel aliment. Si vous n'avez pas de problème de poids, les aliments qui, tels les avocats, les noix ou les noisettes, contiennent de bonnes graisses sont à privilégier ; quant aux aliments qui, tels les produits laitiers entiers, les gâteaux et les biscuits, contiennent des graisses saturées – même si la valeur de l'index glycémique est faible –, ils doivent être consommés avec modération.

Pourquoi de nombreux aliments riches en fibres ont-ils un index glycémique élevé ?

À la différence des graisses et des protéines, les fibres alimentaires ne sont pas constituées d'une seule substance chimique mais de plusieurs sortes de molécules. On distingue les fibres solubles et les fibres insolubles.

Lorsqu'elles se trouvent dans une solution ou dans l'intestin grêle, les fibres solubles sont souvent visqueuses – épaisses et gélatineuses. La vitesse de digestion est alors ralentie, ainsi que le travail des enzymes digestives. Les aliments riches en fibres solubles – la pomme, les flocons d'avoine et les légumineuses – ont un faible index glycémique.

Les fibres insolubles, quant à elles, ne sont pas visqueuses et ne ralentissent pas la digestion. Le pain complet et le pain blanc ont le même index glycémique ; les pâtes faites avec de la farine complète et le riz brun ont presque le même index glycémique que les pâtes faites avec de la farine blanche et le riz blanc. Dans certains cas, les fibres insolubles sont présentes sous une forme qui agit comme une véritable barrière physique, retardant l'accès des enzymes digestives et de l'eau jusqu'à l'amidon. Le blé complet, le seigle, l'orge et certains produits comme ceux de la gamme All-Bran® sont dans ce cas.

Les index glycémiques calculés à partir de tests effectués sur des personnes bien portantes sont-ils utiles aux sujets diabétiques ?

Oui. Plusieurs études ont montré une forte corrélation entre les tests réalisés d'une part sur des sujets bien portants, d'autre part sur des patients souffrant de diabète (diabète de type 1 ou diabète de type 2). Par essence, les tests pour calculer l'index glycémique tiennent compte des différences concernant la tolérance au glucose. Si les personnes diabétiques ont du mal à métaboliser le glucose, elles n'ont *a priori* aucun problème gastro-intestinal susceptible d'entraver la digestion ; chez ces personnes aussi, les aliments à index glycémique élevé se digèrent rapidement, tandis que ceux à faible index glycémique se digèrent lentement. Au début de la maladie, les personnes diabétiques peuvent avoir une vidange gastrique plus rapide que la normale, mais en général tout se régularise au fil du temps. Même lorsqu'il s'agit de sujets diabétiques, classer les aliments selon leur index glycémique est donc cohérent.

Chacun doit apprendre à consommer moins de graisses saturées.

Est-il indispensable de consommer à chaque repas des aliments à faible index glycémique pour noter un quelconque bienfait sur l'organisme ?

Non, cela n'est pas nécessaire dans l'absolu. Quand vous consommez un repas comportant des aliments à faible index glycémique, vous allez observer un effet non seulement sur ce repas mais aussi sur le repas suivant : prendre un petit déjeuner à faible index glycémique améliore également l'index glycémique du déjeuner ; il semble même que consommer un dîner à faible index glycémique influence les taux de sucre sanguins après le petit déjeuner suivant. Cependant, ne poussez pas trop loin ce raisonnement et suivez plutôt le conseil suivant : mangez au moins un aliment à faible index glycémique à chaque repas, chaque fois que cela est possible.

Certains légumes, par exemple le potiron, ont un index glycémique élevé. Cela signifie-t-il qu'une personne diabétique ne doit pas en manger ?

Bien sûr que non. À la différence des pommes de terre, des céréales et des produits dérivés, le potiron a une très faible teneur en glucides. Par conséquent, malgré un index glycémique élevé, sa charge glycémique ([IG × glucides par portion]/100) est basse. Nous pouvons tous manger autant de carottes, de brocolis, de tomates, d'oignons, de légumes verts et autres légumes, qui sont pauvres en glucides mais très riches en micronutriments que nous voulons. Que chacun se fasse plaisir !

Presque tous les types de pain et toutes les variétés de pommes de terre ont un index glycémique élevé (70 à 80). Dois-je m'en priver ?

Malgré un index glycémique élevé, les pommes de terre et le pain ont leur place dans les régimes riches en glucides et pauvres en graisses, même si votre objectif est de diminuer l'index glycémique de chacun de vos repas. Il vous suffit de panacher vos sources alimentaires en glucides et de remplacer, par exemple, seulement la moitié des glucides à index glycémique élevé par des glucides à faible index glycémique pour avoir des effets bénéfiques sur votre santé. Inutile de vous priver de pain et de pommes de terre. Bien sûr, pour diminuer l'index glycémique de vos repas, privilégiez le pain au levain ou les pommes de terre nouvelles, qui ont des index glycémiques plus faibles.

Les nutritionnistes qui sont sceptiques sur l'intérêt de la notion d'index glycémique prétendent, en outre, que cette approche limite les choix alimentaires. Est-ce vrai ?

C'est totalement faux ! De nombreux adeptes de l'index glycémique nous ont déclaré que cette notion les avait conduits à découvrir avec bonheur de nombreux aliments auxquels ils n'étaient pas habitués. C'est le cas, par exemple, des nouilles chinoises, des lentilles sous toutes leurs formes ou de quelques plats méditerranéens à base de pois chiches. Et ils ont apprécié de voir tomber des interdits qui jusque-là les bridaient et ont eu accès, dans ce système, au sucre, à la confiture, aux glaces…

En comparant la consommation alimentaire d'enfants diabétiques éduqués dans le système « index glycémique » avec celle d'autres enfants éduqués d'une façon conventionnelle – dans les deux cas sans restriction de quantité –, on a pu constater que les consommations en glucides, en lipides, en protéines, en fibres et en micronutriments étaient tout à fait similaires, avec toutefois un effet favorable du premier régime sur le second en terme d'impact sur la glycémie.

Il faut tordre le cou à l'idée selon laquelle les aliments à faible index glycémique et riches en fibres sont désagréables à consommer. C'est peut-être vrai pour certains aliments trop enrichis en fibres ; c'est éminemment faux pour les fruits, les légumineuses préparées d'une façon agréable (les haricots blancs ou les lentilles en salade) et les pâtes. Consultez donc le chapitre 7 : vous y trouverez des recettes qui, nous l'espérons, vous donneront envie.

Quels sont les effets des amidons résistants sur l'index glycémique des aliments ?

Les amidons résistants sont des amidons qui résistent entièrement à la digestion intestinale. N'étant pas assimilés, ils n'affectent pas la glycémie. Lorsque les chercheurs veulent définir l'index glycémique d'un aliment, ils ne comptabilisent pas les amidons résistants dans la quantité de glucides. Par définition, la teneur en glucides ne tient compte que des glucides disponibles, ou glycémiques.

Dans cette même catégorie des glucides non digestibles, les amidons résistants ne sont pas visqueux, tandis que les fibres solubles le sont, ralentissant alors l'absorption dans l'intestin grêle et écrêtant la courbe d'hyperglycémie. Le fait qu'un aliment contienne de l'amidon résistant n'a aucune incidence sur son index glycémique ; la banane et la salade de pommes de terre ont une teneur élevée en amidon résistant, alors que leur index glycémique est toujours assez élevé. Tout cela doit être pris en compte par les spécialistes qui tentent de mesurer l'index glycémique des aliments, sous peine de résultats erronés ; déterminer la quantité d'amidon résistant dans un aliment impose le recours à des techniques complexes. Heureusement, la plupart des aliments ne contiennent qu'une quantité infime d'amidon résistant et toutes les discussions à ce sujet sont affaire de spécialistes.

Une personne diabétique doit-elle réduire sa dose d'insuline si elle consomme des aliments à faible index glycémique ?

Si l'on en croit la plupart des études, la réponse est non. Dans ce cas, il n'est pas nécessaire d'adapter les doses d'insuline à la baisse, peut-être parce que la teneur en glucides d'un repas n'est pas le seul déterminant et que d'autres facteurs interviennent, comme la quantité de protéines ou de graisses absorbées. Cependant, certains patients sous pompe sont amenés à diminuer la quantité d'insuline qui se délivre en bolus pré-prandial (quantité d'insuline supplémentaire – en général 4 à 10 unités – surimposée au débit de base et délivrée sur un court espace de temps).

Un régime équilibré peut parfaitement inclure les aliments à index glycémique élevé que vous aimez le plus.

On vient de diagnostiquer qu'en plus d'être diabétique, je souffre de la maladie céliaque, ou intolérance au gluten. Il est très difficile de trouver des aliments à la fois à faible index glycémique et sans gluten. Avez-vous des suggestions ?

Ce n'est pas aussi difficile que vous le pensez. Si vous aimez la cuisine indienne – pour ses lentilles – et asiatique – pour la viande et le poisson frits avec du riz, les sushis et les nouilles chinoises –, vous êtes sauvé, car tous ces aliments ont un faible index glycémique. Choisissez des nouilles à base de farine de riz ou de farine de soja (haricots mung), et consommez plutôt du riz basmati, à faible index glycémique, que du riz blanc traditionnel. Préférez les patates douces aux pommes de terre et mangez autant de légumes que vous le voulez, sans vous préoccuper de leur index glycémique. Consommez des fruits et, si vous n'avez pas d'intolérance au lactose, des produits laitiers à faible index glycémique. En revanche, dans le cas d'une intolérance au lactose, mangez des yaourts avec des cultures vivantes et actives, et buvez des laits dont le lactose a été hydrolysé. Pour les produits sans gluten, voir les listes d'aliments dans la quatrième partie de cet ouvrage.

L'index glycémique est-il mentionné sur les étiquettes ?

En Australie et en Nouvelle-Zélande, les industriels ont pris l'initiative de faire mesurer l'index glycémique des produits qu'ils fabriquent et ils les indiquent sur l'emballage. Devant l'accumulation des données qui ont mis en lumière l'effet positif des régimes riches en aliments à faible index glycémique, de nombreuses associations de consommateurs ou de diabétiques réclament ces informations, demandant à ce qu'elles soient portées sur les étiquettes. Aujourd'hui, de plus en plus de consommateurs et de professionnels de santé contactent les fabricants ainsi que les associations regroupant les diabétiques afin de connaître l'index glycémique des aliments qui, dans certains pays, est mentionné sur les étiquettes. De ce fait, l'industrie agroalimentaire s'est saisie de ce concept pour en faire un argument de vente.

En France, la situation est différente. En 2004, l'Afssa (Agence française de sécurité sanitaire des aliments) s'est prononcée contre l'obligation de mentionner l'index glycémique sur l'étiquetage. néanmoins, certains fabricants français se lancent dans cette aventure, par exemple Danone et Nestlé.

En tant que consommateurs, nous sommes en droit d'accéder aux informations concernant la valeur nutritionnelle et les effets physiologiques des aliments que nous mangeons, que nous choisirons ainsi en toute connaissance de cause ; nous avons le droit de connaître l'index glycémique d'un aliment et de nous assurer que cet aliment a été testé conformément à une procédure normalisée. L'université de Sydney, la Diabetes Australia et la Juvenile Diabetes Foundation Australia participent à un programme baptisé « GI Symbol Program » ; un symbole figurant sur l'emballage d'un produit atteste que ce produit contient des glucides aux propriétés nutritives et que l'index glycémique a été correctement testé, qu'il soit élevé ou faible.

Les aliments à faible index glycémique et pauvres en graisses sont les plus recommandables.

Quand il s'agit de comparer deux aliments, ne vaudrait-il pas mieux se fonder sur la charge glycémique plutôt que sur l'index glycémique ?

La charge glycémique est le produit de l'index glycémique et de la quantité de glucides pour une portion d'un aliment, divisé par 100 (voir le chapitre 2, pp. 60-61 ; pour connaître celle d'un grand nombre d'aliments, voir les listes de la quatrième partie). Elle permet d'apprécier la répercussion sur la glycémie, donc sur la quantité d'insuline sécrétée quand on absorbe une portion normale d'aliment. La charge glycémique d'un repas complet, d'une journée entière, voire d'une période donnée, peut être calculée à partir des tables de valeurs ainsi que de l'appréciation des quantités et des fréquences de consommation au cours de ce repas, de cette journée, de cette période.

C'est une façon intéressante d'apprécier non seulement sur le plan qualitatif la nature des glucides consommés mais également sur le plan quantitatif l'influence sur la glycémie. Cependant, des études à grande échelle réalisées par des chercheurs de l'université de Harvard ont montré que le risque pour la santé était corrélé à l'index et à la charge glycémique ; elles ont confirmé ce que l'on savait déjà : les aliments à index glycémique élevé sont moins bénéfiques que ceux à faible index glycémique.

En ce qui concerne la notion de charge glycémique, une controverse s'est développée, liée à une interprétation erronée des conséquences qu'on pouvait en tirer. En effet, rechercher à tout prix une alimentation qui apporte une charge glycémique faible peut conduire – et c'est là l'erreur – à manger le moins possible de glucides ou à manger des aliments trop riches en graisses, donc très caloriques. Les notions d'index glycémique et de charge glycémique sont complémentaires : il est recommandé de favoriser les aliments à index faible et pauvres en graisses ou les aliments à index élevé mais peu riches en glucides, par exemple la carotte ou le potiron, dont la charge glycémique est basse. Ce qui compte dans un régime alimentaire, ce n'est pas qu'il apporte une charge glycémique basse parce qu'il est pauvre en glucides, mais qu'il soit riche en aliments glucidiques à faible index glycémique.

Ayez recours à l'index glycémique pour comparer des aliments de même nature ; utilisez la charge glycémique si vous vous apercevez que, pour une portion d'un aliment donné, l'index glycémique est élevé alors que sa teneur en glucides est faible.

**Tout un chacun peut bénéficier des bienfaits liés
à la façon de s'alimenter prônée dans cet ouvrage,
car c'est la façon dont – naturellement –
nous devrions tous nous alimenter.**

PARTIE II

CHOISIR DES ALIMENTS
À FAIBLE INDEX GLYCÉMIQUE

Des conseils et des idées pour vous aider
à privilégier les aliments à faible index glycémique,
et de nombreuses et délicieuses recettes.

CHAPITRE 5

COMMENT MODIFIER
VOS HABITUDES ALIMENTAIRES

Q ue signifie adopter une alimentation à faible index glycémique ? Préférer consommer des glucides à faible index
glycémique plutôt que des glucides à index glycémique
élevé : c'est aussi simple que cela ! D'une manière concrète,
cela revient par exemple à prendre du musli au petit déjeuner à la place des corn-flakes, du pain aux céréales entières
(aux graines visibles) à la place du pain blanc et un fruit à la
place d'un biscuit. Pour parvenir à modifier ses habitudes
alimentaires, il ne faut pas perdre de vue les points suivants.

Quand on parle d'index glycémique, seuls les aliments riches en glucides sont concernés.

Les aliments contiennent trois principaux nutriments : des
protéines, des glucides et des graisses. Tandis que certains aliments comme la viande sont riches en protéines, le pain a une
teneur élevée en glucides et le beurre contient presque exclusivement des lipides. Il est indispensable d'avoir une alimentation variée, en plus ou moins grande quantité, afin de fournir
à l'organisme chacun des trois nutriments.

Rappelons-le, quand on parle d'index glycémique, seuls les
glucides sont concernés. C'est la raison pour laquelle il est
impossible de déterminer l'index glycémique des aliments qui,
tels que la viande, le poisson, le poulet, les œufs, le fromage,

les fruits à écale (noix, noisette, amande, châtaigne), les huiles, la crème, le beurre et la plupart des légumes, ont une très faible teneur en glucides. Si vous choisissez de consommer des aliments pauvres en glucides, vous devez le faire non pas selon leur index glycémique mais pour d'autres facteurs tels qu'une teneur élevée en protéines ou en « bonnes » graisses.

Se préoccuper seulement de l'index glycémique des aliments n'est pas une solution.

Ce n'est pas l'index glycémique qui fait qu'un aliment est bon ou mauvais pour l'organisme. Des aliments qui, comme la pomme de terre et le pain, ont un index glycémique élevé, comptent parmi les aliments à privilégier pour leur valeur nutritive ; à l'inverse, ceux qui, comme les saucisses, ont un faible index glycémique mais sont très riches en graisses saturées, sont à éviter. Sur le plan nutritionnel, les bienfaits des aliments sont multiples et variés ; nous vous conseillons de choisir les produits que vous consommez en fonction de leur teneur en nutriments – notamment en lipides, en sodium et en fibres – et de leur index glycémique.

Il n'est pas nécessaire de consommer uniquement des aliments à faible index glycémique.

Si, pour la majorité des personnes, il est conseillé de consommer à chaque repas des glucides à faible index glycémique, cela ne signifie pas qu'il faut éliminer les autres glucides. Quand, au cours d'un repas, nous consommons à la fois des glucides à index glycémique élevé et à faible index glycémique – par exemple des haricots blancs avec du pain de mie grillé, un sandwich et un fruit, des lentilles et du riz ou encore des pommes de terre et du maïs –, l'index glycémique du repas n'est ni trop élevé ni trop faible, mais moyen : les effets des uns compensent ceux des autres. Imaginons qu'au déjeuner vous mangiez une pomme de terre (valeur de l'IG = 90), prenez alors en dessert un yaourt maigre (valeur de l'IG = 33) : si l'on considère que la moitié de l'apport en glucides provient de la pomme de terre et que l'autre moitié provient du yaourt, l'IG global est égal à :

$$(50\ \% \times 90) + (50\ \% \times 33) = 62.$$

Il faut tenir compte de l'index glycémique d'un aliment et de sa teneur en glucides, c'est-à-dire de sa charge glycémique.

Pour certains aliments, la teneur en glucides d'une portion moyenne est si faible que l'index glycémique desdits glucides est insignifiant. C'est notamment le cas pour de nombreux légumes, comme la carotte (valeur de l'IG = 47), les petits pois (valeur de l'IG = 48) et le potiron (valeur de l'IG = 75), dont la teneur en glucides pour une portion moyenne est de 6 g environ. Le plus souvent consommés en petite quantité, la confiture (valeur de l'IG = 51) et le miel (valeur de l'IG = 55) ont également un faible impact glycémique. Pour calculer la charge glycémique, multipliez l'index glycémique par la teneur en glucides dans une portion (en grammes), puis divisez le résultat par 100 (voir le chapitre 2, pp. 60-61). Pour connaître la charge glycémique des aliments les plus courants, voir les listes regroupées dans la quatrième partie.

À ne pas oublier

• Si votre régime actuel était jusque-là pauvre en aliments à faible index glycémique, il vous suffit de remplacer une partie – la moitié environ – des aliments à index glycémique élevé.
• Si les aliments à index glycémique élevé que vous consommez sont riches en glucides, réduisez les portions afin de diminuer leur charge glycémique.

**Un régime équilibré peut parfaitement inclure
les aliments à index glycémique élevé
que vous aimez le plus.**

Deux étapes à franchir

1. Privilégiez une alimentation saine et équilibrée, à base de produits variés.

La première étape pour mettre en place un régime équilibré à faible index glycémique est d'élaborer des menus en tenant compte des valeurs nutritionnelles de chaque aliment. Évitez les graisses saturées, choisissez des produits moyennement riches ou riches en glucides, très riches en fibres et garantissant à votre organisme un apport suffisant en vitamines et en minéraux.

Voici le nombre minimal de portions indispensables chaque jour pour couvrir vos besoins énergétiques ainsi que vos besoins en protéines, en vitamines et en minéraux. Ces données sont des indications moyennes ; les besoins sont supérieurs chez les femmes enceintes ou qui allaitent, ainsi que chez les enfants, les adolescents et les adultes en fonction de leur mode de vie et de leur état de santé :

• pain, céréales, riz, pâtes et nouilles chinoises : 4 portions. Une portion est égale à 2 tranches de pain, 200 g de riz, 210 g de pâtes ou 235 g de céréales, le tout pesé cuit ;

• légumes, y compris les légumineuses : 5 portions. Une portion est égale à 300 g environ de légumes crus (ou 250 g de légumes cuits) ou 180 g de légumineuses cuites ;

• fruits : 2 portions. Une portion est égale à un fruit de grosseur moyenne ou à 125 ml de jus de fruits ;

• lait, yaourt et fromage : 2 portions. Une portion est égale à 200 ml de lait ou à 40 g de fromage ;

• viande, poisson, volaille, œufs, fruits à écale et légumineuses : 1 portion.

Une portion correspond à 65-100 g de viande cuite, 2 petits œufs, 180 g de légumineuses cuites ou encore 150 g de fruits à écale.

2. Remplacez les aliments à index glycémique élevé par des aliments à faible index glycémique.

Cette seconde étape nécessite que vous soyez vigilant quant aux glucides que vous consommez. Identifiez les aliments à haute teneur en glucides que vous mangez le plus souvent, dans la mesure où ce sont eux qui ont le plus fort impact glycémique. Remplacez au moins l'un d'entre eux par un aliment à faible index glycémique : par exemple, substituez une pomme de terre par une patate douce, les céréales du petit déjeuner par des flocons d'avoine, ou encore le riz blanc traditionnel par des nouilles chinoises ou du riz basmati. En remplaçant la moitié des glucides à index glycémique élevé par des glucides à faible index glycémique, vous réduirez considérablement l'index glycémique total du repas.

Comparez les petits déjeuners ci-dessous : voyez comment l'index glycémique total d'un repas peut être réduit grâce à quelques changements mineurs dans vos habitudes alimentaires.

Petit déjeuner à index glycémique élevé	Petit déjeuner à faible index glycémique
Valeur de l'IG = 74	Valeur de l'IG = 44
30 g de corn-flakes avec du lait	30 g de All-Bran® avec du lait écrémé
2 tranches de pain de mie + beurre	2 tranches de pain noir ou au levain + beurre

Conseils de substitution

• Le pain : il existe une large gamme de pains aux céréales et au levain. Si vous faites vous-même votre pain, remplacez la moitié de la farine blanche traditionnelle par de la farine complète, de la farine de blé concassé, d'orge, de son d'avoine ou de graines de lin.

• Les céréales du petit déjeuner : la plupart des céréales transformées ont des valeurs d'index glycémique élevées. Comparez les produits et choisissez les valeurs les plus faibles.

• Les plats cuisinés : dans la mesure du possible, diminuez la portion de viande et prenez une plus grande portion de haricots blancs ou rouges, ou de lentilles, afin d'augmenter l'apport en fibres et de diminuer l'apport en graisses.

• La farine : les produits commercialisés (gâteaux, biscuits, beignets, tartes…) sont à base de farine blanche, une farine raffinée rapidement digérée et assimilée. Si vous confectionnez vos pâtisseries, essayez d'augmenter la teneur en fibres solubles en remplaçant une partie de la farine blanche par du son d'avoine, du son de riz ou des flocons d'avoine. Pour être plus vite rassasié, ajoutez des fruits secs, des noix ou des amandes, du musli, de l'All-Bran® ou du son.

• Les fruits : la plupart des fruits ont un faible index glycémique. Le melon et les fruits exotiques tels que la mangue, la papaye et l'ananas ont des valeurs d'index glycémique souvent supérieures à celles des fruits tels que les pommes et les oranges. Sachez toutefois que leur charge glycémique est faible et que leur valeur nutritionnelle est bénéfique pour l'organisme.

• Les pommes de terre : l'impact glycémique diminue dès que les portions sont réduites. Remplacez de temps à autre les pommes de terre par des patates douces ou des haricots beurre. Parmi toutes les variétés, les pommes de terre nouvelles sont celles qui ont l'index glycémique le plus faible.

• Le riz : remplacez le riz blanc traditionnel par du riz basmati, du riz doongara, de l'orge perlée, du blé à cuisson rapide, du sarrasin, du boulgour, de la semoule ou des nouilles chinoises.

• La viande hachée : à consommer avec des lentilles ou des haricots verts en conserve.

• Les soupes : idéales pour augmenter votre consommation de légumes et de légumineuses. Régalez-vous avec un minestrone – des légumes de saison, des lentilles, de l'orge, des pois cassés, des haricots noirs et des pâtes. La soupe rassasie. Au dîner, mangez léger et contentez-vous d'une soupe, d'un yaourt et d'un fruit.

• Le sucre : à consommer avec modération. La valeur de l'index glycémique du sucre est moyenne. Pour diminuer l'index glycémique d'un repas, remplacez le sucre par du jus de pomme ou des fruits secs. L'index glycémique du miel est inférieur à celui du sucre.

Choisissez plutôt des aliments à faible index glycémique !

Calculer l'index glycémique d'un repas, d'un menu ou d'une recette

On peut se demander s'il est vraiment nécessaire, pour bien se nourrir, de faire des calculs savants ou compliqués. Néanmoins, de tels calculs peuvent avoir une valeur éducative pour comprendre ce qui se passe.

Calculer avec précision l'index glycémique d'un repas n'est pas facile, à moins de connaître la composition de chaque aliment ou d'avoir accès à un logiciel spécifique, qui permet de traiter des données nutritionnelles ; pourtant, il est très fréquent que nos lecteurs nous interrogent sur la méthode de calcul de l'index glycémique d'un repas, d'un menu ou d'une recette. Précisons tout d'abord que l'index glycémique d'un repas n'est ni égal à la somme des index glycémiques des différents aliments ni égal à la moyenne des différents index glycémiques. En effet, l'index glycémique d'un repas, d'un menu ou d'une recette comportant des glucides dépend de la quantité de glucides ingérés.

Prenons un exemple très simple pour comprendre le mode de calcul : un en-cas fait d'une pêche (valeur de l'IG = 42) et d'une boule de glace (valeur de l'IG = 61).

L'index glycémique total de cet en-cas dépend non seulement de l'index glycémique de chaque aliment (42 et 61) mais également de la quantité respective consommée.

Dans cet exemple, prenons 20 g de glucides sous forme de pêche et 40 g sous forme de glace.

Pour obtenir le chiffre total, multipliez l'IG de la pêche par leur teneur en glucides (en g de glucides pour 100 g de produit) et divisez par la quantité totale de glucides de l'en-cas, soit :

$(42 \times 20)/60 = 14$.

Faisons de même pour la glace, ce qui donne :

$(61 \times 40)/60 = 41$.

La somme de ces deux valeurs représente l'index glycémique total de ce goûter :

$14 + 41 = 55$.

Pour chacune des recettes présentées dans cet ouvrage (voir le chapitre 7), nous avons fait une estimation moyenne de l'index glycémique des aliments, dans la mesure où de nombreux paramètres – la cuisson, le mode de préparation, la fermentation, l'acidification… – modifient la nature des glucides.

Les règles à suivre

Si, pour quelques-uns d'entre nous, changer ses habitudes alimentaires ne pose aucun problème, pour beaucoup ce n'est pas si facile, même si ces adaptations n'ont rien à voir avec des transformations radicales comme l'arrêt du tabac ; il s'agit de donner la préférence, le plus souvent possible, à tel aliment plutôt qu'à tel autre, sans jamais l'exclure entièrement. Un régime sain repose sur des aliments variés, consommés en quantité raisonnable. Si ce concept est simple, nous savons bien que la façon dont nous nous alimentons est complexe et qu'il faut parfois recourir à un professionnel – un nutritionniste ou un diététicien – pour parvenir à modifier nos habitudes. Afin de vous faciliter la tâche, nous avons défini quatre points qui nous semblent fondamentaux.

1. Les changements doivent être progressifs.

Modifier entièrement son alimentation à partir d'un menu pré-imprimé « ne dure qu'un instant »… Un régime doit être en quelque sorte taillé sur mesure pour tenir compte de vos besoins et de vos habitudes. Définissez un objectif – par exemple manger plus de légumes frais ou congelés – et concentrez-vous sur ce point.

2. Commencez toujours par les changements qui demandent le moins d'efforts.

Rien n'est plus motivant qu'une petite victoire. Tout d'abord, portez votre attention sur les changements qui vous semblent les moins difficiles à effectuer et que vous êtes presque sûr de pouvoir réaliser – par exemple, manger un fruit tous les matins au petit déjeuner.

3. Fixez-vous plusieurs petits objectifs réalisables plutôt qu'un seul objectif irréalisable.

Imaginons que votre but soit de perdre du poids. Vous n'y arriverez pas du jour au lendemain, alors pourquoi ne pas envisager plusieurs étapes ? Dites-vous par exemple que, dans un premier temps, vous allez pratiquer une activité physique tous les jours pendant 30 min et que vous consommerez moins de graisses saturées – par exemple du beurre ou du fromage. Un changement, même minime, est utile. Si vous vous accordez un accès au plateau de fromages ou à quelques rondelles de saucisson le dimanche uniquement et si vous marchez, ne serait-ce que 15 min deux fois par semaine, c'est déjà bien !

4. Acceptez les écarts.

Ce n'est pas parce que vous faites un petit écart que tout est remis en question. Soyez indulgent avec vous-même, car modifier ses habitudes – quelles qu'elles soient – n'est jamais facile.

Le petit déjeuner : de l'énergie pour toute la journée

Nombreux sont ceux qui sautent le petit déjeuner. Pourtant, les personnes qui prennent un vrai petit déjeuner sont souvent plus paisibles et plus sociables. Diverses études ont montré que le petit déjeuner influe sur l'humeur, les facultés mentales, la concentration et la mémoire. Et les nutritionnistes sont unanimes : prendre un petit déjeuner favorise la perte de poids et la diminution du taux de « mauvais » cholestérol ; par ailleurs, manger le matin permet de stabiliser le taux de glucose sanguin.

Sauter le petit déjeuner peut entraîner les symptômes suivants : une grande fatigue, une déshydratation et un manque d'énergie. Si vous êtes de ceux qui mangent le matin, sachez qu'un petit déjeuner à index glycémique élevé – par exemple à base de pain et de céréales – fournit à l'organisme un regain d'énergie mais possède un effet de courte durée : dès que la disponibilité énergétique diminue, la glycémie s'abaisse et la faim se fait ressentir. Pour tenir jusqu'au déjeuner, consommez des aliments à faible index glycémique. Les trois quarts des individus qui sautent le petit déjeuner prétendent ne pas avoir le temps de manger le matin. Si tel est votre cas, vous trouverez ci-dessous des idées pour un petit déjeuner rapide à base d'aliments sains et à faible index glycémique. Quelles que soient vos préférences, une boisson prise à la volée, un petit déjeuner consistant ou un fruit et une barre de céréales, il y a certainement un petit déjeuner qui vous conviendra !

L'index glycémique dépend de la nature des glucides que vous ingérez.

Le saviez-vous ?

Si vous décidez de réduire votre alimentation, commencer par le petit déjeuner n'est vraiment pas une bonne idée : vous allez favoriser le grignotage et, au bout du compte, le bénéfice sera nul.

1. Commencez par manger un fruit ou boire un jus de fruits.

Les fruits sont sources de fibres et – plus important encore – de vitamine C, qui favorise l'absorption du fer par l'organisme.

Fruits et jus de fruits possédant l'index glycémique le plus faible			
Cerise	22	Pêche	42
Pamplemousse	25	Raisin	46
Pomme	38	Jus d'ananas	46
Poire	38	Jus de pamplemousse	48
Prune	39	Mangue	51
Jus de pomme	40	Banane	52
Orange	42	Kiwi	58

2. Choisissez des céréales à faible index glycémique.

Les céréales sont sources de fibres et de vitamines B. Consommez les plus riches en fibres. Nous connaissons l'index glycémique d'environ quatre-vingt-dix céréales différentes, et des tests en cours devraient nous permettre d'augmenter ce nombre (pour plus d'informations, voir la quatrième partie).

Céréales du petit déjeuner à faible index glycémique	
All-Bran® original (Kellogg's)	30
All-Bran® plus (Kellogg's)	33
All-Bran® fibres et fruits (Kellogg's)	37
All-Bran® fibres et flocons d'avoine (Kellogg's)	39

3. Prenez du lait et des yaourts.

Tout en ayant un faible index glycémique, le lait écrémé et les yaourts nature permettent de couvrir une grande partie de nos besoins quotidiens en calcium ; une faible teneur en matière grasse ne signifie pas une teneur en calcium diminuée, parfois même au contraire.

4. Mangez du pain ou une tranche de pain grillé si la faim se fait ressentir.

L'index glycémique des pains (pour 50 g de glucides ingérés)	
Pain de seigle paysan	40
Pain noir	41
Pain aux céréales	45
Pain complet (farine T 150)	50
Pain de campagne (farine T 65)	70
Baguette (farine T 55)	75
Pain au levain	80

Huit idées originales de petit déjeuner

1. Une tranche de pain de seigle tartinée avec du beurre allégé et une tasse de chocolat chaud (au lait écrémé).

2. Faites tremper quatre pruneaux dénoyautés et une cuillère à café de graines de lin dans un peu d'eau chaude jusqu'à ce qu'ils soient ramollis. Égouttez et mélangez avec des flocons d'avoine. Recouvrez de lait et ajoutez une cuillère à café de miel.

3. Dans un bol, versez un yaourt à la vanille à 0 % de matière grasse. Ajoutez une pêche coupée en fines lamelles et des petits morceaux de fraise. Saupoudrez de musli grillé.

4. Petit déjeuner pour deux personnes : mélangez un yaourt aux fruits à 0 % de matière grasse avec deux cuillères à soupe d'amandes effilées, une banane ou une poire coupée en morceaux et 230 g de céréales à faible index glycémique.

5. Étalez une couche épaisse de pâte à tartiner au chocolat sur une tranche de pain aux céréales et dégustez avec un bol de café au lait écrémé.

6. Pain perdu : battez deux œufs. Ajoutez 50 ml de lait écrémé, deux cuillères à café de sucre en poudre et une cuillère à café d'extrait de vanille. Coupez quatre tranches épaisses de pain. Trempez-les dans le mélange puis faites rôtir dans une poêle antiadhésive à peine graissée. Laissez dorer à feu doux pendant 2 à 3 min de chaque côté. Servez avec une poire ou une pomme coupée en fines lamelles et passée à la poêle. Saupoudrez de cannelle.

7. Étalez de la ricotta sur une tranche de pain de seigle et recouvrez avec une confiture un peu acide.

8. Dans un grand récipient, mélangez des flocons d'avoine cuits à la vapeur avec des myrtilles ou des groseilles. Versez dessus une bonne cuillerée de yaourt à 0 % de matière grasse et saupoudrez de cassonade.

**Se préoccuper uniquement de l'index glycémique
des aliments n'est pas la solution.**

Le déjeuner : refaire le plein d'énergie

Même s'il est pris sur le pouce, le déjeuner est un repas indispensable, car il permet de refaire le plein d'énergie. Il ne doit pas nécessairement être copieux, bien au contraire. Si vous ressentez souvent une somnolence après le déjeuner, optez pour un repas plus léger à base de protéines, de légumes et d'une petite portion de glucides. Un petit café sera le bienvenu !

1. Choisissez des aliments riches en glucides et à faible index glycémique, par exemple du pain complet, des pâtes, des nouilles chinoises, des céréales ou des légumineuses.

2. Prenez des protéines : du poisson, de la viande maigre, du poulet, du fromage frais ou des œufs.

3. Mangez des légumes : ils remplissent l'estomac et rassasient.

4. Choisissez un fruit en dessert.

Déjeuner au restaurant

Quand vous ne déjeunez pas chez vous, vous voulez vous assurer que vous faites les bons choix. Les aliments ci-dessous sont une valeur sûre. Les plats méditerranéens ou exotiques sont souvent à base de légumineuses.

Lentilles et riz	24	Nouilles thaïlandaises aux légumes	40
Taboulé	30	Dhal (soupe de lentilles indiennes)	40
Feuilles de vigne farcies	30	Pâtes à la sauce marinara	40
Tortilla avec haricots et sauce tomate	39	Sushis	48
Raviolis	39	Spaghettis à la bolognaise	52
Soupe aux nouilles de riz	40	Couscous marocain (avec pois chiches)	58

**Profitez des bienfaits de la viande maigre,
du poisson et des produits laitiers
pauvres en matière grasse.**

Dix idées pour un déjeuner léger mais énergétique

1. Sandwich libanais : remplir une petite pita de houmous, de viande de bœuf ou de poulet émincée, de tomates
concassées et d'herbes aromatiques.

2. Soupe de lentilles et de patates douces : faites revenir
un oignon avec deux gousses d'ail écrasées. Ajoutez 500 g de
patates douces coupées en morceaux, 125 g de lentilles rouges cassées et 700 ml de bouillon de légumes. Laissez cuire à
feu doux pendant 2 min. 5 min avant la fin de la cuisson,
ajoutez une courgette râpée grossièrement.

3. Coupez une patate douce en tranches de 5 mm d'épaisseur, une courgette en deux dans le sens de la longueur et un
oignon rouge en six morceaux. Mettez le tout dans un sac
congélation, ajoutez une gousse d'ail écrasée et une cuillère à
soupe d'huile d'olive, puis secouez le sac afin de répartir
l'huile et l'ail sur les légumes. Versez le tout sur une plaque de
cuisson et faites cuire à four chaud pendant 20 à 30 min,
jusqu'à ce que les légumes ramollissent. Faites cuire des pâtes,
égouttez-les et incorporez les légumes. Saupoudrez de persil,
d'origan ou de basilic et ajoutez un filet d'huile d'olive.

4. Dans quatre assiettes allant au four, répartissez le
contenu d'un paquet de 200 g de chips de maïs – choisissez
de préférence des chips allégées, pauvres en sodium et en
graisses. Recouvrez les chips de haricots rouges pimentés à
raison de 100 g environ par plat. Saupoudrez de mozzarella
allégée râpée. Préchauffez le gril et laissez dorer pendant 2 à
3 min. Au moment de servir, versez une cuillerée de purée
d'avocat dans chaque assiette.

5. Prenez 100 g de thon au naturel et une boîte de 125 g
de haricots préparés nature. Égouttez et mélangez dans un

saladier. Ajoutez un demi-concombre et une tomate coupés en dés, une poignée d'épinards (ou tout autre légume vert) et du persil émincé. Assaisonnez avec une sauce faite pour moitié d'huile d'olive et pour moitié de jus de citron et d'une pincée de poivre noir.

6. Étalez de la moutarde à l'ancienne sur une tranche de pain. Recouvrez avec des morceaux de tomates semi-séchées, des tranches d'aubergine grillées et de la mozzarella. Mettez sous le gril jusqu'à ce que le fromage fonde, puis disposez quelques feuilles de salade et recouvrez avec une seconde tranche de pain. Coupez le sandwich en deux et servez.

7. Régalez-vous avec du saumon ou du thon au naturel, des pois chinois, des tranches de pomme verte et d'oignon doux sur une tranche de pain au levain.

8. Faites revenir deux échalotes émincé es avec une gousse d'ail en purée et une cuillère à café de gingembre en poudre. Ajoutez deux ou trois champignons coupés en fines lamelles, une cuillère à café de paprika, une cuillère à soupe de sauce soja et une cuillère à café d'huile de sésame. Laissez cuire jusqu'à ce que les champignons ramollissent. Ajoutez 200 ml de bouillon de légumes. Portez à ébullition. Versez un paquet de nouilles udon (nouilles japonaises), des morceaux de poulet cuit ou du tofu et une poignée d'épinards hachés.

9. Jetez 125 g de lentilles dans une casserole d'eau bouillante. Laissez cuire pendant 10 min environ. Égouttez puis laissez refroidir. Mixez les lentilles avec deux cuillères à soupe de mayonnaise et une gousse d'ail écrasée. Rajoutez deux échalotes émincées, salez et poivrez, et disposez entre deux tranches de votre pain préféré. Bon appétit ! À déguster avec des légumes verts en salade.

10. Hamburger végétarien : mixez une boîte de pois chiches égouttés, de la chapelure, du persil, de l'ail et un œuf. Formez plusieurs petits pâtés et faites-les frire dans une poêle. Disposez-les sur un petit pain (à la farine complète). Servez avec des légumes cuits au gril.

Que choisir pour le dîner ?

Pour établir votre menu du soir – une question sans cesse renouvelée –, il vous faut tenir compte de plusieurs éléments dans l'ordre suivant.

1. Les glucides

Décidez quel(s) glucide(s) vous allez servir : une pomme de terre ? du riz ? des pâtes ? des nouilles chinoises ? des légumineuses ? Le mieux reste encore de les associer, ce qui vous assurera un régime alimentaire varié et adéquat. Reportez-vous aux listes d'aliments dans la quatrième partie : vous prendrez conscience de l'intérêt de varier les sources alimentaires.

Quelles sources principales de glucides choisir ?

• Les pommes de terre : ce sont les pommes de terre nouvelles qui sont les plus intéressantes (valeur de l'IG = 65). Malgré un index glycémique élevé, les pommes de terre sont des aliments à privilégier, car elles sont riches en glucides, en vitamine C et en potassium, mais pauvres en graisses. Pour diminuer l'impact glycémique, consommez des pommes de terre en petite quantité, servies avec des aliments à faible index glycémique.
• Le riz : le riz blanc nature a peu de goût ; il constitue donc un accompagnement idéal pour les mets épicés des cuisines chinoise, thaïlandaise et indienne. Le riz blanc poli a perdu son enveloppe (balle) et le son. Alternez ou mélangez du riz blanc et du riz complet, c'est-à-dire comportant son enveloppe de son : cela permet d'assurer un apport en vitamines B, en minéraux et en fibres. Les riz basmati et doongara ont les index glycémiques les plus faibles (respectivement 58 et 56).
• Les patates douces : elles sont très riches en vitamine C, en fibres et en bêtacarotène (précurseur de la vitamine A), d'où leur couleur orangée. Valeur de l'IG = 44.

• Le maïs doux : en épis ou en grains, le maïs (valeur de l'IG = 54) est un aliment en général très apprécié des enfants. Riche en fibres, il est également source de vitamines B.

• Les légumineuses : du fait de leur teneur élevée en protéines, les pois chiches, les lentilles et les haricots secs peuvent parfaitement remplacer la viande. La teneur en niacine (vitamine B3), en potassium, en phosphore, en fer et en zinc est également élevée, tandis que la teneur en fibres est supérieure à celle des autres glucides. Les valeurs de l'index glycémique varient selon les modes de préparation et de cuisson (voir les listes d'aliments dans la quatrième partie).

• Les pâtes : plus riches en protéines que le riz et les pommes de terre, les pâtes sont rarement servies avec de la viande. Savoureuses et rapides à préparer, elles se marient merveilleusement avec un grand nombre de légumes ainsi qu'avec des sauces et du fromage râpé, notamment du parmesan. Les valeurs de l'IG sont comprises entre 37 et 55.

• Le boulgour : obtenu à partir de blé dur concassé, le boulgour (valeur de l'IG = 48) garantit un apport non négligeable en fibres, en vitamine B1 (thiamine), en vitamine B3 (niacine), en vitamine E et en minéraux.

2. Les légumes – à consommer sans modération

Plus vous mangez de légumes – frais, congelés ou en conserve –, mieux c'est. C'est au dîner que l'on consomme en général le plus de légumes. Si, le soir, vous n'avez pas de légumes dans votre assiette, cela signifie probablement que votre consommation est insuffisante.

3. Les protéines – pour leur valeur nutritionnelle, leur saveur et la sensation de satiété qu'elles procurent

Attention ! Les protéines, quelle que soit la forme sous laquelle elles sont consommées, sont souvent riches en graisses saturées. Voici quelques idées à privilégier : des émincés de viande maigre cuite à la poêle, un filet de poisson, du jambon maigre, une cuillerée de ricotta, un blanc de poulet (sans la peau), une darne de saumon, deux œufs, une poignée de fruits à écale, un gratiné de fromage râpé, des céréales ou des légumineuses.

4. Les graisses – oui, mais pas n'importe lesquelles

Utilisez de l'huile d'olive, d'arachide, de noix, de soja ou toute autre huile mono- ou polyinsaturée. Comme toujours, ayez la main légère.

**N'oubliez pas que les glucides
ne sont pas tous équivalents.**

Dix idées de dîner pour gourmets pressés

Même si certaines de ces recettes sont parfois difficilement transposables au goût français, elles sont toutefois intéressantes à titre indicatif. Vous pouvez également consulter l'ouvrage de Caroline Fouquet et Claire Pinson, *130 Recettes pour diabétiques,* Marabout, 2003.

1. Curry et nouilles thaïlandaises : dans une grande poêle ou un wok, faites revenir des oignons émincés, un poivron rouge, des mini-maïs et des pois plats chinois (ou autres légumes de votre choix). Ajoutez une cuillère à soupe de pâte de curry rouge. Faites cuire les nouilles thaïlandaises de votre choix en suivant les instructions portées sur l'emballage. Réservez une partie du jus de cuisson, égouttez les nouilles puis versez-les sur les légumes. Délayez une cuillère à soupe de lait de noix de coco dégraissé dans le jus de cuisson. Versez le mélange sur la préparation et servez.

Un petit truc : congelez le reste de lait ou de crème de noix de coco en boîte (riche en graisses saturées) dans un bac à glaçons. Un cube correspond à peu près à la valeur d'une cuillère à soupe. Après ouverture, le lait de noix de coco en poudre se conserve pendant plusieurs semaines dans un endroit sec et à l'abri de la lumière.

2. Spaghettis : portez de l'eau à ébullition dans un grand récipient. Jetez les spaghettis dans l'eau bouillante et laissez cuire selon les indications figurant sur le paquet. Pendant ce temps, versez le contenu d'une boîte de tomates concassées dans une casserole et faites chauffer à feu doux. Préparez une salade composée avec la salade verte de votre choix, de la ciboulette et un concombre (ou un mélange de feuilles de salade prêt à consommer). Égouttez les spaghettis, versez dessus les tomates concassées et saupoudrez de parmesan. Assaisonnez la salade et servez en accompagnement.

3. Filet de poisson aux pommes de terre nouvelles : achetez un filet de poisson frais sans arêtes. Mettez une petite pincée de sel dans une poignée de farine et farinez le filet. Versez un filet d'huile dans une poêle antiadhésive, faites chauffer et frire le filet. Lavez quelques petites pommes de terre nouvelles et faites-les cuire à la vapeur ou dans le four à micro-ondes. Mettez quelques gouttes de jus de citron sur le poisson frit et poivrez. Servez immédiatement avec les pommes de terre et une salade verte ou composée.

4. Pizza au pain pita : étalez du pesto ou du concentré de tomates sur un pain pita. Sur le dessus, disposez des rondelles de tomates, des lamelles de champignons, des morceaux de poivrons cuits au four, des olives noires et de la ciboulette émincée. Saupoudrez de parmesan. Passez sous le gril ou laissez cuire à four chaud.

5. Jardinière de légumes orientaux et nouilles : faites revenir deux fines tranches de bacon coupées en dés (après avoir enlevé le gras) ou de jambon à cuire. Faites cuire un mélange de légumes orientaux congelés en suivant les indications figurant sur l'emballage. Faites cuire des nouilles (si possible fraîches). Égouttez-les et versez les légumes sur le dessus. Mélangez. Faites réchauffer si besoin et servez.

Un petit truc : des mélanges légumes orientaux/nouilles/ sauce prêts à l'emploi sont commercialisés au rayon des produits surgelés de nombreux magasins.

6. Tortellinis et salade verte : faites cuire à l'eau bouillante des tortellinis au fromage et aux épinards (ou autres tortellinis) en vous reportant aux indications figurant sur le paquet. Faites chauffer à feu doux de la sauce tomate. Égouttez les tortellinis, arrosez-les de sauce tomate et saupoudrez de parmesan. Servez avec une salade verte.

7. Riz et lentilles à la tomate : faites cuire du riz basmati. Dans une poêle antiadhésive légèrement huilée, faites revenir un oignon émincé, de l'ail écrasé et deux cuillères à café de paprika. Lorsque l'oignon est tendre, égouttez une boîte de lentilles puis versez-les dans la poêle. Ajoutez une tomate coupée en dés. Mettez une pincée de cumin, salez et poivrez. Faites chauffer puis servez avec le riz égoutté.

8. Poulet aux coquillettes : faites cuire 125 g de coquillettes. Pendant ce temps, coupez en petits morceaux un demi-poivron rouge, une poignée de champignons de Paris et un céleri en branche. Coupez les restes d'un poulet rôti en petites bouchées. Égouttez les coquillettes et versez dessus le poivron, les champignons, le céleri et le poulet. Versez un filet de sauce de salade allégée prête à consommer. Saupoudrez de ciboulette émincée et servez.

9. Pâtes au thon et aux tomates : faites cuire les pâtes de votre choix. Dans une casserole, mettez une goutte d'huile et faites revenir du persil finement coupé, de l'ail et du piment rouge (facultatif). Ajoutez des tomates concassées (avec le jus) et une petite boîte de miettes de thon. Poivrez et faites chauffez à feu doux. Égouttez les pâtes et versez les tomates et le thon dessus. Servez.

10. Tacos : dans une poêle, faites revenir un oignon et de la viande maigre hachée. Ajoutez une petite boîte de haricots rouges et de la sauce pour tacos (facultatif). Faites chauffer à feu doux. Mettez la préparation dans des tacos avec de la salsa (tomates, poivrons, piments rouges, oignons, vinaigre et clous de girofle). Saupoudrez de fromage râpé. Les tacos peuvent être remplacés par du pain pita.

Les desserts : pour finir agréablement

Les desserts sont tout à fait possibles, même chez ceux ou celles qui font attention à leur ligne, à condition de favoriser les fruits ou les entremets au lait à faible teneur en matière grasse. En concluant le repas, les desserts assurent un sentiment de satiété qui permet d'attendre confortablement le repas suivant.

Desserts à faible index glycémique

• Les agrumes : en hiver, les agrumes garantissent à l'organisme un apport en vitamine C. Coupez des agrumes en morceaux. Recouvrez de jus d'orange et versez une cuillère à soupe de votre alcool préféré (eau-de-vie, rhum…). Ajoutez quelques raisins secs et dégustez.
• Les cerises : ce sont par excellence des fruits d'été. Dans une coupelle, mettez une cuillerée de yaourt à 0 % de matière grasse. Ajoutez des cerises et une cuillerée de miel. Saupoudrez de graines de lin pour augmenter votre apport quotidien en oméga-3.
• Les fruits à noyau : l'arrivée des abricots, des pêches et des nectarines sur les marchés annonce les beaux jours. Coupez une pêche ou une nectarine en fines tranches, que vous dégusterez avec de la crème glacée ou un yaourt. Autre idée : coupez une pêche en deux. Saupoudrez de cannelle et passez quelques minutes sous le gril.

• Les poires et les pommes : bien qu'elles soient des fruits d'automne et d'hiver, les poires et les pommes sont commercialisées tout au long de l'année. Lavez-les ou épluchez-les et mangez-les telles quelles.

• Le raisin : les enfants aiment le goût sucré des grains noirs ou blancs. Lavez les grappes et mangez les grains tels quels, ou mettez-en quelques-uns dans une salade de fruits.

• La crème anglaise, les glaces et les yaourts : privilégiez les produits allégés que vous consommerez seuls ou avec un fruit.

**Un régime équilibré peut parfaitement inclure les aliments
à index glycémique élevé que vous aimez le plus.**

Les desserts sucrés

La majorité des desserts contiennent du sucre, ou saccharose (valeur de l'IG = 68). La plupart des aliments sucrés, notamment les gâteaux et les biscuits avec ou sans sucre, ont un index glycémique moyen ou élevé. Pour sucrer vos desserts, utilisez de préférence des fruits, qui ont un index glycémique inférieur à celui du sucre et qui augmentent l'apport en fibres. Parmi tous les fruits cultivés dans nos régions, les pommes, les poires et les fruits à noyau ont l'index glycémique le plus faible.

**Remplacez les aliments à index glycémique élevé
par des aliments à faible index glycémique.**

Huit desserts rapides et faciles à préparer

1. Équeutez, lavez et coupez en deux des fraises (une petite barquette). Mettez-les dans une casserole avec une cuillère à soupe de sucre en poudre. Sans cesser de remuer, faites chauffez à feu doux 5 min environ jusqu'à ce que les fraises ramollissent et qu'un sirop se forme. Servez les fraises avec de la glace à la vanille allégée.

2. Retirez le cœur de plusieurs grosses pommes vertes que vous garnirez ensuite de raisins secs, de fruits rouges, d'abricots secs coupés en petits morceaux, de cannelle et de cassonade (une cuillère à café). Servez avec un yaourt nature à 0 % de matière grasse ou de la crème anglaise allégée.

3. Égouttez des pruneaux au sirop. Répartissez-les dans des coupelles. Arrosez de crème anglaise allégée et saupoudrez de noix de coco râpée.

4. Faites cuire les fruits de votre choix et répartissez-les dans un moule légèrement graissé. Mélangez du musli grillé, des pétales de blé, un peu de margarine fondue et du miel. Versez le mélange sur les fruits.

5. Coupez une banane en deux dans le sens de la longueur. Sur chaque moitié, mettez de la glace à la vanille allégée. Ajoutez une cuillère à soupe de pulpe d'un fruit de la passion. Décorez avec quelques amandes grillées.

6. Égouttez des oreillons de pêches ou d'abricots en conserve en réservant le jus. Saupoudrez les fruits de noix de coco râpée, de cassonade et de cannelle. Mouillez avec le jus et faites dorer au four pendant 10 min.

7. Badigeonnez de la pâte feuilletée surgelée avec du lait (plutôt que de la margarine ou du beurre fondu). Au centre de la pâte, mettez de la compote de pommes, des raisins secs et des fruits rouges. Ramenez les bords de la pâte vers le centre afin de recouvrir la préparation. Badigeonnez la pâte avec du lait et faites cuire à four chaud pendant 15 min.

8. Dans un plat, disposez un assortiment de fruits frais coupés en fines tranches (mangue, ananas, fraises, kiwi et melon). Servez avec 200 g de yaourt nature, dans lequel vous aurez au préalable mélangé une cuillère à soupe de miel.

Les en-cas : pour les petits creux

Que toutes celles et tous ceux qui pensent que la meilleure manière de s'alimenter se résume à trois repas par jour lèvent le doigt. Vous êtes dans le vrai ! Or, nombre de personnes sautent le petit déjeuner, grignotent tout au long de la journée et font un festin le soir avant d'aller se coucher. Si s'astreindre à trois repas par jour est toujours préconisé, des études ont prouvé les bienfaits sur l'organisme des collations prises à intervalles réguliers tout au long de la journée, à condition toutefois de privilégier les aliments riches en nutriments. Récemment, des chercheurs ont démontré que plusieurs repas légers par jour stimulent le métabolisme de base.

Une étude a été réalisée sur deux groupes d'individus : tandis que les membres du premier groupe prenaient chaque jour trois repas, ceux du second groupe consommaient la même quantité d'aliments, mais répartie en trois repas et en trois en-cas. Les résultats sont sans appel : les en-cas stimulent l'organisme qui, de ce fait, brûle davantage de calories. En conclusion, il semblerait que, à quantités quotidiennes égales, une répartition en plusieurs repas soit plus adaptée au maintien du poids qu'une répartition en deux ou trois repas.

Cependant, prendre plusieurs collations pas jour n'est pas sans risque. En effet, les en-cas sont souvent synonymes d'aliments particulièrement riches en calories et pauvres en nutriments tels que les gâteaux, le chocolat, les barres énergétiques, les chips ou les pâtisseries en tout genre. Par ailleurs, chez les sujets ayant tendance à prendre du poids, le fait d'avoir de la nourriture à disposition plusieurs fois par jour prend parfois une tournure catastrophique. Pour éviter de voir les kilos s'amonceler, choisissez des en-cas riches en glucides, à faible index glycémique et pauvres en graisses. Vous trouverez ci-dessous des idées qui vous aideront à varier les plaisirs et à ne pas manger plus que de raison.

Quelques en-cas qui tiennent au corps

Le milk-shake est un en-cas qui remplit l'estomac et ravit les papilles gustatives : avec un mixer, mélangez un yaourt à 0 % de matière grasse, du lait et les fruits de votre choix (fraises, melon ou banane).

Voici d'autres idées d'en-cas :
• un toast aux raisins ;
• une orange ;
• une grappe de raisin ;
• une tranche de pain aux céréales avec du jambon ;
• un yaourt à 0 % de matière grasse ;
• une coupelle de pêches coupées en dés ;
• une boisson chocolatée ;
• des abricots secs ;
• une poignée de raisins secs ;
• une grosse pomme verte ;
• un cornet de glace allégée.

Si vous préférez les aliments salés et forts en goût :
• des chips de maïs ;
• de l'houmous (avec un mixer, mélangez des pois chiches avec deux gousses d'ail, deux cuillères à soupe de tahini – pâte de graines de sésame – et deux cuillères à soupe de jus de citron ; étalez la préparation sur du pain noir) ;
• des légumes crus coupés en morceaux (carottes, haricots verts, aubergines et concombres) et trempés dans de l'houmous ou toute autre sauce pauvre en matières grasses ;

• des légumes marinés (des cœurs d'artichaut, des morceaux de poivron ou d'aubergine passés au gril – enlever l'excédent de graisse avec du papier absorbant – sur une tranche de pain grillé ou une pita).

Il n'est pas nécessaire de consommer uniquement des aliments à faible index glycémique.

CHAPITRE 6
CUISINEZ AVEC LES BONS INGRÉDIENTS

Les aliments à privilégier

Dans ce chapitre, nous vous présentons les aliments à faible index glycémique qui sont agréables à consommer et qui fournissent à l'organisme les nutriments indispensables.

• **Les aromates** : les herbes aromatiques telles que le persil, l'aneth, l'estragon ou le basilic agrémenteront les plats les moins relevés. Ayez toujours sous la main de l'ail émincé, du piment rouge et du gingembre en poudre afin de rendre vos mets plus savoureux.

• **Le bacon** : cet ingrédient au goût fumé entre dans la préparation de nombreux plats. Retirez le gras et coupez le bacon en fines lanières. Le jambon dégraissé, moins onéreux que le bacon, est utilisé dans de nombreuses recettes. Pour parfumer les ragoûts et les soupes sans trop augmenter la teneur en matière grasse, ajoutez des petits morceaux de bacon ou de jambon à l'os.

Un régime équilibré peut parfaitement inclure les aliments à index glycémique élevé que vous aimez le plus.

• **Les bouillons de viande et de légumes** : préparez un bouillon maison et conservez-le au réfrigérateur. Écumez et dégraissez avant de le réchauffer. Des bouillons en boîte ou en cubes sont commercialisés dans la plupart des magasins. Choisissez ceux ayant la teneur en sodium la plus faible.

• **Les céréales complètes** : l'orge, le boulgour (blé dur concassé), le maïs, les flocons d'avoine, le riz, le blé et autres céréales complètes ont en général un index glycémique inférieur à celui des céréales raffinées, alors que leur teneur en nutriments – fibres, vitamines, minéraux et phyto-œstrogènes – est plus élevée. Une à deux portions de céréales complètes par jour ralentit la production d'insuline et, à très long terme, diminue le risque de développer un cancer ou une maladie cardio-vasculaire.

• **La confiture** : une cuillerée de confiture sur une tartine grillée contient beaucoup moins de calories qu'une couche, même très fine, de beurre ou de margarine.

• **La crème fraîche et la crème liquide** : très riches en graisses saturées, ces produits doivent être consommés avec modération. Versez de la crème dans un bac à glaçons que vous conserverez au congélateur. Un cube, soit 20 ml de crème, correspond à 7 g de graisse. Si possible, remplacez la crème par du lait concentré non sucré.

• **Les fromages** : avec une teneur en matière grasse allant de 30 à 40 %, les fromages apportent des graisses saturées et augmentent considérablement la valeur calorique des repas. Nombreux sont ceux qui sont proposés sous une forme allégée, mais le bénéfice calorique est parfois faible pour une perte de qualité gustative importante.

La lecture des étiquettes – quand elles existent – n'est pas toujours aisée, et deux possibilités sont à l'origine de confusions inévitables si vous n'êtes pas informé : un étiquetage en « % de matière grasse » et, plus rarement, un étiquetage en « gramme de graisse pour 100 ».

Dans le premier cas, qui est le marquage officiel, il faut comprendre qu'il s'agit d'un fromage à « 40 % de matière grasse », qu'il a une teneur en graisses de 40 % une fois qu'il a été débarrassé de son eau. Ainsi, un fromage blanc à 40 % qui contient 95 % d'eau ne contient que peu de graisses : 40 % de 5 %, soit 2 g de graisses pour 100 g de fromage blanc. En revanche, un fromage comme l'emmental à 40 % de matière grasse, et contenant 40 % d'eau, renferme beaucoup plus de graisses : 40 % de 60 %, soit 24 g pour 100 g.

Dans le second mode d'étiquetage, on peut être amené à croire qu'un fromage blanc à 7 g de graisses pour 100 est moins riche qu'un autre fromage à « 20 % de matière grasse », alors qu'en réalité le premier comporte effectivement 7 g de graisses et l'autre 20 % de 5 %, soit 1 g pour 100 g ! Nous espérons qu'après cette démonstration vous n'aurez pas un trop fort mal de tête !

Comparez dans les tables d'aliments (voir en quatrième partie) le taux de matière grasse pour une portion de 100 g : ici, aucune confusion n'est possible. Le fromage râpé (gruyère ou parmesan) est d'un apport agréable et peu calorique quand il est consommé d'une façon raisonnable ; la teneur en graisses de la ricotta et du fromage blanc est assez faible (moins de 7 % environ) par rapport à celle des autres fromages ; dans vos sandwichs, remplacez le beurre ou la margarine par ces produits ; pour vos lasagnes, remplacez la béchamel par de la ricotta.

• **Les fruits à écale (noix, noisettes…)** : selon de nombreuses études, le fait de consommer régulièrement des fruits à écale réduit les risques de développer une maladie cardiaque. Ils sont riches en acides gras mono- et polyinsaturés, en vitamine E et en fibres. Ajoutez-en une petite poignée concassée à vos céréales du petit déjeuner, vos salades et vos desserts. Mais attention, n'en consommez pas trop : ces aliments sont très caloriques (350 à 600 kcal [1 255-2 511 kJ] pour 100 g !).

• **Les glaces** : ces aliments sont riches en glucides, en calcium, en vitamines et en protéines. Ce n'est pas parce que les glaces ont un faible index glycémique qu'il faut en abuser, car elles sont très riches en graisses. Privilégiez les glaces les plus pauvres en matière grasse, les glaces au yaourt et les sorbets.

• **Les graisses insaturées** : même si elles sont meilleures pour l'organisme que les autres graisses, il ne faut pas en abuser. Évitez autant que possible de manger les produits vendus dans les fast-foods et les boulangeries-pâtisseries car ils sont très riches en graisses saturées. Privilégiez les aliments tels que les avocats et l'huile d'olive, riches en graisses mono-insaturées.

• **Les grillades** : pour diminuer l'apport en graisses, faites cuire la viande ou le poisson au gril ou au barbecue.

• **Les haricots secs, les pois et les lentilles** : ces aliments à faible index glycémique sont très riches en nutriments et remplacent avantageusement la viande dans de nombreux mets. Mangez, au minimum une fois par semaine, un plat végétarien (curry de pois chiches, dhal, soupe de lentilles rouges, burritos ou salade de haricots blancs ou rouges). Tous les supermarchés commercialisent des haricots, des pois chiches et des lentilles en conserve qui garantissent un gain de temps aux cuisiniers les plus pressés et aux personnes les moins expérimentées.

• **L'huile d'olive** : riche en acides gras mono-insaturés et en antioxydants, l'huile d'olive est à privilégier dans les vinaigrettes, les marinades et tous les mets propres à la cuisine méditerranéenne.

• **Le jus de citron** : agrémentez vos légumes d'un jus de citron et d'un tour de moulin à poivre plutôt que d'une noisette de beurre ; l'acidité du jus de citron ralentit la vidange gastrique et diminue l'index glycémique des aliments consommés.

• **Les œufs** : le jaune d'œuf est riche en cholestérol mais contient des graisses mono-insaturées. La consommation quotidienne d'un œuf ou deux est tout à fait compatible avec un régime pauvre en graisses. Afin d'augmenter votre apport en acides gras essentiels, privilégiez les œufs enrichis en oméga-3.

Choisissez plutôt des aliments à faible index glycémique !

• **Les pâtes** : riches en glucides, en protéines et en vitamines B, les pâtes sont des aliments à consommer régulièrement. Les préparer fraîches ou en paquet ne requiert aucun don particulier. Jetez les pâtes dans de l'eau bouillante salée, consommez-les selon votre goût, al dente ou un peu plus cuites. Ajoutez du poivre, une cuillerée de pesto ou de sauce tomate et saupoudrez de parmesan.

• **Le poisson** : si tous les poissons et crustacés sont bénéfiques pour l'organisme, le saumon, le mulet, l'espadon, les harengs et les sardines, particulièrement riches en acides gras essentiels oméga-3, sont à privilégier. Consommez du poisson au moins une à deux fois par semaine.

• **Les pommes** : très largement consommées, les pommes ont, comme tous les fruits, un faible index glycémique, ce qui en fait un aliment idéal pour calmer les petites faims. Selon une étude de grande ampleur réalisée sur des sujets souffrant de diabète de type 1, ce sont ceux qui mangent le plus de pommes qui ont le taux d'hémoglobine glyquée, ou glycosylée, le plus faible (l'un des paramètres les plus importants permettant de surveiller le diabète). Consommez au minimum deux fruits par jour.

• **Les tomates** : du fait de leur faible index glycémique et de leur teneur en lycopènes – des caroténoïdes aux propriétés antioxydantes –, les tomates et leurs produits dérivés, notamment la sauce tomate faite à la maison ou sous forme de concentré, peuvent être consommés sans modération. En revanche, les sauces tomates cuisinées en pot ou en boîte sont très riches en matières grasses.

• **La viande** : la viande maigre est une source importante de fer, indispensable à la formation des globules rouges du sang. Consommez de la viande maigre deux à trois fois par semaine. Avant de la faire cuire, retirez soigneusement toute la graisse visible.

• **Le vinaigre** : assaisonner les salades avec une cuillère à soupe de vinaigre et deux cuillères à soupe d'huile diminue jusqu'à 30 % la glycémie postprandiale. Choisissez de préférence du vinaigre de vin ou du vinaigre d'alcool blanc. Le vinaigre peut être remplacé par du jus de citron.

• **Le vin rouge** : il fait partie du paysage familier des Français. Il ne contient pas de sucre, sauf pour les vins d'apéritif et de dessert. Il a un effet protecteur indéniable sur les maladies cardio-vasculaires. néanmoins, il doit être consommé avec modération, par exemple deux verres pour les femmes et trois verres quotidiens pour les hommes.

• **Les yaourts** : riches en calcium, en cultures vivantes et actives, en protéines et en vitamine B2 (riboflavine), ils sont à privilégier. Les personnes ayant une intolérance au lactose (le sucre présent dans le lait) peuvent consommer des yaourts. Lorsque vous cuisinez, remplacez la crème fraîche par un yaourt nature maigre. Dans une sauce ou un ragoût, ajoutez le yaourt en fin de cuisson afin qu'il ne soit pas porté à ébullition et ne tourne. Avant d'incorporer un yaourt dans un plat chaud, sortez-le du réfrigérateur et attendez qu'il soit à température ambiante ou mélangez-le avec un peu de sauce prise dans le plat, puis versez le tout sur la préparation. Consommer 0 % de matière grasse est un objectif irréaliste et, de toute façon, n'est pas souhaitable, car l'organisme a besoin de graisses, notamment d'acides gras essentiels qu'il ne peut synthétiser et qui doivent donc être puisés dans l'alimentation. Par ailleurs, les graisses donnent du goût aux aliments. Pour cuisiner, privilégiez les graisses mono-insaturées telles que l'huile d'olive et l'huile de colza.

Aliments à faible index glycémique

Dans votre placard
• Des flocons d'avoine : à consommer avec du lait ou à incorporer dans les desserts et les pâtisseries.
• Plusieurs variétés de riz : du riz basmati, du riz doongara…
• Des pâtes : des spaghettis, des fettucine, des macaronis…
• Des nouilles chinoises et thaïlandaises.
• De la semoule : se prépare en quelques minutes et se marie avec de nombreux plats (ragoûts, viandes braisées, salades…).

- Du maïs doux en conserve.
- Des légumineuses en paquet : par exemple des lentilles.
- Des légumineuses en conserve : des haricots rouges, des haricots blancs, des haricots borlotti, des lingots, des petits pois, des pois chiches…
- Des légumes en conserve : des tomates pelées, des asperges, des champignons et tout autre légume à déguster à chaque repas.
- Du poisson en conserve : du saumon, des sardines mais aussi du thon au naturel.
- Du concentré de tomate : pour parfumer les soupes, les sauces, les ragoûts et les pâtes.
- Des sauces en pot : à base de tomates, d'aubergines, de poivrons, d'artichauts ou de champignons, elles donnent du goût aux pâtes, au riz et à la semoule.
- Des sauces asiatiques : de la sauce soja, du nuoc-mâm ou de la sauce à l'huître.
- Du bouillon de viande ou de légumes : le plus souvent commercialisé sous la forme de cubes, il suffit de le faire fondre dans de l'eau bouillante.
- Du lait écrémé concentré non sucré : idéal pour les sauces qui accompagnent les pâtes.
- Des huiles : de l'huile d'olive pour assaisonner les salades et donner de la saveur aux plats les plus simples ; de l'huile de sésame pour les mets asiatiques.
- Du poivre noir.
- Du vinaigre : le vinaigre de vin, le vinaigre d'alcool blanc et le vinaigre balsamique rehaussent le goût des salades composées.
- Du curry : une cuillère à soupe de curry accompagne les viandes et les poissons.
- Des épices : du cumin en poudre, du curcuma et de la noix de muscade. Ces produits sont à acheter en petite quantité car, au fil du temps, ils perdent leur arôme.
- Des aromates : le gingembre, le piment rouge et l'ail émincé sont des ingrédients indispensables.
- Du miel.

• Des fruits secs : des raisins, des abricots, des mélanges de fruits et de pruneaux.
• Des fruits au sirop et des compotes : des pêches, des poires et des pommes.

Dans votre réfrigérateur
• Du lait écrémé ou demi-écrémé.
• Des yaourts maigres, nature ou aux fruits.
• Du fromage : un fromage allégé râpé donne du goût aux sandwichs et aux plats cuits au four. Ayez toujours un morceau de parmesan, que vous râperez sur vos pâtes et que vous pourrez conserver au réfrigérateur jusqu'à quatre semaines. Le fromage blanc et la ricotta doivent être consommés dans les jours suivant l'ouverture du pot. Ne dépassez pas la date de péremption.
• Des œufs.
• Des câpres, des olives et des anchois : conditionnés dans des boîtes ou des pots, ils doivent être conservés au réfrigérateur après l'ouverture. Forts en goût mais riches en sodium, ils donnent de la saveur aux pizzas, aux pâtes et aux salades composées.
• Des herbes aromatiques : l'origan, le basilic, le thym et le persil sont les plus usités. Ils se conservent plusieurs semaines au réfrigérateur dans un récipient hermétique ou plusieurs mois au congélateur.
• De la moutarde classique ou à l'ancienne : elle donne du goût aux sandwichs, aux assaisonnements et aux sauces. À conserver au réfrigérateur après ouverture.

Dans votre congélateur
• Des épinards : pour accompagner des pâtes.
• Des petits pois et du maïs : des solutions idéales pour les repas improvisés.
• Des fruits rouges (en saison) : pour ravir les gourmands.
• Des glaces allégées : un dessert qui ne demande aucune préparation, en accompagnement de fruits frais.

Récapitulatif

Pratique et concis, ce récapitulatif vous permet en un clin d'œil de connaître l'index glycémique et les valeurs nutritives des aliments les plus courants.

Les céréales

• L'orge (valeur de l'IG = 25) : l'orge perlée, dont les couches externes de l'enveloppe ont été enlevées, est la variété la plus couramment consommée. Sa forte teneur en fibres solubles explique sans doute la faible valeur de l'index glycémique.

• Les pâtes traditionnelles (valeur de l'IG comprise entre 32 et 78) : les pâtes sont fabriquées à partir de semoule de blé dur très riche en protéines. L'interaction entre les protéines et l'amidon, ainsi que la faible dégradation des granules d'amidon pendant la transformation sont responsables de la faible valeur de l'index glycémique. Il est scientifiquement prouvé que plus les pâtes sont épaisses, plus l'index glycémique est faible.

• Les spaghettis (valeur de l'IG = 38) : ils sont fabriqués avec de la farine de blé dur, d'où un faible index glycémique.

• Le riz précuit (valeur de l'IG comprise entre 38 et 87) : il a subi un traitement à la vapeur avant d'être décortiqué, blanchi et moulu. Les nutriments contenus dans l'enveloppe sont retenus dans les grains, et le riz cuit est moins collant. Plusieurs études ont montré que l'index glycémique du riz précuit est inférieur à celui du riz traditionnel, même si des chercheurs australiens affirment que les différences sont minimes. La valeur de l'index glycémique dépend avant tout de la composition de l'amidon – notamment de la teneur en amylose – contenu dans les grains.

• Le boulgour (valeur de l'IG = 48) : ces grains de blé dur cuits et séchés sont les ingrédients de base du taboulé.

Tous les composés du blé étant préservés, on retrouve une valeur de faible index glycémique, identique à celle des grains de blé.

• Le sarrasin (valeur de l'IG = 54) : il se consomme seul, en bouillie ou cuit à la vapeur, et est servi avec des légumes. La farine de sarrasin est utilisée pour la fabrication de galettes et de pâtes. L'index glycémique de la farine de sarrasin est plus élevé que celui des graines de sarrasin.

• Le blé à cuisson rapide (valeur de l'IG = 54) : les grains de blé subissent un traitement afin que le temps de cuisson soit réduit. Ce produit peut remplacer le riz. La composition chimique du blé ralentit le processus de digestion, ce qui se traduit par une diminution de la valeur de l'index glycémique.

• Le maïs doux (valeur de l'IG = 54) : cru, frais, congelé ou en conserve, le maïs est un aliment à privilégier. L'index glycémique des épis de maïs est inférieur à celui des chips de maïs ou des pétales de maïs (corn-flakes). Les enzymes digestives ont du mal à attaquer les grains de maïs non transformés.

• Le son d'avoine (valeur de l'IG = 55) : le son d'avoine non transformé est commercialisé dans de nombreux supermarchés avec le riz, la semoule, le sarrasin et les autres céréales. Sa teneur en glucides est inférieure à celle de l'avoine. Le son d'avoine est très riche en fibres, notamment en fibres solubles, d'où un faible index glycémique. Dans les gâteaux et les biscuits, remplacez une partie de la farine par du son d'avoine afin de diminuer l'indice glycémique du produit final.

• Le riz doongara (valeur de l'IG = 56) : cultivée en Australie, cette variété renferme de l'amidon riche en amylose et a un faible index glycémique.

• Le riz basmati (valeur de l'IG = 58) : la valeur de l'index glycémique est due à la teneur en amidon très riche en amylose.

Les céréales du petit déjeuner

En raison du mode de fabrication et de cuisson de ces produits, l'amidon contenu se digère vite et l'index glycémique est élevé. Le musli et les céréales à base d'avoine ont l'index le plus faible. Voici les index glycémiques de quelques produits largement commercialisés : All-Bran® (30 à 51, selon les spécificités des produits de la gamme), musli (39 à 66), Frosties® (55), flocons d'avoine (55).

Le pain

• Pains aux céréales (valeur de l'IG comprise entre 31 et 74) : l'index glycémique varie en fonction des céréales utilisées.

• Pain multigrains (valeur de l'IG = 41) : mélange de plusieurs farines complètes (blé, avoine, seigle, orge, sarrasin et son).

• Pain Pumpernickel®, ou pain noir (valeur de l'IG = 41) : composé de plusieurs farines enrichies avant tout de farine de seigle (80 à 90 %), ce pain au goût très prononcé est en général vendu coupé en fines tranches. Les farines utilisées n'étant pas de fine mouture, l'index glycémique est nettement inférieur à celui des pains classiques.

• Pain grillé aux raisins secs (valeur de l'IG comprise entre 44 et 54) : fabriqué avec de la farine blanche ou de la farine complète. Les fruits à faible index glycémique contribuent à diminuer l'index du produit final.

• Pain pita (valeur de l'IG = 57) : selon une étude canadienne, le pain à la surface irrégulière aurait un index glycémique inférieur à celui des autres pains.

Les produits laitiers

• Les yaourts (valeur de l'IG comprise entre 14 et 36) : produits à base de lait concentré, fermentés par deux bactéries actives et vivantes. Tous les yaourts, y compris les yaourts sucrés, ont un faible index glycémique. Lorsque des édulcorants sont utilisés, les yaourts sont moins caloriques et ont un index glycémique plus faible.

• Le lait (valeur de l'IG = 31) : le lactose, le sucre entrant dans la composition du lait, est un disaccharide (voir le chapitre 2, pp. 44-45). La lactase, l'enzyme produite par l'intestin grêle, décompose le lactose en deux sucres simples, le glucose et le galactose, qui, une fois séparés, sont assimilés par l'intestin. Ce processus assez long se traduit par une diminution de l'index glycémique, diminution d'autant plus importante que la teneur en protéines et en graisses est élevée.

• La crème anglaise (valeur de l'IG = 35) : son ingrédient de base étant le lait, la crème anglaise est donc riche en calcium, en protéines et en vitamines B. Figurent également sur la liste de ses ingrédients : du sucre (en petite quantité), de la vanille et un agent épaississant à base d'amidon.

• Les glaces (valeur de l'IG comprise entre 36 et 80) : privilégiez les produits allégés. La majorité des produits laitiers ont une valeur d'index glycémique très faible. Consommer des produits laitiers ralentit la vidange gastrique.

L'index glycémique dépend de la nature des glucides que vous ingérez.

Les fruits

• La cerise (valeur de l'IG = 22) : la valeur de l'index glycémique est en partie due à la présence de glucose et de fructose.

• La pêche (valeur de l'IG du fruit frais = 22 ; valeur de l'index glycémique des pêches au sirop sans sucres ajoutés = 52) : la teneur en saccharose (4,7 %), en acides et en fibres explique la faible valeur de l'index glycémique.

• Le pamplemousse (valeur de l'IG = 25) : sa valeur d'index glycémique serait due à la forte acidité du fruit, qui ralentit la vidange gastrique.

• L'abricot (valeur de l'IG des abricots secs = 30 ; valeur de l'IG des abricots en conserve = 64) : il a une teneur élevée en bêtacarotène. Les abricots secs sont très riches en potassium. Comme la pomme, l'abricot est riche en fructose (5 %), un sucre qui contribue à la diminution de l'index glycémique.

• La pomme (valeur de l'IG = 38) : les fruits sont des aliments à faible index glycémique faciles à intégrer dans notre alimentation. Une pomme de grosseur moyenne augmente l'apport en fibres de 3 g. La pomme est également riche en pectine, un gélifiant qui contribue à la diminution de l'index glycémique.

• La poire (valeur de l'IG du fruit frais = 38 ; valeur de l'IG des poires au sirop = 43) : comme pour la pêche, la faible valeur de l'index glycémique est avant tout due à la teneur en fructose (7 %).

• La prune (valeur de l'IG = 39) : sa teneur en glucose est presque identique à sa teneur en fructose et en saccharose. Plus la teneur en sucres est élevée, plus la vidange gastrique est lente et plus l'assimilation des nutriments est ralentie. La teneur en sucres pourrait également expliquer la valeur de l'indice glycémique.

• Le jus de pomme (valeur de l'IG = 40) : le fructose est le sucre le plus présent dans le jus de pomme (6,5 %). Le fructose a un faible index glycémique. Une teneur élevée en sucres ralentit la vitesse de vidange gastrique et, par-delà, ralentit l'assimilation tout en diminuant l'index glycémique.

• L'orange (valeur de l'IG = 42) : c'est bien connu, les oranges sont riches en vitamine C. Le sucre le plus abondant est le saccharose qui, avec la forte acidité du fruit, contribue à la diminution de l'index glycémique.

• Le raisin (valeur de l'IG = 46) : une proportion équilibrée de fructose et de glucose et une forte acidité sont deux paramètres communs aux fruits à faible index glycémique. Le raisin en est l'exemple type.

• Le jus d'ananas (valeur de l'IG = 46) : idem. Teneur en saccharose : 8 %.

• Les raisins secs (valeur de l'IG = 56) : ils sont moins acides que les raisins frais, ce qui pourrait expliquer pourquoi la valeur de l'index glycémique est plus élevée ; en effet, plus l'acidité est importante, plus l'index glycémique est faible.

• Le kiwi (valeur de l'IG = 58) : les teneurs en glucose et en fructose sont identiques. Très acide, le kiwi a un faible index glycémique. Particulièrement riche en vitamine C, un kiwi par jour suffit pour couvrir nos besoins en vitamine C.

Les fruits à écale

La teneur en glucides de ces aliments étant assez faible, il est difficile de mesurer leur index glycémique. La plupart des fruits à écale contiennent 50 % de lipides environ, notamment des graisses mono- et polyinsaturées, en d'autres termes des « bonnes » graisses. Plusieurs études ont montré qu'une petite poignée (30 g) de fruits à écale sans sel ajouté, plusieurs fois par semaine, diminue le taux de « mauvais » cholestérol, réduisant ainsi les risques de développer une maladie cardio-vasculaire.

• Les arachides (valeur de l'IG = 14) : ils entrent dans la catégorie des fruits à écale, bien qu'ils soient des légumineuses ; ils contiennent 25 % de glucides environ, qui n'ont qu'un faible effet sur le taux de glucose sanguin.

Se préoccuper uniquement de l'index glycémique des aliments n'est pas la solution.

Les légumineuses

• Les graines de soja (valeur de l'IG comprise entre 14 et 20) : du fait de leur teneur élevée en protéines et en lipides, ces aliments ont un index glycémique très faible. Les fibres visqueuses contenues dans les légumineuses rendent l'amidon moins accessible aux enzymes digestives.

• Les pois, les haricots et les lentilles (valeur de l'IG en général inférieur à 50) : ils appartiennent à la catégorie des légumineuses (valeur de l'IG comprise entre 10 et 70). Les produits en conserve ont un index glycémique légèrement supérieur à celui des produits que l'on fait cuire soi-même, la température au cours de la cuisson étant plus élevée dans le premier cas.

• Les petits pois (valeur de l'IG = 48) : ils sont riches en fibres et plus riches en protéines que la plupart des légumes. Les interactions entre les protéines et l'amidon expliquent la valeur de l'index glycémique. Le goût sucré des petits pois est dû à la teneur en saccharose (avoisinant les 4 %).

Les légumes

La plupart des légumes étant assez pauvres en glucides, il est donc difficile de mesurer leur index glycémique. Par ailleurs, il faudrait consommer des quantités énormes de légumes pour que la glycémie varie.

• La patate douce (valeur de l'IG : 44) : en dépit de son nom, la patate douce n'est pas de la même famille que la pomme de terre, qui a un index glycémique plus élevé ; la couleur varie en fonction de la variété : blanche ou jaune orangé. Le goût sucré est dû à la forte teneur en saccharose. La patate douce est riche en fibres.

CHAPITRE 7

TRENTE-NEUF RECETTES
À INDEX GLYCÉMIQUE FAIBLE OU MOYEN

Avertissement

Toutes les recettes que nous vous offrons ici ont été analysées grâce au logiciel de traitement de données nutritionnelles FoodWorks®, mis au point et commercialisé par la société australienne Xyris Software Pty Ltd. Pour chacune d'entre elles sont précisés l'index glycémique, le nombre de kilocalories (kilojoules) et la teneur en glucides, en lipides et en fibres dans une portion. Toutes ces informations vous aideront à déterminer si telle ou telle recette répond à vos besoins.

• L'index glycémique : pour chaque recette, nous avons fait une estimation de l'index glycémique (faible ou moyen). En effet, il est parfois difficile de définir avec précision sa valeur, en particulier lorsque, dans une recette, les glucides sont sous une forme différente de celle sous laquelle l'index glycémique de base a été défini.

• L'énergie : elle est exprimée en kilocalories (kilojoules) fournies par une portion. Une femme âgée de dix-huit à cinquante-quatre ans et pratiquant une activité physique modérée consomme environ 1 900 kcal (7 950 kJ)/jour, contre 2 400 kcal (10 045 kJ)/jour pour un homme. Les personnes ayant une activité physique plus forte ont besoin d'un apport énergétique plus élevé.

173

• Les glucides : il est inutile de calculer la quantité précise de glucides que vous consommez chaque jour. Toutefois, si vous êtes un sportif de haut niveau ou si vous avez du diabète, connaître la teneur en glucides d'un plat peut vous être nécessaire. Pour que la moitié de l'apport énergétique soit fourni par des glucides, une femme doit en moyenne consommer 200 g de glucides par jour, contre 300 g pour un homme. Pour un sportif de haut niveau, une consommation de glucides comprise entre 300 et 700 g couvre 50 à 60 % de ses besoins énergétiques. Si, pour chaque recette, vous multipliez la teneur en glucides par portion par l'index glycémique, vous obtiendrez la charge glycémique (voir pp. 60-61 et les listes d'aliments rassemblées dans la quatrième partie).

• Les lipides : nous avons veillé à sélectionner des recettes pauvres en graisses, notamment en graisses saturées. Par ailleurs, les matières grasses utilisées sont avant tout des graisses mono- et polyinsaturées. Les acides gras essentiels oméga-3 contenus dans le poisson et les crustacés ayant des effets bénéfiques sur l'organisme, nous vous proposons un certain nombre de recettes à base de produits de la mer. De même, nous vous conseillons de choisir des œufs enrichis en oméga-3. La quantité de graisses que chacun d'entre vous doit consommer dépend, d'une part de l'apport calorique, d'autre part de la composition des aliments sur lesquels repose votre régime alimentaire. Une personne suivant un régime pauvre en graisses devrait, dans l'idéal, consommer entre 30 et 60 g de matière grasse par jour. Si votre objectif n'est pas de perdre du poids, l'apport en graisses peut être supérieur, à condition toutefois de privilégier les graisses insaturées.

• Les fibres : la plupart de nos recettes sont riches en fibres – solubles et insolubles. On recommande un apport en fibres de 30 g/jour au moins. Les personnes diabétiques doivent, si possible, consommer 40 g/jour de fibres ; à titre indicatif, une tranche de pain complet fournit 2 g de fibres, contre 4 g pour une pomme de grosseur moyenne. Certaines recettes sont données à titre de curiosité, car elles peuvent sembler peu adaptées au mode alimentaire français. Cependant, vous pourrez vous y aventurer avec bonheur.

Petits déjeuners

Galettes à la patate douce et au maïs avec tomates poêlées
au basilic
Musli aux fruits frais
Crêpes au babeurre avec pêches confites

Galettes à la patate douce et au maïs avec tomates poêlées au basilic

Pour 10 galettes :
125 g de farine à la levure – 40 g de flocons d'avoine – 1 œuf
légèrement battu – 125 ml de lait écrémé – 1 boîte de 270 g de
maïs égoutté – 1 petite patate douce (150 g) épluchée et râpée –
Poivre noir fraîchement moulu – 3 à 4 tomates bien mûres,
coupées en rondelles de 1 cm d'épaisseur – Une poignée de
feuilles fraîches de basilic

Faible IG

Par portion :
90 kcal (386 kJ).
Glucides : 15 g.
Lipides : 1 g.
Fibres : 2 g.

---

1. Dans un saladier de taille moyenne, mélangez la farine et les flocons d'avoine. À l'aide d'un fouet, incorporez l'œuf battu et le lait puis le maïs, la patate douce râpée et le poivre.
2. Huilez légèrement une poêle antiadhésive et faites-la chauffer à feu doux. Versez plusieurs cuillerées de pâte dans

la poêle chaude et laissez cuire 2 min jusqu'à ce que de petites bulles se forment à la surface. Retournez la galette et laissez cuire l'autre face pendant 1 à 2 min. Réservez au chaud. Procédez ainsi jusqu'à ce qu'il ne reste plus de pâte.

3. Une fois les galettes faites, huilez à nouveau légèrement la poêle et faites-la chauffer à feu doux. Jetez les rondelles de tomates dans la poêle et faites-les dorer pendant 2 min. Retournez-les, saupoudrez de basilic et laissez cuire jusqu'à ce que les tomates ramollissent. Disposez les tomates et le basilic sur les galettes. Servez.

Musli aux fruits frais

Pour 2 portions :
80 g de flocons d'avoine – 150 ml de lait écrémé – 1 cuillère à soupe de raisins secs – 100 g de yaourt à 0 % de matière grasse – 40 g d'amandes râpées – 1 pomme râpée – Jus de citron (facultatif) – Fruits frais : fraises, poires, prunes ou fruits de la passion

---

Faible IG

Par portion :
365 kcal (1 540 kJ).
Glucides : 50 g.
Lipides : 11 g.
Fibres : 6 g.

---

1. Dans un saladier, mélangez les flocons d'avoine, le lait et les raisins secs. Couvrez et laissez pendant 12 h au réfrigérateur.

2. Ajoutez le yaourt, les amandes et la pomme. Mélangez soigneusement.

3. Versez quelques gouttes de jus du citron (facultatif) et servez avec des fruits frais.

Crêpes au babeurre avec pêches confites

Pour 4 portions :

100 g de flocons d'avoine ou de son d'avoine – 500 ml de babeurre ou de kéfir – 75 g de fruits secs mélangés, coupés en morceaux – 75 g de farine tamisée – 2 cuillères à café de sucre – 1 cuillère à café de bicarbonate de soude – 1 œuf légèrement battu – 2 cuillères à café de margarine mono- ou polyinsaturée – Du lait écrémé (facultatif)

Pour les pêches confites :

1 cuillère à soupe de margarine mono- ou polyinsaturée – 1 cuillère à soupe de cassonade – 6 pêches (abricots ou nectarines) de grosseur moyenne

---

Faible IG

Par portion :
420 kcal (1 770 kJ).
Glucides : 60 g.
Lipides : 12 g.
Fibres : 6 g.

Voici des crêpes dorées et légères à servir avec des fruits à noyau tièdes.

1. Dans un saladier, mélangez les flocons d'avoine (ou le son d'avoine) et le babeurre (ou le kéfir). Laissez reposer pendant 10 min.

2. Incorporez les fruits secs, la farine, le sucre, le bicarbonate de soude, l'œuf et la margarine. Mélangez soigneusement et laissez reposer pendant 1 h.

3. Si le mélange est trop épais, ajoutez un peu de lait écrémé.

4. Graissez légèrement une poêle antiadhésive avec de la margarine. Versez environ 3 cuillères à soupe de pâte dans la poêle et laissez cuire à feu vif jusqu'à ce que des

petites bulles se forment à la surface et que le dessous de la crêpe commence à brunir. Retournez la crêpe et faites cuire l'autre face. Procédez ainsi jusqu'à ce qu'il ne reste plus de pâte.

5. Réservez au chaud.

6. *Préparation des pêches confites :* versez la margarine et la cassonade dans une poêle. Faites chauffer à feu doux sans cesser de remuer. Lorsque la cassonade est entièrement dissoute, ajoutez les fruits coupés en tranches et laissez cuire pendant 2 à 3 min jusqu'à ce qu'ils ramollissent. Répartissez quelques tranches de cette préparation sur chaque crêpe. Dégustez sans attendre.

Déjeuners légers

Salade de champignons marinés et de boulgour
Soupe à l'orge et aux lentilles minestrone
Soupe aux pois cassés
Taboulé
Lasagnes aux légumes
Pâtes aux champignons
Pâtes primavera
Nouilles chinoises à la sauce piquante

Salade de champignons marinés et de boulgour

Pour 4 à 6 portions :
125 g de champignons de Paris coupés en fines lamelles –
2 oignons nouveaux émincés finement – 160 g de boulgour
Pour la marinade :
3 cuillères à soupe de jus de citron – 3 cuillères à soupe d'huile
d'olive – 1 cuillère à café de cassonade – 1 gousse d'ail écrasée –
2 cuillères à soupe de persil haché finement – Quelques feuilles
de menthe hachées finement

Faible IG

Par portion :
195 kcal (810 kJ).
Glucides : 22 g.
Lipides : 10 g.
Fibres : 5 g.

Voilà une salade très nourrissante, particulièrement riche en fibres.

1. Préparation de la marinade : mélangez tous les ingrédients dans un saladier. Ajoutez les champignons et les oignons et recouvrez-les de marinade. Couvrez et laissez pendant 1 h au réfrigérateur jusqu'à ce que les champignons ramollissent et soient imprégnés de l'odeur de la marinade.

2. Pendant ce temps, versez le boulgour dans un saladier. Recouvrez d'eau chaude. Laissez reposer pendant 30 min environ jusqu'à ce que les grains de blé aient absorbé l'eau et ramollissent.

3. Égouttez le boulgour et retirez l'excès d'eau en enveloppant les grains dans du papier absorbant. Mélangez le boulgour et les champignons, puis versez le tout dans un plat.

Soupe à l'orge et aux lentilles

Pour 4 à 6 portions :
1 cuillère à soupe d'huile – 1 gros oignon (150 g) émincé finement – 2 gousses d'ail écrasées ou 2 cuillères à café d'ail en poudre – ½ cuillère à café de curcuma – 2 cuillères à café de curry en poudre – ½ cuillère à café de cumin en poudre – 1 cuillère à café de piment rouge en poudre – 1,5 l d'eau – 375 ml de bouillon de poulet – 200 g de lentilles rouges – 100 g d'orge perlé – 1 boîte de 425 g de tomates concassées avec le jus – Sel – Poivre noir fraîchement moulu – Persil ou coriandre hachés (pour décorer)

Faible IG

Par portion :
180 kcal (760 kJ).
Glucides : 25 g.
Lipides : 5 g.
Fibres : 5 g.

Voilà une soupe très nourrissante, fortement appréciée en hiver.

1. Faites chauffer l'huile dans une grande casserole. Ajoutez l'oignon, couvrez et laissez cuire à feu doux pendant 10 min environ – jusqu'à ce que l'oignon commence à brunir – en remuant fréquemment.

2. Ajoutez l'ail, le curcuma, le curry, le cumin et le piment rouge, et laissez cuire pendant 1 min supplémentaire en remuant.

3. Versez l'eau, le bouillon de poulet, les lentilles, l'orge et les tomates. Salez et poivrez selon votre goût. Portez à ébullition, couvrez et laissez mijoter pendant 45 min environ, jusqu'à ce que les lentilles et l'orge ramollissent.

4. Saupoudrez de persil ou de coriandre et servez.

Minestrone

Pour 6 portions :

100 g de haricots blancs secs ou 310 g de haricots blancs en conserve, rincés et égouttés – Huile – 2 oignons de grosseur moyenne (240 g) émincés – 2 gousses d'ail écrasées – 300 g environ de lard – 2,5 l d'eau – 5 cubes de bouillon de bœuf – 3 carottes (360 g) coupées en dés – 2 branches de céleri (160 g) coupées en morceaux – 2 petites courgettes (200 g) coupées en morceaux – 4 tomates (400 g) coupées en dés – 60 g de petits macaronis – 2 cuillères à soupe de persil haché – Poivre noir fraîchement moulu – Parmesan râpé (facultatif)

Faible IG

Par portion :
120 kcal (510 kJ).
Glucides : 18 g.
Lipides : 2 g.
Fibres : 7 g.

Voilà une soupe très copieuse à déguster avec du pain frais et une salade verte.

1. Si vous utilisez des haricots secs, recouvrez-les entièrement d'eau et laissez-les tremper pendant une nuit.

2. Faites chauffer un peu d'huile dans une grande casserole à fond épais. Jetez les oignons et l'ail, et laissez-les cuire pendant 5 min environ, jusqu'à ce qu'ils ramollissent. Ajoutez le lard, l'eau, le bouillon de bœuf en cubes et les haricots égouttés. Portez à ébullition, couvrez et laissez mijoter pendant 2 h 30 environ, jusqu'à ce que les haricots ramollissent (si vous utilisez des haricots en conserve, portez-les simplement à ébullition).

3. Ajoutez les carottes, le céleri, les courgettes et les tomates. Couvrez et laissez mijoter pendant 1 h à feu doux.

4. Enlevez le couvercle, retirez le lard et versez les macaronis. Laissez mijoter 10 à 15 min supplémentaires, jusqu'à ce que les macaronis soient cuits.

5. Poivrez selon votre goût et saupoudrez de persil et de parmesan (facultatif).

Soupe aux pois cassés

Pour 6 portions :
500 g de pois cassés – 500 g de lard ou de jambon à l'os – 3 l d'eau – 1 cuillère à café d'huile – 1 oignon de grosseur moyenne (120 g) émincé finement – 1 carotte de grosseur moyenne (120 g) coupée en petits morceaux – 1 branche de céleri (80 g)

émincée finement – 1 feuille de laurier – ½ cuillère à café de thym – Le jus d'½ citron – Poivre noir fraîchement moulu

---

Faible IG

Par portion :
260 kcal (1 100 kJ).
Glucides : 39 g.
Lipides : 3 g.
Fibres : 9 g.

---

1. La veille, mettez les pois cassés à tremper dans de l'eau.

2. Triez et rincez les pois cassés. Mettez-les dans une grande casserole puis ajoutez le lard (ou le jambon à l'os) et l'eau. Portez à ébullition. Laissez refroidir puis conservez au réfrigérateur pendant une nuit.

3. Le lendemain, retirez la graisse à la surface. Portez à ébullition, couvrez et laissez mijoter pendant 2 h.

4. Retirez le lard (ou le jambon à l'os). Décollez toute la viande collée à l'os et remettez-la dans la soupe.

5. Dans une poêle, faites chauffer l'huile. Jetez l'oignon, la carotte et le céleri. Laissez cuire pendant 10 min environ jusqu'à ce que les différents ingrédients commencent à brunir, puis versez-les dans la soupe. Ajoutez la feuille de laurier et le thym. Couvrez, laissez mijoter pendant 20 min puis retirez la feuille de laurier.

6. Mixez la soupe. Si elle est trop épaisse, ajoutez un peu d'eau.

7. Versez le jus de citron et poivrez selon votre goût. Si besoin, réchauffez avant de servir.

Taboulé

Pour 4 portions :
110 g de boulgour (blé concassé) – 50 g de persil à feuilles plates, haché finement – 1 petit oignon (100 g) ou 3 à

4 échalotes hachées finement – 1 tomate de grosseur moyenne (100 g) coupée en petits morceaux
Pour l'assaisonnement :
2 cuillères à soupe de jus de citron fraîchement pressé – 2 cuillères à soupe d'huile d'olive – Une pincée de sel – ½ cuillère à café de poivre noir fraîchement moulu
Pour la variante :
1 concombre coupé en petits morceaux – 1 gousse d'ail écrasée ou 2 cuillères à soupe de menthe fraîche émincée – Vinaigre – Jus de citron

---

Faible IG

Par portion :
160 kcal (680 kJ).
Glucides : 15 g.
Lipides : 10 g.
Fibres : 5 g.

Le taboulé sera plus parfumé et plus savoureux si vous le préparez à l'avance. Ce plat se conserve pendant plusieurs jours au réfrigérateur.

1. Recouvrez le boulgour d'eau chaude et laissez reposer pendant 20 à 30 min jusqu'à ce que les grains ramollissent. Égouttez puis absorbez l'excédent d'eau avec un torchon.

2. Dans un saladier, mélangez le boulgour, le persil, l'oignon et la tomate.

3. Préparation de l'assaisonnement : mettez tous les ingrédients dans un récipient avec un couvercle hermétique et secouez jusqu'à ce que le mélange soit homogène.

4. Versez la sauce sur le boulgour et mélangez soigneusement.

5. Préparation de la variante : ajoutez un concombre coupé en petits morceaux, une gousse d'ail écrasée ou deux cuillères à soupe de menthe fraîche émincée. Le taboulé peut être assaisonné avec du vinaigre et du jus de citron.

Lasagnes aux légumes

Pour 6 portions :
1 botte d'épinards triés et lavés – 200 g de lasagnes – 2 cuillères à soupe (20 g) de parmesan ou de gruyère râpé
Pour la sauce aux légumes :
2 cuillères à café d'huile – 2 oignons de grosseur moyenne (240 g) émincés – 2 gousses d'ail écrasées ou 2 cuillères à café d'ail en poudre – 250 g de champignons coupés en fines lamelles – 1 petit poivron vert (100 g) coupé en petits morceaux – 140 g de concentré de tomates – 1 boîte de 440 g de haricots blancs et rouges, rincés et égouttés – 1 boîte de 440 g de tomates concassées avec le jus – 1 cuillère à café d'herbes de Provence
Pour la sauce au fromage :
20 g de margarine mono- ou polyinsaturée – 1 cuillère à soupe de farine – 375 ml de lait écrémé – 60 g de fromage allégé râpé – Une pincée de noix de muscade – Poivre noir finement moulu

---

Faible IG

Par portion :
340 kcal (1 420 kJ).
Glucides : 44 g.
Lipides : 10 g.
Fibres : 9 g.

Une couche d'épinards, une couche de fromage, une couche de lasagnes, une sauce onctueuse et… le tour est joué. Plongez quelques secondes les lasagnes dans de l'eau bouillante afin qu'elles ramollissent et cuisent plus vite.

1. Faites blanchir les épinards ou faites-les cuire à la vapeur jusqu'à ce que les feuilles flétrissent. Égouttez-les soigneusement.

2. *Préparation de la sauce aux légumes :* faites chauffer l'huile dans une poêle antiadhésive. Jetez les oignons et l'ail,

et laissez cuire pendant 5 min jusqu'à ce qu'ils ramollissent. Ajoutez les champignons et le poivron, et laissez cuire 3 min supplémentaires en remuant de temps à autre. Incorporez le concentré de tomates, les haricots, les tomates et les herbes de Provence. Portez à ébullition, couvrez à moitié et laissez cuire à feu doux pendant 15 à 20 min.

3. *Préparation de la sauce au fromage :* faites fondre la margarine dans une casserole ou dans un récipient allant au micro-ondes. Incorporez la farine sans cesser de remuer et laissez cuire pendant 1 min (ou 30 secondes au micro-ondes à la puissance maximale). Retirez du feu et ajoutez peu à peu le lait jusqu'à l'obtention d'un mélange lisse et onctueux. Portez à ébullition à feu doux et laissez la sauce épaissir en remuant régulièrement (ou mettez au micro-ondes à la puissance maximale). Retirez du feu et incorporez le fromage râpé, la noix de muscade et le poivre.

4. Versez la moitié de la sauce aux légumes dans un plat rectangulaire allant au four (environ 16 × 28 cm). Recouvrez avec une couche de lasagnes puis répartissez sur le dessus la moitié des épinards. Étalez une fine couche de sauce au fromage puis versez le reste de la sauce aux légumes et des épinards. Mettez une seconde couche de lasagnes et recouvrez avec le reste de sauce au fromage. Saupoudrez de parmesan ou de gruyère.

5. Couvrez avec une feuille de papier aluminium et faites cuire au four (180 °C) pendant 40 min. Retirez la feuille de papier aluminium et laissez cuire 30 min supplémentaires, jusqu'à ce que le dessus soit doré.

Pâtes aux champignons

Pour 4 portions :
300 g de macaronis ou autres petites pâtes – 2 cuillères à soupe de persil haché finement – 2 cuillères à soupe de parmesan finement râpé

Pour la sauce :
2 cuillères à café d'huile d'olive – 1 oignon de grosseur moyenne (120 g) émincé finement – 1 gousse d'ail écrasée ou 1 cuillère à café d'ail en poudre – 500 g de champignons – 1 cuillère à café de paprika – 2 cuillères à café de moutarde de Dijon – 2 cuillères à soupe de concentré de tomates – 375 ml de lait concentré écrémé – 30 g de gruyère râpé – 40 g d'oignon nouveau émincé – Poivre noir fraîchement moulu

---

Faible IG

Par portion :
440 kcal (1 860 kJ).
Glucides : 68 g.
Lipides : 7 g.
Fibres : 8 g.

Une recette rapide à préparer quand la saison des champignons est arrivée, à condition bien sûr d'avoir tous les ingrédients sous la main. Les champignons qui poussent sur un sol enrichi en compost à base de matières animales sont sources de vitamine B3 (niacine) et de vitamine B12 (cobalamines).

1. Faites cuire les pâtes dans une grande casserole d'eau bouillante sans couvrir. Lorsque les pâtes sont cuites, égouttez-les. Réservez au chaud.

2. Préparation de la sauce : faites chauffer l'huile d'olive dans une poêle antiadhésive ; jetez l'oignon, l'ail et les champignons, et laissez cuire pendant 5 min environ jusqu'à ce que les ingrédients ramollissent.

3. Dans un petit récipient, mélangez le paprika, la moutarde, le concentré de tomates et le lait. Versez le mélange sur les champignons et ajoutez le fromage. Faites cuire à feu doux pendant 5 min en remuant fréquemment.

4. Ajoutez l'oignon nouveau et poivrez selon votre goût.

5. Versez la sauce sur les pâtes et mélangez soigneusement. Saupoudrez de persil et de parmesan.

Pâtes primavera

Pour 2 portions :
150 g de spaghettis crus ou toutes autres pâtes – 3 tomates de grosseur moyenne (160 g) – 1 cuillère à soupe d'huile d'olive – 1 cuillère à soupe de câpres égouttées – 1 gousse d'ail écrasée ou 1 cuillère à soupe d'ail en poudre – Le jus d'1 citron – 1 cuillère à soupe de sauce au piment doux – Poivre noir – Des feuilles de basilic coupées en fines lanières – Une poignée d'oignons émincés

---

Faible IG

Par portion :
415 kcal (1 750 kJ).
Glucides : 65 g.
Lipides : 10 g.
Fibres : 7 g.

Voilà un plat délicieux, léger et rapide à préparer.

1. Faites cuire les spaghettis dans une grande casserole d'eau bouillante en suivant les instructions sur l'emballage.

2. Pendant ce temps, coupez les tomates en dés. Dans un saladier, mélangez-les avec l'huile d'olive, les câpres, l'ail, le jus de citron, la sauce au piment doux, le poivre, le basilic et les oignons.

3. Égouttez les spaghettis et remettez-les dans la casserole. Versez dessus la préparation à base de tomates et mélangez soigneusement. Servez chaud.

Nouilles chinoises à la sauce piquante

Pour 4 portions (servir avec de la viande) :
250 g de nouilles chinoises aux œufs – 2 cuillères à café d'huile – 2 gousses d'ail écrasées ou 2 cuillères à café d'ail en poudre – 1 cuillère à café de gingembre en poudre – 1 cuillère à café de piment rouge en poudre – 6 oignons nouveaux coupés en rondelles – 1 cuillère à soupe de beurre de cacahouète ramolli – 2 cuillères à soupe de sauce de soja – 250 ml de bouillon de poulet

---

Faible IG

Par portion :
280 kcal (1 170 kJ).
Glucides : 45 g.
Lipides : 6 g.
Fibres : 4 g.

---

1. Jetez les nouilles chinoises dans une grande casserole d'eau bouillante sans couvrir. Au bout de 5 min, vérifiez que les nouilles sont cuites et égouttez-les.

2. Pendant la cuisson des nouilles, faites chauffer l'huile dans une poêle antiadhésive. Ajoutez l'ail, le gingembre, le piment rouge, les oignons nouveaux et faites revenir le tout pendant 1 min. Retirez du feu.

3. Incorporez le beurre de cacahouète et la sauce soja, puis ajoutez peu à peu le bouillon de poulet. Mélangez jusqu'à l'obtention d'une préparation lisse et onctueuse. Laissez mijoter à feu doux pendant 2 min.

4. Versez les nouilles dans la sauce et mélangez soigneusement. Servez immédiatement.

5. Vous pouvez ajouter à ces nouilles des petits morceaux de poulet ou de viande et un mélange de légumes asiatiques prêts à consommer.

Dîners

Couscous marocain au poulet
Ragoût de bœuf pimenté
Moules sur lit de ratatouille et de riz basmati
Frittata aux épinards, à la feta et aux haricots
Poulet aigre-doux avec purée de patates douces et légumes verts
Porc et nouilles hokkien aux noix de cajou grillées
Salade chaude d'agneau et de pois chiches
Kebab marocain

Ragoût d'hiver au piment rouge
Gratin de légumes
Gratin de riz au fromage
Croquettes de bœuf et de lentilles

Couscous marocain au poulet

Pour 6 portions :
2 cuillères à café de cumin en poudre – 2 cuillères à café de coriandre hachée – 1 cuillère à café de fenouil haché – 1 boîte de 400 g de pois chiches égouttés – 2 gousses d'ail émincées finement – 2 piments rouges émincés finement – 1 cuillère à soupe d'huile d'olive – 500 g de blancs de poulet parés – ½ bouquet de persil à feuilles plates haché grossièrement – 1 citron confit coupé en fines rondelles – 125 ml de vin blanc sec – 200 g de semoule – 90 g de raisins secs – Le jus d'un citron – Sel – Poivre noir fraîchement moulu

Faible IG
Par portion :
360 kcal (1 500 kJ).
Glucides : 43 g.
Lipides : 9 g.
Fibres : 4 g.

1. Dans un saladier, mélangez le cumin, la coriandre et le fenouil. Versez les pois chiches et mélangez soigneusement.
2. Faites chauffer l'huile d'olive dans un grand wok ou dans une poêle, et faites revenir l'ail et les piments rouges pendant 1 min sans cesser de remuer.
3. Versez les pois chiches dans le wok (ou dans la poêle) et laissez cuire jusqu'à ce que les arômes se mélangent, soit pendant 2 min environ. Transvasez les pois chiches dans un grand saladier et réservez.
4. Versez une cuillère à soupe d'huile d'olive dans le wok (ou dans la poêle) et faites revenir les blancs de poulet

pendant 4 min environ. Ajoutez les pois chiches, le persil et les rondelles de citron confit. Mélangez délicatement.

5. Préparation de la sauce : déglacez le wok (ou la poêle) avec le vin blanc et laissez mijoter pendant 2 min.

6. Versez la sauce sur le poulet et les pois chiches, et gardez au chaud.

7. Mettez la semoule et les raisins secs dans un grand saladier et versez 250 ml d'eau bouillante dessus. Laissez gonfler les grains, égrenez à la fourchette puis versez le jus de citron. Salez et poivrez. Servez avec la viande et les pois chiches.

Ragoût de bœuf pimenté

Pour 8 portions :

500 g de rumsteck coupé en dés — 40 g de farine — Sel — Poivre noir fraîchement moulu — 1 cuillère à soupe d'huile d'olive — 350 g d'oignon émincé grossièrement — 3 gousses d'ail émincées grossièrement — 1 piment rouge émincé grossièrement — 600 g de patates douces pelées et coupées en gros dés — 1,5 l de bouillon de bœuf — 2 cuillères à soupe (50 g) de concentré de tomates — 1 cuillère à soupe de moutarde en grains — 2 branches de céleri coupées en rondelles — 1 gros poivron rouge (400 g) coupé en deux, épépiné et coupé en gros dés — 170 g de maïs — 1 boîte de 600 g de tomates pelées et concassées avec le jus — 1 boîte de 400 g de haricots borlotti égouttés — 70 g de nouilles (torti) cuites — 50 g d'olives kalamata noires — ½ bouquet de persil haché grossièrement

---

Faible IG

Par portion :
320 kcal (1 350 kJ).
Glucides : 40 g.
Lipides : 7 g.
Fibres : 8 g.

---

1. Dans un grand saladier, mélangez la farine, le sel et le poivre. Roulez les morceaux de rumsteck dans la farine.

2. Chauffez l'huile dans une cocotte (contenance de 6 l environ) et faites revenir l'oignon, l'ail et le piment rouge pendant 1 min environ, puis faites dorer les morceaux de viande sur toutes les faces.

3. Ajoutez les patates douces, le bouillon de bœuf, le concentré de tomates, la moutarde en grains, le céleri, le poivron rouge, le maïs et les tomates. Salez et poivrez. Couvrez et laissez mijoter à feu doux pendant 1 h 30 environ en remuant de temps à autre.

4. Retirez le couvercle et ajoutez les haricots borlotti, les nouilles et les olives. Laissez mijoter 5 min supplémentaires et saupoudrez de persil. Servez immédiatement.

Moules sur lit de ratatouille et de riz basmati

Pour 4 portions :
1 grosse aubergine (300 g) coupée en cubes de 1 cm – 1 gros poivron rouge (200 g) coupé en deux, épépiné et coupé en morceaux (1 cm environ) – 4 courgettes (300 g) coupées en rondelles de 2 cm d'épaisseur – 1 gros oignon (200 g) émincé grossièrement – 3 gousses d'ail émincées grossièrement – 1 cuillère à soupe d'huile de graines de moutarde – 1 boîte de 440 g de tomates concassées avec le jus – 500 ml d'eau – 4 feuilles de laurier – 2 brins de thym frais – Sel – Poivre noir fraîchement moulu – 8 feuilles de basilic frais – 110 g de riz basmati – 500 g de moules (une vingtaine) – 250 ml de vin blanc sec – 250 ml d'eau – 2 feuilles de laurier – 10 grains de poivre noir

---

Faible IG

Par portion :
390 kcal (1 630 kJ).
Glucides : 56 g.
Lipides : 7 g.
Fibres : 6 g.

Pour que la ratatouille soit plus parfumée, préparez-la la veille et faites-la réchauffer à feu doux.

1. Mettez les morceaux d'aubergine dans une passoire. Salez et laissez reposer pendant 30 min. Rincez à l'eau froide, égouttez et séchez avec du papier absorbant.

2. Dans une grande casserole, faites chauffer l'huile et jetez l'aubergine, le poivron rouge, les courgettes, l'oignon et l'ail. Laissez revenir pendant 2 min, puis ajoutez les tomates, l'eau et les herbes aromatiques. Salez et poivrez. Laissez mijoter pendant 45 min à feu doux en remuant de temps à autre. Retirez les feuilles de laurier et le thym. Hachez les feuilles de basilic et incorporez-les dans la ratatouille.

3. Portez 2 l d'eau salée à ébullition et faites cuire le riz basmati pendant 11 min. Égouttez immédiatement et réservez au chaud.

4. Triez les moules (en prenant soin de jeter celles dont la coquille est cassée) et mettez-les à tremper dans l'eau froide. Grattez-les et retirez les filaments.

5. Dans une casserole, portez le vin blanc, l'eau, les feuilles de laurier et les grains de poivre à ébullition. Laissez réduire et transvasez les moules dans la casserole. Couvrez et laissez mijoter pendant 2 min environ à feu doux. Retirez les moules au fur et à mesure que les coquilles s'ouvrent. Jetez les moules dont la coquille ne s'ouvre pas.

6. Mettez le riz au milieu d'un plat, recouvrez-le de ratatouille et disposez les moules sur le dessus.

Frittata aux épinards, à la feta et aux haricots

Pour 8 portions :

1 paquet de 300 g d'épinards hachés surgelés (les faire décongeler à température ambiante) – 1 cuillère à café de noix de muscade – 150 g de feta émiettée – 1 boîte de 400 g de haricots rouges égouttés – 3 ou 4 échalotes émincées finement –

2 gousses d'ail émincées finement – 60 ml d'huile d'olive, d'arachide ou de toute autre huile mono- ou polyinsaturée – 5 œufs enrichis en oméga-3 légèrement battus – Sel – Poivre – 85 g de farine à la levure

---

Faible IG

Par portion :
227 kcal (950 kJ).
Glucides : 13 g.
Lipides : 13 g.
Fibres : 5 g.

---

1. Préchauffez le four à 180 °C.
2. Huilez légèrement huit petits ramequins allant au four.
3. Dans un grand saladier, mélangez les épinards, la noix de muscade, la feta, les haricots, les échalotes et l'ail.
4. Incorporez délicatement l'huile, les œufs, le sel, le poivre et la farine.
5. Répartissez la préparation dans les ramequins et enfournez-les immédiatement. Laissez dorer et lever la préparation pendant 35 à 40 min. Servez chaud ou froid.

Poulet aigre-doux avec purée de patates douces et légumes verts

Pour 2 portions :
Pour la purée de patates douces :
500 g de patates douces épluchées et coupées en morceaux – 90 ml de lait écrémé – 1 cuillère à soupe de sauce aigre-douce
Pour le poulet aigre-doux :
2 blancs de poulet (350 g environ) coupés en lanières – 1 cuillère à café d'huile – 250 ml de bouillon de poulet – 2 cuillères à café de sauce de soja pauvre en sodium – 1 cuillère à soupe de sauce aigre-douce – 1 cuillère à soupe de maïzena – 2 cuillères à café de gingembre frais râpé – Quelques feuilles de coriandre fraîches

Pour les légumes verts sautés à la poêle :
1 cuillère à café d'huile – 1 grosse poignée de petits pois mange-tout – Des légumes verts : brocolis et choux chinois – 2 courgettes de grosseur moyenne

---

Faible IG

Par portion :
530 kcal (2 230 kJ).
Glucides : 49 g.
Lipides : 15 g.
Fibres : 9 g.

---

1. Faites cuire les morceaux de patates douces dans de l'eau bouillante ou au four à micro-ondes. Égouttez-les et écrasez-les en purée en versant peu à peu le lait et la sauce aigre-douce. Gardez au chaud.

2. Dans un wok (ou une grande poêle) légèrement huilé, faites revenir les blancs de poulet. Lorsqu'ils sont dorés sur toutes les faces, retirez-les du feu et gardez-les au chaud.

3. Rajoutez une cuillère à café d'huile dans le wok (ou la poêle). Quand l'huile est chaude, jetez les courgettes et les petits pois. Laissez-les cuire pendant quelques minutes et ajoutez les brocolis et les choux chinois. Surveillez la cuisson afin que les légumes restent croquants. Dans un saladier, mélangez les ingrédients restants, puis versez-les dans le wok (ou la poêle). Ajoutez le poulet et laissez la sauce épaissir en remuant régulièrement.

4. Répartissez la purée de patates douces dans les assiettes et disposez dessus les légumes verts et le poulet.

Porc et nouilles hokkien aux noix de cajou grillées

Pour 4 portions :
1 cuillère à soupe d'huile – 500 g de lanières de porc – 1 paquet de nouilles hokkien (300 g) – 1 poivron rouge de

grosseur moyenne (150 g) coupé en fines lanières – 200 g de fleurs de brocolis – 1 gousse d'ail écrasée – 2 cuillères à café de gingembre frais finement râpé – 150 g de petits pois mangetout équeutés et coupés en trois – 200 g de champignons de Paris coupés en fines lamelles – 1 petit chou chinois épluché, lavé et coupé en huit dans le sens de la longueur – 6 oignons nouveaux coupés en diagonale – 1 cuillère à soupe de sauce soja pauvre en sodium – 1 cuillère à soupe de sauce hoisin – 1 cuillère à soupe de miel – 80 g de noix de cajou grillées

---

Faible IG

Par portion :
580 kcal (2 430 kJ).
Glucides : 56 g.
Lipides : 19 g.
Fibres : 8 g.

---

1. Faites chauffer un wok (ou une grande poêle) à feu vif. Versez la moitié de l'huile et laissez chauffer. Jetez un tiers du porc dans la poêle bien chaude et faites revenir les morceaux pendant 1 à 2 min. Retirez les morceaux et gardez-les au chaud dans une assiette recouverte d'une feuille d'aluminium. Procédez ainsi avec le restant de la viande.

2. Faites cuire les nouilles en suivant les instructions figurant sur le paquet.

3. Versez le restant de l'huile dans le wok (ou la poêle) et faites chauffer à feu vif. Jetez le poivron rouge, les brocolis, l'ail et le gingembre dans l'huile et faites revenir pendant 1 min environ. Ajoutez les autres légumes et laissez cuire 1 à 2 min supplémentaires en veillant à ce que les légumes restent croquants. Si besoin, ajoutez un peu d'eau pour que les légumes n'attachent pas.

4. Dans un bol, mélangez les sauces soja et hoisin avec le miel.

5. Transvasez la viande dans le wok (ou la poêle) et versez par-dessus les sauces et le miel. Mélangez soigneusement à feu doux. Servez dans des bols individuels et saupoudrez de noix de cajou grillées.

Salade chaude d'agneau et de pois chiches

Pour 4 portions :
400 g de filet d'agneau ou 400 g de carré d'agneau désossé –
1 cuillère à soupe d'huile d'olive – 1 oignon émincé finement –
3 gousses d'ail écrasées – ½ cuillère à café de cumin en poudre
– ½ cuillère à café de coriandre en poudre – ½ cuillère à café
de gingembre en poudre – ½ cuillère à café de paprika – 700 g
de pois chiches en conserve, rincés et égouttés – Sel et poivre –
1 tomate coupée en petits dés – 50 g de coriandre fraîche hachée
finement – 50 g de persil à feuilles plates haché finement – 50 g
de menthe fraîche hachée finement – 3 cuillères à soupe d'huile
d'olive – Le jus d'un citron – Des petites feuilles d'épinards
lavées (pour décorer)

Faible IG

Par portion :
430 kcal (1 810 kJ).
Glucides : 23 g.
Lipides : 25 g.
Fibres : 9 g.

---

1. Dans une poêle légèrement huilée, faites cuire la viande à feu doux pendant 3 min environ de chaque côté. Transvasez-la dans une assiette et couvrez-la avec une feuille de papier aluminium afin de la garder au chaud.
2. Faites chauffer 1 cuillère d'huile d'olive dans la poêle et faites revenir l'oignon pendant 5 min, jusqu'à ce qu'il ramollisse. Ajoutez l'ail et les épices, et laissez cuire pendant 5 min à feu doux en remuant de temps à autre. Versez les pois chiches dans la poêle et faites-les chauffer en les

remuant afin de les enduire d'ail et d'épices. Retirez la poêle du feu, salez, poivrez et ajoutez la tomate, la coriandre, le persil et la menthe, le restant de l'huile et le jus de citron.

3. Coupez la viande en lanières épaisses en diagonale. Mélangez les morceaux avec les pois chiches et les épices.

4. Répartissez les feuilles d'épinards dans quatre assiettes et mettez par-dessus les pois chiches et la viande. Servez immédiatement.

Kebab marocain

Pour 4 portions :
4 gros pains pita – 375 g de viande hachée de bœuf de première qualité – 90 g de boulgour (blé concassé) – 2 cuillères à café d'assaisonnement marocain – 1 oignon blanc de grosseur moyenne (120 g) émincé très finement – 1 œuf légèrement battu – 3 tomates de grosseur moyenne coupées en dés – 1 cuillère à soupe de menthe finement hachée – 2 cuillères à café d'huile d'olive – 2 cuillères à café de vinaigre de vin – Salade verte – Houmous (facultatif)

Faible IG
Par portion : 470 kcal (1 984 kJ). Glucides : 65 g. Lipides : 9 g. Fibres : 11 g.

1. Enveloppez les pains pita dans une feuille de papier aluminium et faites-les chauffer au four pendant 15 min.

2. Pendant ce temps, mélangez dans un saladier la viande de bœuf, le boulgour, l'assaisonnement marocain, l'oignon et l'œuf. Formez huit petits pâtés.

3. Huilez légèrement une poêle antiadhésive et faites cuire les pâtés de chaque côté pendant 4 à 5 min.

4. Dans un saladier, mélangez les tomates et la menthe avec l'huile d'olive et le vinaigre. Mettez de la salade verte et deux pâtés sur chaque pain pita, puis étalez de l'houmous (facultatif). Dégustez avec la salade de tomates. Conditionné dans des petits pots en verre, l'assaisonnement marocain est en vente au rayon épices de la plupart des grandes surfaces. Si vous n'en avez pas sous la main, écrasez une gousse d'ail et mélangez-la avec ½ cuillère à café de coriandre en poudre, ½ cuillère à café de cumin, ½ cuillère à café de paprika, ½ cuillère à café de poivre noir et ½ cuillère de romarin séché. L'houmous est vendu au rayon produits frais de la plupart des grandes surfaces ou chez les traiteurs. Pour en connaître la recette, voir p. 155.

Ragoût d'hiver au piment rouge

Pour 4 à 6 portions :
180 g de haricots rouges secs ou 440 g de haricots rouges en conserve rincés et égouttés – 1,25 l d'eau – 1 feuille de laurier – 1 cuillère à café d'huile – 1 oignon émincé finement – 2 gousses d'ail écrasées ou 2 cuillères à café d'ail en poudre – 2 branches de céleri (160 g) coupées en dés – 2 courgettes (200 g) coupées en dés – 250 g de champignons de Paris – 1 boîte de 800 g de tomates concassées avec le jus – 1 cuillère à café de piment rouge en poudre – 2 cuillères à soupe de concentré de tomates – 375 ml de bouillon de légumes – 250 g de macaronis – Poivre noir fraîchement moulu – Du persil haché (pour décorer)

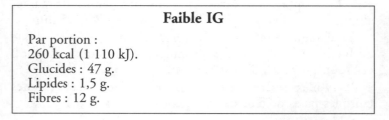

Faible IG

Par portion :
260 kcal (1 110 kJ).
Glucides : 47 g.
Lipides : 1,5 g.
Fibres : 12 g.

Voilà un ragoût très nourrissant qui ne demande que 30 min de préparation.

1. Si vous utilisez des haricots rouges secs, laissez-les tremper dans de l'eau toute une nuit, puis égouttez-les. Dans une grande casserole, faites bouillir de l'eau. Jetez-y les haricots et la feuille de laurier. Laissez bouillir à feu vif pendant 15 min, puis réduisez le feu et laissez mijoter 40 min supplémentaires. Égouttez et réservez.

2. Faites chauffer l'huile dans une poêle antiadhésive, puis faites revenir l'oignon et l'ail pendant 5 min environ, jusqu'à ce qu'ils ramollissent.

3. Ajoutez le céleri, les courgettes et les champignons. Laissez cuire pendant 5 min en remuant de temps à autre. Incorporez les haricots (cuits ou en conserve), les tomates concassées, le piment rouge, le concentré de tomates et le bouillon de légumes. Portez à ébullition.

4. Versez les macaronis dans la poêle et laissez mijoter pendant 20 min environ à feu doux, jusqu'à ce qu'ils soient cuits. Poivrez selon votre goût et saupoudrez de persil. Ce plat très copieux est riche en nutriments. Les plus gourmands prendront du pain pour saucer leur assiette.

Gratin de légumes

Pour 4 portions :

4 pommes de terre de grosseur moyenne (600 g) coupées en morceaux – 1 cuillère à café d'huile mono- ou polyinsaturée – 1 oignon de grosseur moyenne (120 g) émincé finement – 2 courgettes de grosseur moyenne (275 g) coupées en fines rondelles – 120 g de champignons coupés en fines lamelles – 2 gousses d'ail écrasées ou 2 cuillères à café d'ail en poudre – 225 g de lentilles séchées ou 400 g de lentilles en conserve rincées et égouttées – 2 cuillères à soupe de concentré de tomates – Un peu d'eau – 2 cuillères à café (10 g) de margarine mono- ou polyinsaturée – 80 ml de lait écrémé – Sel et poivre (selon votre goût) – 50 g de gruyère râpé

Faible IG

Par portion :
250 kcal (1 042 kJ).
Glucides : 31 g.
Lipides : 7 g.
Fibres : 7 g.

Si vous manquez de temps, prenez des lentilles en conserve.

1. Faites cuire les pommes de terre à l'eau bouillante.

2. Faites chauffer une poêle antiadhésive, puis versez un peu d'huile dans le fond. Couvrez et laissez revenir l'oignon à feu moyen pendant 3 à 4 min, jusqu'à ce qu'il soit translucide, en remuant de temps à autre.

3. Ajoutez les courgettes, couvrez et laissez cuire 3 min supplémentaires en remuant régulièrement. Mettez les champignons et l'ail, et prolongez la cuisson de 2 min.

4. Versez les lentilles et le concentré de tomates dans la poêle. Ajoutez un peu d'eau et mélangez soigneusement. Couvrez et laissez cuire pendant 5 min.

5. Écrasez les pommes de terre, ajoutez la margarine et le lait pour faire une purée. Salez et poivrez.

6. Transvasez le mélange à base de lentilles dans une cocotte (contenance 1,5 l environ). Sur le dessus, étalez la purée et saupoudrez de fromage râpé. Mettez à gratiner jusqu'à ce que le fromage soit fondu et doré. À déguster avec des brocolis cuits à la vapeur.

Gratin de riz au fromage

Pour 6 portions :
100 g de riz basmati – 50 g de persil haché – 125 g de gruyère râpé – 1 gros oignon (150 g) émincé finement – 130 g de purée de maïs – 130 g de maïs – 1 grosse courgette (180 g) râpée – 35 g de champignons émincés finement – 3 œufs – 500 ml de lait écrémé – ½ cuillère à café de noix de muscade – 1 cuillère à café de cumin en poudre – 1 blanc d'œuf légèrement battu

---

Faible IG

Par portion :
207 kcal (870 kJ).
Glucides : 27 g.
Lipides : 4 g.
Fibres : 3 g.

---

1. Faites cuire le riz pendant 12 min environ dans de l'eau bouillante, puis égouttez.

2. Dans un saladier, mélangez le riz, le persil, la moitié du fromage, l'oignon, la purée de maïs, les grains de maïs, la courgette et les champignons, puis transvasez le tout dans un plat allant au four (de 25 cm de diamètre) légèrement graissé.

3. Dans un saladier, mélangez à l'aide d'un fouet les œufs, le lait, la noix de muscade et le cumin. Incorporez délicatement le blanc d'œuf légèrement battu et versez le mélange sur la préparation à base de riz. Saupoudrez le restant du fromage sur le dessus.

4. Enfournez et faites cuire pendant 1 h environ à 180 °C. Vérifiez la cuisson à l'aide de la lame d'un couteau, qui doit ressortir bien sèche. Le riz, le fromage et les œufs sont des aliments très nourrissants, qui remplacent parfaitement la viande. À servir avec une salade composée.

Croquettes de bœuf et de lentilles

Pour 24 croquettes :
100 g de lentilles rouges – 400 g de viande de bœuf maigre hachée – 1 oignon de grosseur moyenne (120 g) émincé finement – ½ poivron (50 g) émincé finement – 1 gousse d'ail écrasée ou 1 cuillère à café d'ail en poudre – 2 cuillères à café d'herbes aromatiques séchées – 80 ml de sauce tomate – 1 œuf légèrement battu – Poivre noir fraîchement moulu – 70 g de son de blé

Faible IG

Par croquette :
56 kcal (234 kJ).
Glucides : 4 g.
Lipides : 2 g.
Fibres : 1 g.

---

1. Faites cuire les lentilles rouges dans de l'eau bouillante pendant 20 min environ. Égouttez. Préchauffez le four à 200 °C.

2. Dans un saladier, mélangez soigneusement les lentilles avec la viande, l'oignon, le ½ poivron, l'ail, les herbes aromatiques, la sauce tomate, l'œuf et le poivre.

3. Ajoutez la quantité de son de blé nécessaire pour que la préparation ait la consistance d'un burger. Formez vingt-quatre croquettes, que vous disposerez sur une tôle à pâtisserie légèrement graissée.

4. Enfournez et laissez cuire pendant 40 min environ en prenant soin de retourner les croquettes à mi-cuisson. Vous pouvez également faire cuire les croquettes à feu moyen dans une poêle antiadhésive. Ces croquettes sont à déguster chaudes avec des légumes, une salade composée, de la moutarde ou un condiment aigre-doux. S'il reste des croquettes, faites-les réchauffer et servez-les dans du pain pita avec un condiment aigre-doux, des rondelles de tomate et de concombre, des carottes râpées et des feuilles de salade.

Desserts

Pudding
Compote aux fruits rouges et à la cannelle
Crème glacée au gingembre et à la nectarine
Crumble aux pommes
Riz au lait avec poires au sirop

Mousse à l'abricot et au miel sur biscuit à la noix de coco
Gâteau au fromage blanc et aux fruits frais
Salade de fruits hivernale

Pudding

Pour 6 à 8 portions :
600 ml de lait écrémé – 3 œufs enrichis en oméga-3 –
2 cuillères à soupe de sucre en poudre – 1 cuillère à café
d'extrait de vanille – 4 tranches (130 g) de pain rassis –
1 cuillère à soupe de margarine – 100 g de raisins secs mis à
tremper dans 2 cuillères à soupe de votre alcool préféré –
1 cuillère à café de cannelle râpée

Faible IG

Par portion :
175 kcal (745 kJ).
Glucides : 25 g.
Lipides : 4 g.
Fibres : 1 g.

---

1. Préchauffez le four à 170 °C.

2. Graissez légèrement un plat allant au four (contenance 1,5 l environ).

3. Faites bouillir de l'eau.

4. Dans un grand récipient, mélangez le lait, les œufs, le sucre en poudre et l'extrait de vanille avec un fouet.

5. Enlevez la croûte des tranches de pain, étalez une couche épaisse de margarine sur chacune d'entre elles puis coupez-les en deux en diagonale (vous obtiendrez des triangles). Mettez les triangles debout dans le plat, puis répartissez les raisins secs dans le fond et versez par-dessus le mélange à base d'œufs et de sucre. Faites glisser les tranches de pain afin qu'elles soient imbibées et saupoudrez de cannelle.

6. Enfournez la lèchefrite et mettez le plat au centre. Versez de l'eau bouillante dans la lèchefrite jusqu'aux trois quarts de la hauteur du plat.

7. Laissez cuire pendant 1 h au bain-marie jusqu'à ce que la crème prenne et soit légèrement dorée sur le dessus.

8. Servez avec de la compote aux fruits rouges et à la cannelle (voir la recette suivante).

Compote aux fruits rouges et à la cannelle

Pour 6 à 8 portions :
185 ml de jus d'orange fraîchement pressé – 250 g de sucre en poudre – 2 bâtons de cannelle – Le zeste d'une orange coupé en fines lanières – 500 g de fruits rouges : framboises, groseilles, myrtilles et fraises

Faible IG
Par portion : 145 kcal (610 kJ). Glucides : 36 g. Pas de lipides. Fibres : 2 g.

1. Avant de presser l'orange, récupérez le zeste.

2. Dans une grande casserole en acier inoxydable, mettez le jus d'orange, le sucre en poudre, les bâtons de cannelle et le zeste de l'orange. Portez à ébullition à feu doux.

3. Ajoutez les fruits rouges et laissez mijoter pendant 2 min, jusqu'à ce que les fruits soient chauds et gonflent.

4. Servez chaud avec du pudding (voir la recette précédente).

Crème glacée au gingembre et à la nectarine

Pour 8 portions :
2 nectarines de grosseur moyenne (200 g) – 1 l de crème glacée allégée à la vanille – 2 cuillères à café de miel – 125 g de

yaourt nature maigre – *100 g de fruits secs mélangés et coupés en petits morceaux* – *4 biscuits au gingembre écrasés* – *Croquants aux amandes (pour décorer)*

Faible IG

Par portion :
148 kcal (620 kJ).
Glucides : 27 g.
Lipides : 3 g.
Fibres : 2 g.

---

1. Enlevez le noyau des nectarines et coupez la pulpe en petits dés (0,5 cm).

2. Sortez la crème glacée du congélateur et laissez-la pendant 10 min environ à température ambiante. Transvasez-la dans un grand saladier.

3. Incorporez le miel dans le yaourt, puis versez le yaourt sur la glace. Ajoutez les fruits secs, les biscuits et les nectarines, et mélangez le tout rapidement. Versez la crème glacée dans un moule à cake en aluminium, recouvrez avec du film étirable et laissez reposer au minimum pendant 4 h au congélateur.

4. Sortez la crème glacée du congélateur. Faites couler de l'eau chaude dans l'évier et laissez tremper le moule pendant 20 à 30 s. Démoulez la crème glacée sur un plat à cake. Après avoir passé la lame d'un couteau sous l'eau très chaude, coupez des tranches épaisses. Servez avec des croquants aux amandes.

Crumble aux pommes

Pour 4 à 5 portions :
3 grosses pommes granny smith épluchées, épépinées, sans le cœur et coupées en tranches, ou 440 g de compote de pomme avec morceaux – ½ cuillère à café de mélange d'épices

Pour le crumble :
90 g de flocons d'avoine – 50 g de son d'avoine – 125 g de cassonade – 1 cuillère à café de cannelle en poudre – 45 g de margarine mono- ou polyinsaturée

Faible IG
Par portion :
365 kcal (1 537 kJ).
Glucides : 60 g.
Lipides : 12 g.
Fibres : 7 g.

Voilà un délicieux dessert facile et rapide à réaliser.
1. Mélangez les pommes et les épices, et versez le tout dans un moule à tarte de 25 cm de diamètre.
2. *Préparation du crumble :* mélangez tous les ingrédients.
3. Émiettez le crumble sur les pommes. Enfournez et laissez cuire dans le four pendant 30 min à 180 °C.

Riz au lait avec poires au sirop

Pour 4 portions :
500 ml d'eau – 200 g de riz basmati – 185 ml de lait concentré écrémé – 55 g de cassonade – 1 cuillère à café d'extrait de vanille – 1 boîte de 440 g de poires au sirop

Faible IG
Par portion :
295 kcal (1 250 kJ).
Glucides : 65 g.
Lipides : traces.
Fibres : 3 g.

1. Dans une casserole, portez l'eau à ébullition. Jetez le riz basmati et laissez cuire pendant 15 min à feu moyen. Égouttez dans une passoire.

2. Transvasez le riz égoutté dans la casserole. Ajoutez le lait et faites chauffer à feu doux sans cesser de remuer jusqu'à ce que le lait soit totalement absorbé. Incorporez le sucre et l'extrait de vanille. Laissez refroidir.

3. Coupez les poires en lamelles. Avec une cuillère à glace, formez des boules de riz dans les assiettes à dessert et décorez avec des lamelles de poires disposées en éventail.

Mousse à l'abricot et au miel sur biscuit à la noix de coco

Pour 8 portions :
Pour le biscuit :
20 g de noix de coco séchée et grillée – 125 g de biscuits aux flocons d'avoine – 60 g de margarine mono- ou polyinsaturée fondue
Pour la mousse :
125 g d'abricots secs – 125 ml d'eau bouillante – 400 g de yaourt allégé à l'abricot – 60 ml de miel – 2 œufs

Faible IG
Par portion :
255 kcal (1 080 kJ).
Glucides : 32 g.
Lipides : 12 g.
Fibres : 2 g.

Un délicieux dessert à base de fruits et de biscuit.

1. Chemisez un moule rectangulaire (18 × 28 cm) avec du papier aluminium.

2. *Préparation du biscuit :* mélangez soigneusement tous les ingrédients dans un saladier, puis étalez le mélange au fond du moule en tassant bien.

3. Faites dorer au four à 180 °C pendant 10 min environ. Sortez du four et laissez refroidir.

4. *Préparation de la mousse :* recouvrez les abricots secs d'eau bouillante et laissez reposer pendant 30 min jusqu'à ce

que les fruits ramollissent. Mixez les abricots. Incorporez le yaourt, le miel et les œufs, et mixez à nouveau jusqu'à l'obtention d'une préparation lisse et onctueuse.

5. Étalez la garniture sur le biscuit. Enfournez et laissez cuire au four à 180 °C pendant 30 à 35 min.

6. Laissez refroidir à température ambiante, puis placez pendant plusieurs heures au réfrigérateur. Servez très frais. Pour faire griller la noix de coco séchée : faites chauffer une poêle à feu doux, jetez la noix de coco et laissez dorer pendant 2 min en remuant de temps à autre. Mettez la noix de coco dans un plat et laissez refroidir.

Gâteau au fromage blanc et aux fruits frais

Pour 8 portions :
Pour le biscuit :
250 g de biscuits aux flocons d'avoine – 90 g de margarine mono- ou polyinsaturée fondue
Pour la garniture :
2 cuillères à café de gélatine en poudre – 2 cuillères à soupe d'eau bouillante – 200 g de yaourt maigre aux fruits – 250 g de fromage blanc maigre – 60 ml de miel – ½ cuillère à café d'extrait de vanille – 200 g de fruits frais coupés en morceaux : pommes, oranges, cantaloups, fraises, poires ou raisins

Faible IG
Par portion :
335 kcal (1 400 kJ).
Glucides : 35 g.
Lipides : 14 g.
Fibres : 1 g.

Un délicieux gâteau au fromage blanc pour vous régaler sans prendre un gramme. N'utilisez ni papayes ni ananas ni kiwis qui empêcheraient la gélatine de prendre.

1. Préparation du biscuit : dans un saladier, mélangez les biscuits écrasés et la margarine, puis versez la préparation dans un moule à tarte (23 cm de diamètre) en tassant bien. Enfournez et faites cuire à 180 °C pendant 10 min. Sortez du four et laissez refroidir.

2. Préparation de la garniture : versez les deux cuillères à soupe d'eau bouillante dans un bol résistant à la chaleur et saupoudrez de gélatine en poudre. Mettez le bol dans une petite casserole contenant de l'eau chaude et faites chauffer au bain-marie à feu doux. Lorsque la gélatine est parfaitement dissoute, laissez-la refroidir.

3. Mixez la gélatine, le yaourt aux fruits, le fromage blanc, le miel et l'extrait de vanille jusqu'à l'obtention d'une préparation lisse et onctueuse.

4. Répartissez les fruits coupés en morceaux dans le moule sur le biscuit et versez par-dessus la préparation à base de yaourt. Placez au réfrigérateur au minimum pendant 1 h.

Salade de fruits hivernale

Pour 2 portions :
1 orange épluchée et coupée en quartiers – 1 pomme rouge de grosseur moyenne coupée en morceaux – 2 cuillères à café de sucre – 1 cuillère à café de jus de citron fraîchement pressé – 1 petite banane – 1 cuillère à soupe de noix de coco séchée coupée en lanières

Faible IG

Par portion :
150 kcal (625 kJ).
Glucides : 33 g.
Lipides : 1 g.
Fibres : 5 g.

Bien qu'elles soient vendues toute l'année, les oranges, les pommes et les bananes sont par excellence des fruits d'hiver.

1. Coupez les quartiers d'orange en deux et mettez-les avec les morceaux de pomme dans un saladier. Saupoudrez de sucre, ajoutez le jus de citron et mélangez soigneusement. Couvrez et placez au minimum pendant 1 heure au réfrigérateur.

2. Au moment de servir, coupez la banane en rondelles et incorporez-la au mélange. Répartissez la noix de coco sur le dessus et servez.

En-cas

Pain aux noix, à la banane et aux graines de sésame
Cookies à la cannelle et au musli
Muffins aux céréales et à la pomme
Scones au fromage, aux herbes et au son d'avoine
Barres au musli
Biscuits au musli
*   Pois chiches aux épices*

Pain aux noix, à la banane et aux graines de sésame

Pour un pain de 775 g (10 portions) :
3 cuillères à soupe de miel – 1 cuillère à soupe d'huile mono- ou polyinsaturée – 3 œufs enrichis en oméga-3 – 3 grosses bananes écrasées grossièrement – 1 cuillère à café de cannelle en poudre – 125 g de farine à la levure complète – 125 g de farine à la levure blanche – 100 g de noix décortiquées – 1 cuillère à soupe de graines de sésame

Faible IG
Par portion :
255 kcal (1 070 kJ).
Glucides : 30 g.
Lipides : 12 g.
Fibres : 5 g.

1. Préchauffez le four à 180 °C.

2. Huilez légèrement un moule à cake de 24 × 14 cm et chemisez avec du papier sulfurisé.

3. Dans un grand saladier, mélangez soigneusement le miel, l'huile et les œufs avec un fouet.

4. Ajoutez la banane et la cannelle. Mélangez au fouet puis incorporez peu à peu les deux farines en remuant rapidement.

5. Jetez les noix dans la préparation, mélangez et transvasez dans le moule. Saupoudrez de graines de sésame.

6. Mettez la grille du four à mi-hauteur et laissez cuire pendant 45 min.

7. Vérifiez la cuisson à l'aide de la lame d'un couteau, qui doit ressortir bien sèche.

8. Lorsque le dessus est doré, sortez le moule du four, démoulez le pain sur une grille, laissez refroidir et coupez en tranches.

Cookies à la cannelle et au musli

Pour 12 cookies environ :
2 cuillères à soupe d'huile mono- ou polyinsaturée – 3 cuillères à soupe de sirop de sucre de canne – 85 ml de jus d'orange – 150 g de musli sans sucre ajouté – 125 g de farine levante – 1 cuillère à soupe de cannelle – Sucre glace

Faible IG
Par cookie :
130 kcal (550 kJ).
Glucides : 21 g.
Lipides : 4 g.
Fibres : 2 g.

1. Préchauffez le four à 180 °C.

2. Tapissez le fond d'une tôle à pâtisserie avec du papier sulfurisé.

3. Dans un grand saladier, mélangez l'huile et le sirop de sucre de canne. Ajoutez le jus d'orange et mélangez soigneusement.

4. Ajoutez le musli, la farine et la cannelle, et mélangez délicatement.

5. Avec une cuillère, disposez des boules de pâte sur la tôle à pâtisserie en les espaçant de 2 cm environ.

6. Enfournez immédiatement et laissez dorer pendant 15 à 20 min. Sortez la tôle, mettez les cookies sur une grille et laissez-les refroidir. Saupoudrez de sucre glace.

Muffins aux céréales et à la pomme

Pour 12 muffins :
40 g de céréales All-Bran® – 165 ml de lait écrémé – 75 g de farine levante – 2 cuillères à café de levure chimique – 1 cuillère à café de mélange d'épices – 75 g de flocons d'avoine complète – 80 g de raisins secs – 1 pomme verte épluchée, épépinée, sans le cœur et coupée en cubes de 5 mm – 1 œuf légèrement battu – 60 ml de miel – ½ cuillère à café d'extrait de vanille

---

Faible IG

Par portion :
100 kcal (430 kJ).
Glucides : 22 g.
Lipides : 1 g.
Fibres : 2 g.

---

1. Dans un saladier, mélangez les céréales et le lait. Laissez reposer pendant 10 min.

2. Dans un autre grand saladier, tamisez la farine, puis ajoutez la levure et le mélange d'épices. Incorporez les flocons d'avoine, les raisins secs et les cubes de pomme.

3. Dans un bol, mélangez l'œuf, le miel et l'extrait de vanille. Versez le mélange ainsi que les céréales et le lait dans un grand récipient. Mélangez le tout avec une cuillère en bois.

4. Remplissez un moule à muffins (à 12 trous) préalablement graissé, et laissez dorer au four à 180 °C pendant 15 min environ. L'intérieur des gâteaux doit être cuit mais moelleux. À déguster chaud ou froid. Si vous trouvez que les muffins sont trop secs lorsqu'ils sont froids, mettez-les au four à micro-ondes pendant 10 s environ avant de les servir. Si vous n'utilisez pas de miel liquide, faites-le tiédir afin de l'incorporer plus facilement dans la préparation.

Scones au fromage, aux herbes et au son d'avoine

Pour 10 scones :
150 g de farine à la levure – 1,5 cuillère à café de levure chimique – 140 g de son d'avoine – 30 g de margarine mono-ou polyinsaturée – 125 ml de lait écrémé – 2 cuillères à soupe d'eau – 60 g de gruyère râpé – 2 cuillères à café de persil frais émincé – 2 cuillères à café de basilic frais émincé ou 1 cuillère à café de basilic séché – 1 cuillère à café de romarin séché

Faible IG

Par portion :
125 kcal (530 kJ).
Glucides : 17 g.
Lipides : 5 g.
Fibres : 3 g.

Très appréciés des petits comme des grands, ces scones se dégustent au déjeuner, accompagnés d'une salade composée, ou seuls, pour calmer les petites faims.

1. Dans un grand saladier, tamisez la farine et la levure, puis incorporez le son d'avoine et la margarine coupée en petits morceaux. Préchauffez le four à 200 °C.

2. Faites un puits au centre, dans lequel vous verserez le lait et la moitié de l'eau. Pétrissez et ajoutez un peu d'eau si nécessaire. Mettez la pâte sur une planche de travail farinée et pétrissez à nouveau pour obtenir une pâte épaisse et lisse.

3. Étalez la pâte pour former un rectangle de 1 cm environ d'épaisseur. Saupoudrez sur la pâte la moitié du fromage et toutes les herbes aromatiques.

4. Roulez la pâte dans le sens de la longueur comme pour un gâteau roulé, puis découpez des tranches de 3 cm d'épaisseur.

5. Disposez les tranches sur une tôle à pâtisserie graissée et saupoudrez le reste du fromage. Enfournez et laissez dorer pendant 20 min environ. À servir chaud ou froid.

Barres au musli

Pour 12 barres :
75 g de farine complète – 75 g de farine à la levure – 1 cuillère à café de levure – ½ cuillère à café de mélange d'épices – ½ cuillère à café de cannelle en poudre – 135 g de flocons d'avoine – 150 g de fruits secs (amandes, arachides, noisettes…) ou de fruits secs mélangés coupés en morceaux – 35 g de graines de tournesol – 125 ml de jus de pomme – 60 ml d'huile – 1 œuf légèrement battu – 2 blancs d'œufs légèrement battus

Faible IG
Par portion :
140 kcal (590 kJ).
Glucides : 15 g.
Lipides : 8 g.
Fibres : 3 g.

Un en-cas pour apaiser une petite faim et apporter à l'organisme un regain d'énergie.

1. Tapissez un moule de 20 × 30 cm avec du papier sulfurisé. Préchauffez le four à 200 °C.

2. Dans un grand saladier, tamisez les deux farines, la levure et le mélange d'épices. Incorporez les flocons d'avoine, les fruits secs et les graines de tournesol. Mélangez délicatement.

3. Ajoutez le jus de pomme, l'huile et l'œuf battu. Mélangez soigneusement. Incorporez délicatement les blancs d'œufs.

4. Transvasez la préparation dans le moule en tassant avec le dos d'une cuillère. Avec un couteau parfaitement aiguisé, précoupez sur la surface 12 barres de même épaisseur.

5. Enfournez et laissez dorer pendant 15 à 20 min. Laissez refroidir et coupez 12 barres de céréales.

Biscuits au musli

Pour 16 biscuits :
90 g de margarine mono- ou polyinsaturée – 60 ml de miel – 1 œuf – ½ cuillère à café d'extrait de vanille – 300 g de musli – 2 cuillères à soupe de graines de tournesol – 40 g de farine à la levure tamisée

---

Faible IG

Par portion :
140 kcal (590 kJ).
Glucides : 15 g.
Lipides : 8 g.
Fibres : 3 g.

Des biscuits à garder sous la main et à grignoter pour calmer les petits creux.

1. Dans une petite casserole, mélangez la margarine et le miel. Préchauffez le four à 190 °C.

2. Dans un grand saladier, mélangez l'œuf et l'extrait de vanille avec un fouet.

3. Ajoutez le mélange margarine/miel, le musli, les graines de tournesol et la farine. Mélangez soigneusement.

4. Avec une cuillère, répartissez des boules de pâte sur une tôle à pâtisserie légèrement graissée en les espaçant de quelques centimètres.

5. Enfournez et laissez dorer pendant 10 min environ. Sortez du four et laissez reposer sur la tôle jusqu'à ce que les biscuits durcissent. Mettez-les ensuite à refroidir sur une grille.

Pois chiches aux épices

440 g de pois chiches rincés et égouttés – Poivre de Cayenne ou toute autre épice (paprika…) – Sel (à l'ail éventuellement)

Faible IG

Pour 60 g de pois chiches :
520 kcal (1 350 kJ).
Glucides : 45 g.
Lipides : 6 g.
Fibres : 15 g.

Des pois chiches grillés sont la solution idéale lorsque vous avez un besoin incontrôlable de grignoter. Attention ! La température du four ne doit pas dépasser 150 °C, sous peine de voir les pois chiches exploser.

1. Préchauffez le four à 150 °C et répartissez les pois chiches sur une tôle à pâtisserie recouverte de papier sulfurisé – les pois chiches ne doivent pas se superposer. Enfournez et laissez dorer pendant 45 min environ. Les pois chiches rétrécissent et deviennent croquants.

2. Saupoudrez de l'épice de votre choix – par exemple de poivre de Cayenne et de sel ou d'un mélange paprika/sel à l'ail – et consommez chaud ou froid.

PARTIE III
L'INDEX GLYCÉMIQUE ET VOUS

Toutes les informations les plus récentes
sur la manière dont l'index glycémique peut vous aider
à perdre du poids, à mieux vivre avec votre diabète,
à protéger votre santé cardio-vasculaire,
à permettre à vos enfants de bien s'alimenter
et à améliorer vos performances sportives.

CHAPITRE 8

SI VOUS VOULEZ PERDRE DU POIDS

L a surcharge pondérale et l'obésité constituent un problème majeur de santé publique, aussi bien dans les pays industrialisés que dans ceux en voie de développement. En France, d'après les données de l'enquête ObÉpi 2003 portant sur un échantillon représentatif de plus de vingt mille personnes, 41 % des adultes des deux sexes sont considérés comme ayant une surcharge pondérale, et 11 % d'entre eux sont obèses. Si l'on utilise la définition internationale proposée par l'International Obesity Task Force, 15 % environ des enfants français sont en surpoids ou sont obèses. Il faut noter qu'il existe, comme dans d'autres pays industrialisés, de fortes variations de la prévalence du surpoids et de l'obésité, tant chez les adultes que chez les plus jeunes, en fonction du statut socio-économique, avec une prévalence de l'obésité beaucoup plus élevée dans les populations au statut socio-économique faible.

Pour que cette situation change, nous devons nous attaquer à ce problème sur plusieurs fronts, en insistant notamment sur la nécessité, en premier lieu, de pratiquer régulièrement une activité physique, en second lieu, de surveiller son alimentation. Par ailleurs, chacun doit prendre conscience du rôle crucial que peut jouer l'index glycémique en permettant à la fois de mieux contrôler sa faim et de réguler les taux d'insuline.

Remplacez les aliments à index glycémique élevé par des aliments à faible index glycémique.

Si vous avez une surcharge pondérale ou du moins si vous avez le sentiment d'être trop gros ou trop grosse, sans doute avez-vous lu une multitude de livres, de brochures et autres magazines proposant moult solutions pour perdre du poids. Chaque semaine, de nouveaux régimes ou des solutions miracles pour se débarrasser de ses kilos superflus font la une de la presse. Si ces excellents outils de marketing augmentent les ventes, en revanche la majorité des personnes ayant eu recours à l'un ou à l'autre de ces régimes avouent qu'aucun « régime » n'a vraiment été satisfaisant – et pour cause ! Pourquoi cette pléthore de régimes si un seul était efficace ? Au mieux – si vous ne faites aucun écart –, ces « régimes » vous aident à diminuer votre apport calorique. Au pire, ils modifient la « composition » de votre corps, allant parfois jusqu'à augmenter la masse grasse.

S'il est certain que les régimes fondés sur une diminution drastique des glucides s'accompagnent d'une perte rapide de poids, il n'en est pas moins indéniable qu'il s'agit là d'une perte d'eau et de muscle, et non de graisse. La perte d'eau tient à la disparition des réserves musculaires et hépathiques de glycogène (sortes de mises en réserve du glucose) ; la perte de muscle est due à la transformation des acides aminés qu'il contient en glucose, un carburant énergétique indispensable au fonctionnement du cerveau (voir le chapitre 2). À chaque fois que vous suivez un régime – quel qu'il soit – et que vous perdez du poids, vous perdez du muscle. Au fil des ans, la composition de votre corps change, avec moins de muscle mais plus de graisse ; le contrôle de votre poids devient alors de plus en plus difficile. La masse musculaire ayant diminué, les besoins en énergie sont moindres et, en quelque sorte, le « moteur tourne au ralenti ». C'est cette capacité d'adaptation qui permet aux animaux de survivre dans des environnements très différents les uns des autres.

**Parvenir à perdre du poids, c'est parvenir à perdre
de la graisse, ou plus exactement à « libérer »
la graisse stockée dans votre corps. En effet,
« perdre quelque chose » sous-entend qu'on espère
le retrouver un jour ou l'autre !**

L'objectif de ce chapitre n'est pas de vous inciter à essayer un « régime » supplémentaire mais de vous informer afin que vous sachiez quels aliments vous pouvez manger, en étant conscient de la façon dont votre organisme les utilise. Tous les aliments ne sont pas équivalents, et vouloir perdre du poids ne signifie pas nécessairement manger moins. Des études ont prouvé, d'une part, que les graisses brûlées ou stockées par l'organisme varient en fonction du type d'aliments consommés, d'autre part, que certains aliments rassasient plus que d'autres. Et c'est là que l'index glycémique a un rôle décisif à jouer, car les aliments à faible index glycémique présentent deux avantages majeurs pour les personnes qui désirent perdre du poids :

1. ils favorisent la sensation de satiété plus rapidement et plus longtemps que les aliments à index glycémique élevé ;

2. ils vous aident à brûler les graisses sans diminuer votre masse musculaire. Perdre du poids sera plus facile si vous privilégiez les aliments à faible index glycémique : vous ne serez pas constamment tenaillé par la faim et c'est vraiment la graisse stockée qui disparaîtra.

**Profitez des bienfaits de la viande maigre,
du poisson et des produits laitiers pauvres
en matière grasse.**

Les risques de la surcharge pondérale

Plus vous êtes gros, plus vous avez de risques de développer une maladie : des troubles cardio-vasculaires, un diabète, de l'hypertension artérielle, la goutte, des calculs biliaires, une apnée du sommeil (arrêt de la respiration pendant de longues secondes, suivi de ronflements sonores) et des problèmes articulaires, sans parler des dysfonctionnements émotionnels et psychologiques associés aux problèmes de surpoids.

Dans notre société, le nombre de personnes ayant une surcharge pondérale est en constante augmentation malgré les produits amaigrissants qui ne cessent d'apparaître sur le marché et la kyrielle d'aliments « allégés » ou « sans matière grasse » qui envahissent les rayons des supermarchés. Il est vrai que trouver une solution pour ne pas devenir obèse ou, au moins, pour ne pas prendre trop de kilos est plus facile à dire qu'à faire ; il en va de même pour perdre du poids. C'est cette constatation qui nous a poussés à écrire cet ouvrage, dans lequel nous vous indiquons les aliments qui rassasient le plus sans pour autant vous faire grossir. Choisir vos aliments en fonction de leur index glycémique présente de nombreux avantages ; en agissant ainsi, vous n'aurez pas à :

• trop vous restreindre ;
• être obsédé par le nombre de calories consommées au quotidien ;
• être constamment tenaillé par la faim.

Vous devrez également prendre en compte tous les aspects de votre mode de vie qui exercent une influence sur votre poids. Et si, malgré tous vos efforts, vous ne parvenez pas à remodeler votre corps, nous vous aiderons à vous sentir bien dans ce corps qui est le vôtre et à assumer votre silhouette. Notre but est d'aider chacun d'entre vous à bien se nourrir et à pratiquer une activité physique pour atteindre le bien-être.

Pourquoi certaines personnes souffrent-elles d'une surcharge pondérale ?
Est-ce une question de gènes ?
Est-ce un problème d'hormones ?
Est-ce lié à l'environnement ?
Est-ce dû à un trouble d'ordre psychologique ?
Est-ce provoqué par un dysfonctionnement
du métabolisme ?

En règle générale, notre poids reste à peu près stable – même si nous préférerions souvent être un peu plus minces que nous le sommes. Et même si nous faisons attention à la quantité de nourriture que nous mangeons chaque jour, la balance affiche presque toujours le même résultat, un peu comme si notre corps revenait tout naturellement à un poids donné. Pour les personnes présentant un surpoids, l'équilibre entre les apports et les dépenses énergétiques se fait à un niveau plus élevé que chez la majorité des individus ; quels que soient les efforts entrepris pour maigrir – un régime draconien, une activité physique voire une intervention chirurgicale ou un traitement médical –, au fil des ans les kilos reviennent.

Notre poids est fonction de ce que nous consommons et de ce que nous brûlons. Si le nombre de calories consommées est supérieur au nombre de calories brûlées, les kilos s'accumulent. Chacun doit donc se poser les questions suivantes : quelle quantité d'aliments consommer ? Quels aliments privilégier ? Comment s'assurer que l'apport calorique n'est pas supérieur aux besoins de l'organisme ? Malheureusement, nul ne peut vous donner LA solution. En effet, tous les aliments ne sont pas équivalents et tous les organismes ne sont pas identiques ; les problèmes de poids n'ont pas tous la même origine. Tandis que certaines personnes pensent qu'il suffit de « faire attention à ce qu'elles mangent » pour ne pas grossir, d'autres affirment que « tout leur profite », et d'autres encore avouent être incapables de résister aux bonnes choses. Or, plusieurs études ont montré que la prise de poids est presque toujours due à l'association de plusieurs facteurs d'ordre social, génétique, alimentaire et métabolique mais aussi psychologique et émotionnel. Avant d'aborder l'alimentation, voyons comment le *facteur génétique* peut nous aider à contrôler notre poids.

Nombreuses sont les personnes qui nous disent d'un air résigné :
- « mon père et/ou ma mère ont également des problèmes de poids » ;
- « j'ai toujours eu des kilos en trop » ;
- « ça doit être une question de gènes ».

Selon plusieurs études, il y a du vrai derrière chacune de ces affirmations. En effet, un enfant né de parents présentant un surpoids a plus de risque d'avoir des kilos en trop qu'un enfant né de parents minces. Les plus sceptiques avancent que rendre son patrimoine génétique responsable est une excuse facile, même si plusieurs travaux ont montré que le poids et la morphologie sont en partie déterminés par les gènes.

Ce que nous savons aujourd'hui repose avant tout sur des travaux menés sur des jumeaux. Les vrais jumeaux ont tendance à avoir le même poids, même s'ils ne sont pas élevés ensemble ; par ailleurs, les jumeaux qui ont été adoptés dès leur petite enfance ont les problèmes de poids de leurs parents biologiques et non de leurs parents adoptifs. Si plusieurs couples de jumeaux consomment 1 000 kcal (4 185 kJ) de trop par jour pendant cent jours, certains couples se retrouvent avec 4 kg de trop, contre 12 kg pour d'autres ; mais la différence entre les frères et sœurs est toujours minime, ce qui tend à prouver que, quand on parle de poids, les gènes représentent un facteur plus déterminant que l'environnement et les habitudes alimentaires. Il semblerait que, selon les données inscrites dans nos gènes, nous avons tendance à brûler ou au contraire à stocker les calories que nous consommons.

**N'oubliez pas que les glucides
ne sont pas tous équivalents.**

Notre héritage génétique influence notre métabolisme. À l'instar des voitures, tous les organismes ne consomment pas la même énergie : de même qu'un V 8 consomme plus qu'un petit véhicule quatre cylindres, un grand corps a besoin de plus de calories qu'un petit. Quand une voiture est à l'arrêt, par exemple à un feu rouge, le moteur tourne au ralenti et peu de carburant est utilisé. Voilà ce qui se passe lorsque nous dormons : notre « moteur » tourne toujours, notre cerveau est toujours en pleine activité, mais nous consommons un minimum d'énergie. C'est ce qu'on appelle le *métabolisme de base,* à savoir le nombre de calories brûlées lorsqu'un individu est au repos. N'oublions pas que le cerveau est la partie du corps qui consomme le plus d'énergie. Quand nous faisons de l'exercice ou tout simplement quand nous bougeons, le nombre de calories brûlées – ou la quantité de carburant utilisé – augmente. La plus grande partie de l'énergie utilisée (70 % environ) sert au métabolisme de base.

Dans la mesure où c'est au repos que nous brûlons la plupart de nos calories, le métabolisme de base est un facteur déterminant quand il s'agit de surpoids. Plus le métabolisme de base est bas, plus nous avons tendance à prendre du poids ; plus le métabolisme de base est élevé, plus nous avons de chances de maigrir. Nous connaissons tous une personne qui « mange comme quatre » mais qui n'a pas un gramme en trop ; avec une pointe de jalousie, nous prétendons qu'elle n'a aucun mérite et que c'est une question de « métabolisme rapide », et nous n'avons pas tout à fait tort. Chez les hommes par exemple, la masse musculaire est plus importante que chez les femmes. Pour travailler, les muscles ont besoin de carburant, qu'ils vont d'abord puiser dans leurs réserves de glycogène (le glucose stocké) avant de se tourner, une fois ce glycogène épuisé, vers l'utilisation des graisses. Faire de l'exercice physique permet, d'une part de protéger son capital musculaire, d'autre part de contrôler son poids. Récemment, des chercheurs ont démontré que le mélange de carburants que nous brûlons à chaque minute dépend de notre patrimoine génétique. Un mélange qui contient *plus d'énergie en provenance des graisses que d'énergie en provenance des glucides* – même si l'énergie totale brûlée en une minute est similaire – permet d'éviter les kilos en trop.

Si vos parents ont des kilos superflus, ne soyez pas fataliste en voyant les kilos affichés sur la balance et ne baissez pas les bras, mais dites-vous simplement que vous devrez surveiller votre alimentation d'une façon plus scrupuleuse que ceux qui possèdent un patrimoine génétique plus favorable.

Mesurer la quantité de carburant nécessaire

Les kilocalories (kcal) ou kilojoules (kJ) mesurent l'énergie contenue dans les aliments et celle qui nous est nécessaire pour vivre. Chaque jour, notre organisme a besoin d'un certain nombre de calories pour permettre à nos cellules de fonctionner, à notre cœur de battre et à notre cerveau de travailler – tout comme une voiture a besoin d'essence pour rouler. Les aliments ainsi que certaines boissons fournissent à notre organisme des calories : si nous mangeons et buvons trop, les calories dont l'organisme n'a pas besoin sont stockées sous la forme de graisses et de protéines ; si l'apport en calories est inférieur aux besoins de l'organisme, alors ce dernier puisera dans les réserves de graisses et de protéines pour couvrir ce déficit.

Si, depuis votre plus jeune âge, vous avez tendance à être trop gros, pourquoi devez-vous faire attention à ce que vous mangez ? Parce que les aliments, et plus précisément les nutriments, n'ont pas tous les mêmes effets sur le métabolisme ; de plus, le mélange de carburants que vous brûlez dépend des aliments que vous avez consommés plusieurs heures auparavant : si vous brûlez plus de graisses que de glucides – et même si la teneur énergétique des aliments est identique –, vous aurez moins faim et vous stockerez moins de graisses pendant la journée. En conclusion, le choix des aliments est capital dès lors qu'il s'agit de surveiller son poids.

Une histoire de satiété

Lorsqu'il s'agit de surveiller son poids, la densité énergétique d'un aliment est plus déterminante que sa teneur en graisses. Si certains régimes tels que le régime méditerranéen sont assez riches en graisses, notamment en huile d'olive, ils reposent avant tout sur des aliments favorisant la satiété tels que les fruits, les légumes et les légumineuses, qui possèdent un index glycémique très faible. La majorité des produits pauvres en graisses qui sont commercialisés aujourd'hui ne favorisent pas la satiété, car ils possèdent la même densité énergétique que les produits non allégés ; les yaourts, les crèmes glacées, les friandises et les en-cas non sucrés en sont des exemples caractéristiques. Pour lutter contre vos kilos superflus, lisez attentivement les étiquettes où figure la densité énergétique pour 100 g ou pour une portion.

**Ce n'est pas tant la quantité que la qualité
des aliments consommés qui compte !**

Parmi les quatre principales sources caloriques puisées dans les aliments – les protéines, les graisses ou lipides, les glucides et l'alcool –, les lipides sont ceux qui possèdent la densité énergétique par gramme la plus élevée, soit une densité deux fois supérieure à celle des glucides et des protéines. C'est la raison pour laquelle les aliments riches en graisses sont considérés comme étant particulièrement denses sur le plan énergétique : il y a beaucoup de calories dans une quantité de nourriture assez faible.

Exemple : la valeur énergétique d'un croissant aux amandes est de 450 kcal environ (1 880 kJ) – ce qui correspond à 20 % environ des besoins d'une journée ! Il faudrait manger quatre grosses pommes environ pour avoir le même apport en calories – la valeur énergétique d'une pomme étant de 100 kcal (418 kJ). Par conséquent, avoir un apport énergétique supérieur aux besoins de son organisme est assez facile quand on consomme des aliments à forte densité énergétique.

Dans les années 1990, de nombreuses études prouvèrent que les aliments riches en graisses avaient un pouvoir de satiété inférieur à celui des aliments riches en glucides ; on conseilla aux personnes qui suivaient un régime de ne plus consommer d'aliments riches en graisses, ce à quoi les industriels de l'agroalimentaire s'empressèrent de répondre par une kyrielle de produits « allégés en graisses », « maigres » ou « à 0 % de matière grasse ». Hélas, ce que les scientifiques n'avaient pas assez souligné, c'est l'importance de la valeur énergétique totale de l'aliment : si un produit allégé possède la même densité énergétique – le même nombre de calories pour 100 g – qu'un produit riche en graisses, alors les risques de prendre du poids sont les mêmes. En termes de densité énergétique, divers produits allégés qui envahissent les rayons des supermarchés – yaourts, crèmes glacées, biscuits sucrés ou salés – sont similaires aux produits de qualité standard.

Pensez en termes de *densité énergétique* et non en terme de produits riches ou pauvres en graisses.

Les nutritionnistes ont dû modifier leurs discours pour trouver les mots justes :

• consommer des aliments qui *favorisent la satiété* est plus important que consommer des aliments pauvres en graisses ;

• selon le *type* de graisses consommées, le capital santé est, à long terme, protégé ou menacé ;

• le *type* de glucides consommés est plus important que la quantité de glucides consommés.

Les bienfaits de l'activité physique

Les effets d'un exercice physique ne s'arrêtent pas quand vous cessez cet exercice. En effet, les personnes qui pratiquent un sport témoignent d'une vitesse métabolique plus grande, et leur organisme brûle davantage de calories par minute, et ce même quand elles dorment.

La nécessité de faire de l'exercice

Avoir un métabolisme rapide n'est pas nécessairement une question de chance ; toutes les activités physiques, quelles qu'elles soient, accélèrent la vitesse métabolique. Or, grâce à l'augmentation de la dépense énergétique, les activités physiques favorisent l'élimination des calories puisées dans les aliments qui ne sont pas naturellement utilisées par l'organisme.

Par ailleurs, les exercices physiques développent la masse musculaire. Plus la musculature est développée, plus elle a besoin d'énergie et plus elle puise dans les graisses. Pendant une activité physique, les muscles sont plus sensibles à l'action de l'insuline – les cellules bêta du pancréas n'ont donc pas besoin de sécréter davantage d'insuline – et puisent dans les réserves en graisses. Un régime alimentaire à faible index glycémique possède exactement le même effet : il diminue la quantité d'insuline dont nous avons besoin pour brûler plus facilement les graisses et les stocker plus difficilement. Lorsque nous consommons des aliments à faible index glycémique, le carburant brûlé dans les heures qui suivent contient plus de graisses et moins de glucides. Dans la mesure où c'est la graisse que vous voulez éliminer quand vous décidez de perdre du poids, la pratique d'une activité physique associée à un régime alimentaire à faible index glycémique est *a priori* la solution adéquate.

**L'index glycémique est une mesure permettant
de définir la qualité d'un glucide.**

Les aliments les plus énergétiques ne sont pas les aliments sucrés

Pendant des années, on a répété, à tort, que les aliments contenant du sucre ou de l'amidon – par exemple les pommes de terre, le riz et les pâtes – étaient responsables de l'obésité. Il y a vingt ans, tous les régimes amaigrissants conseillaient d'éviter les aliments riches en glucides, d'autant que les résultats semblaient immédiats. En effet, si votre alimentation est pauvre en glucides, vous perdrez vite du poids ; le problème, c'est que l'organisme puisera alors dans les réserves en glucides et en eau mais pas dans les réserves en graisses ; de plus, un régime pauvre en glucides épuise rapidement les réserves en glycogène stockées dans les muscles, et la moindre activité physique devient pénible et fatigante.

Longtemps, le sucre a été tenu pour responsable des problèmes de surpoids du fait de sa présence dans la quasi-totalité des aliments à forte densité énergétique, par exemple les gâteaux, les biscuits, le chocolat et les crèmes glacées. Or, ce qui apparaît pour beaucoup comme des « sucreries », mettant ainsi l'accent sur le contenu en sucre, est en réalité le véhicule de grandes quantités de graisses, avant tout sous la forme de beurre, de margarine, d'huile et de chocolat. Le sucre joue donc le rôle de cheval de Troie pour les graisses qui sont cachées en leur sein, responsables de la densité calorique desdits aliments.

Comptabiliser les calories

Tous les aliments contiennent des calories. On se réfère souvent à la teneur en calories (kilocalories/kilojoules) pour dire si un aliment fait ou non grossir. De tous les nutriments présents dans les aliments, les glucides sont ceux qui contiennent le moins de calories par gramme :
• glucides : 3,8 kcal (16 kJ)/g ;
• protéines : 4 kcal (17 kJ)/g ;
• alcool : 6,9 kcal (29 kJ)/g ;
• graisses : 8,8 kcal (37 kJ)/g.

Si nous remplacions tout le sucre par de l'amidon, les aliments auraient la même teneur énergétique. Les produits les plus énergétiques *ne sont pas* les produits sucrés ; pour preuve, les viandes grasses, le fromage, les frites, les chips, les sauces, les biscuits salés, le beurre et la margarine ne contiennent pas de sucre. Affirmer que le sucre et l'amidon sont responsables des problèmes d'obésité est donc faux.

Par ailleurs, les personnes ayant une surcharge pondérale préfèrent en général consommer des aliments à forte densité énergétique plutôt que des aliments riches en sucre et en amidon, car les besoins en énergie de leur organisme sont très élevés, et ce même au repos ; la façon la plus simple de satisfaire leur faim est de manger des aliments très énergétiques. Des chercheurs de l'université du Michigan ont demandé à des hommes et à des femmes obèses de dresser la liste de leurs aliments préférés. Les résultats sont parlants : tandis que les hommes montraient une nette préférence pour les viandes grasses, les femmes révélaient une prédilection pour les gâteaux, les biscuits et les beignets, soit dans les deux cas des aliments à la densité énergétique et à la teneur en graisses très élevées.

Attention à la « consommation passive »

Ce que redoutent le plus les personnes qui veulent maigrir, c'est d'être tenaillées en permanence par la faim. Or, il n'est pas nécessaire d'avoir faim pour perdre du poids : les produits à faible index glycémique figurent parmi les aliments ayant le plus grand pouvoir de satiété et permettent d'attendre le repas suivant sans avoir envie de grignoter.

Autrefois, on pensait qu'à nombre de calories égal, le pouvoir satiétogène des glucides, des lipides et des protéines était équivalent. Nous savons aujourd'hui que cela est inexact. Les aliments riches en graisses, en particulier, possèdent un faible pouvoir de satiété proportionnellement au nombre de calories qu'ils fournissent à l'organisme : voilà ce qu'ont clairement démontré des études expérimentales, durant lesquelles des chercheurs ont demandé à des personnes réparties en deux groupes de manger jusqu'à plus faim. Les personnes qui ont ingéré le plus de calories avant de calmer leur faim sont celles à qui on a proposé une alimentation riche en graisses. En conclusion, les glucides consommés d'une manière usuelle induisent un sentiment de satiété sans apporter une quantité excessive de calories.

La *satiété* est le fait de se sentir rassasié et satisfait après avoir mangé. Les aliments riches en glucides les plus classiques sont ceux qui favorisent le plus cette sensation de satiété.

Dans le cadre de plusieurs études, nous avons demandé à des volontaires de consommer des aliments différents mais possédant la même teneur calorique, puis nous avons comparé leur degré de satiété. Il est apparu que les aliments induisant le plus la sensation de satiété sont ceux qui contiennent le moins de calories par gramme, c'est-à-dire les aliments ayant la densité énergétique la plus faible : les pommes de terre, le porridge (bouillie de flocons d'avoine), les pommes, les oranges et les pâtes. Les personnes testées n'avaient plus faim sans pour autant avoir beaucoup mangé. Les aliments à forte densité énergétique tels que les croissants, le chocolat et les cacahouètes n'induisent pas aussi rapidement la satiété. Pour preuve, quand nous mangeons des cacahouètes, nous en voulons toujours davantage, et nous entrons sans même nous en apercevoir dans ce que les scientifiques nomment la « consommation passive », c'est-à-dire le fait de manger plus que de raison sans même s'en rendre compte.

Des tests cliniques l'ont prouvé :
un faible index glycémique ralentit le développement
du diabète et des maladies cardio-vasculaires.

Après la densité énergétique, le second élément favorisant la satiété est l'index glycémique des aliments. Plus cet index est faible, plus vite nous sommes rassasiés. À ce jour, plus de quinze études ont confirmé ce que pressentaient les chercheurs, à savoir que la faim se fait moins vite ressentir quand nous consommons des aliments à faible index glycémique que lorsque nous mangeons des aliments à index glycémique élevé. Cet état de fait serait dû à plusieurs mécanismes :

• les aliments à faible index glycémique restent plus longtemps dans l'intestin grêle, stimulant des récepteurs qui envoient un message au cerveau, l'informant qu'il y a toujours de la nourriture dans l'intestin, en cours de digestion ;

• les aliments à index glycémique élevé stimuleraient la faim, engendreraient des variations importantes du taux de glucose dans le sang – une hausse rapide et une chute – et déclencheraient une réponse contre-régulatrice – une sécrétion d'insuline – afin de rétablir la glycémie ;

• les hormones sécrétées en période de stress, comme l'adrénaline et le cortisol, sont libérées lorsque le taux de glucose dans le sang varie à la suite d'une consommation d'aliments à index glycémique élevé ; or, l'adrénaline et le cortisol stimuleraient l'appétit ;

• les aliments à faible index glycémique rassasieraient plus que ceux à index glycémique élevé, tout simplement parce qu'ils possèdent en général une densité énergétique plus faible. Grâce à leur teneur en fibres naturellement élevée, nombreux sont les aliments à faible index glycémique qui rassasient davantage, sans que leur densité énergétique soit pour autant élevée.

Même quand l'apport calorique est identique, les personnes qui privilégient les aliments à faible index glycémique perdent plus de poids que celles qui consomment des aliments à index glycémique élevé. Dans une étude menée en Afrique du Sud, des chercheurs ont réparti en deux groupes des sujets volontaires témoignant tous d'une surcharge pondérale ; tandis que le premier groupe a suivi un régime composé d'aliments peu caloriques à index glycémique élevé, le second a consommé des aliments peu caloriques mais à faible index glycémique. Dans les deux régimes, la teneur en calories, en lipides, en protéines, en glucides et en fibres était la même ; seul l'index glycémique différait. Résultats : les personnes appartenant au second groupe ont mangé des lentilles, des pâtes, du porridge et du maïs et ont banni les aliments à index glycémique élevé comme les pommes de terre et le pain ; après douze semaines, elles avaient perdu 9 kg en moyenne – soit 2 kg de plus que les sujets du premier groupe, dont l'alimentation reposait sur des aliments à index glycémique élevé.

Comment expliquer ces résultats ? Les chercheurs ont découvert que les deux régimes alimentaires ne possédaient pas les mêmes effets sur le taux d'insuline dans le sang ; après la consommation d'aliments à faible index glycémique, les taux d'insuline au cours de la journée et de la nuit étaient inférieurs aux taux d'insuline observés après la consommation d'aliments à index glycémique élevé. L'insuline est une hormone qui n'intervient pas seulement dans la régulation du taux de glucose sanguin mais qui joue également un rôle fondamental dans le choix des nutriments qui sont brûlés par l'organisme à chaque minute de la journée. Si le taux d'insuline est élevé, l'organisme est *obligé* de brûler en priorité des glucides au détriment des graisses ; à la fin de la journée, même si la quantité d'énergie brûlée est identique, les proportions de graisses et de glucides diffèrent.

Il semblerait que les personnes obèses stockent davantage de glycogène, ce qui se traduit, au cours de la journée, par des variations importantes du taux de glucose dans le sang. Le glycogène serait donc une source importante de carburant chez ces personnes. Or, quand l'organisme puise dans les réserves de glycogène, il ne puise ni dans les graisses apportées par les aliments ni dans celles stockées dans le corps ; à chaque repas, les réserves en glycogène sont reconstituées – en particulier quand les aliments consommés sont à index glycémique élevé –, et l'organisme puise une fois encore dans ces réserves au lieu d'aller puiser dans les graisses, et ainsi de suite.

Les pommes de terre font-elles grossir ?

Malgré un index glycémique élevé, les pommes de terre favorisent la satiété, une sensation qui se poursuit dans les deux heures après le repas. Cela est dû en partie à la faible densité énergétique des pommes de terre : il faudrait manger sept pommes de terre de grosseur moyenne pour avoir un apport calorique égal à 239 kcal (1 000 kJ) ! Toutefois, trois ou quatre heures après avoir consommé des pommes de terre, la réponse insulinique peut se traduire par une diminution dans le sang du taux de glucose et d'acides gras essentiels, ce qui favorise la sécrétion de noradrénaline et de cortisol, des hormones liées au stress qui stimuleraient l'appétit – voilà ce que suggèrent de nombreuses études. Si vous aimez les pommes de terre, inutile de vous en priver, mais mangez-en avec modération ; divisez votre consommation par deux et consommez à la place des patates douces, des aliments à faible index glycémique. Les pommes de terre cuites à l'eau font moins grossir que les frites, les chips ou toute autre préparation à densité énergétique élevée.

Les études que nous avons réalisées sur l'alimentation des personnes désirant perdre du poids montrent que, bien souvent, elles ne mangent pas assez en volume et en glucides mais trop en calories.

Pour d'autres raisons encore, les aliments à faible index glycémique peuvent favoriser la perte de poids. Quand des personnes entament un régime, la vitesse métabolique chute du fait de la diminution de la quantité de nourriture ingérée. Selon une étude, cette vitesse métabolique chuterait moins chez les personnes suivant depuis une semaine un régime à base d'aliments à faible index glycémique que chez d'autres suivant un régime classique, à base d'aliments riches en glucides ; selon la même étude, un régime fondé sur des aliments à faible index glycémique contribue à préserver la masse corporelle maigre, et cela pourrait expliquer la meilleure efficience métabolique.

D'autres résultats montrent que les aliments à faible index glycémique diminuent d'une manière significative la graisse située au niveau de l'abdomen. Une étude française issue de notre laboratoire a été menée sur des sujets volontaires normaux, atteints d'un léger surpoids : pendant cinq semaines, il leur a été proposé une alimentation à faible index glycémique, puis, après une période de cinq semaines de retour au régime normal, cinq autres semaines de régime à index glycémique élevé ; à chaque fois, la quantité globale de calories, de protéines, de glucides et de lipides était équivalente. Pendant cette étude, la masse grasse a été mesurée au moyen de méthodes sophistiquées, reposant sur les rayons X. Les hommes ayant suivi un régime à faible index glycémique avaient perdu 500 g de graisse au niveau de l'abdomen, alors qu'il n'y avait aucune différence entre les deux groupes au niveau de la graisse sous-cutanée. Ces résultats ont été confirmés par une étude d'observation à grande échelle menée en Europe sur des personnes souffrant de diabète de type 1 : les patients qui, de leur propre chef, avaient choisi de consommer des aliments à faible index glycémique contrôlaient mieux les fluctuations du taux de glucose dans le sang. Dans cette étude, les hommes avaient un tour de taille inférieur – moins de graisse au niveau de l'abdomen – à celui des hommes consommant des aliments à index glycémique élevé.

Aliments à forte densité énergétique	Aliments à faible densité énergétique
2 sablés	2 tranches de pain aux céréales avec de la ricotta et du jambon
1 glace au chocolat (2 boules)	1 crème glacée allégée et 7 marshmallows
Yaourt au lait entier	Yaourt maigre (125 g = 50 kcal/209 kJ)
Yaourt aux fruits (125 g = 130 kcal/544 kJ)	Yaourt maigre sucré (125 g = 86 kcal/360 kJ)
1 petit paquet de raisins secs (60 g)	70 g de raisin frais et une pomme de grosseur moyenne
6 tranches de pain blanc avec du fromage	8 tranches de pain aux céréales avec du jambon, des tomates et du concombre
1 petite portion de frites	1 grosse pomme de terre cuite au four avec 100 g de haricots rouges, du fromage râpé, un petit jus d'orange et une pomme

Au cours de la grossesse

Vous avez beaucoup grossi pendant votre grossesse sans jamais revenir à votre poids antérieur ? Selon une étude récente, une prise de poids excessive durant la grossesse serait fortement influencée par l'index glycémique des aliments consommés tout au long de cette période. Les femmes qui, dès le début de leur grossesse, ont suivi un régime à faible index glycémique n'ont pris que 9 kg, contre 20 kg pour celles qui ont adopté une alimentation à index glycémique élevé. Par ailleurs, le poids de naissance et l'adiposité des bébés étaient également plus élevés quand les mères avaient privilégié des aliments à index glycémique élevé.

Les résultats de cette étude, qui demandent à être confirmés par des travaux complémentaires, ne sont pas surprenants. En effet, nous savons depuis longtemps que le poids de naissance d'un bébé dépend du taux de glucose dans le sang de la mère ; les femmes souffrant de diabète ou les femmes à risque ont des bébés plus gros que la moyenne. Ce qui est nouveau, c'est que tous les tissus maternels semblent réagir à l'augmentation des taux sanguins de glucose et d'insuline observée après la consommation d'aliments à index glycémique élevé. Ce phénomène est valable pour les réserves en graisses nécessaires à la lactation. En attendant les résultats d'autres études, nous recommandons aux femmes enceintes de choisir des aliments à faible index glycémique.

Quatre conseils pour perdre du poids

Conseil n° 1 : concentrez-vous sur ce que vous devez manger plutôt que sur ce que vous ne devez pas manger

En général, les personnes qui veulent perdre du poids commencent par dresser la liste de tous les aliments dont elles devraient se passer, alors qu'elles feraient mieux d'essayer de respecter les recommandations des professionnels de santé, notamment pour ce qui est de la consommation de fruits et de légumes.

Un régime sain et équilibré doit de préférence inclure les aliments suivants :

1. des légumes et des légumineuses : au moins 5 portions par jour ; 1 portion correspond à 150 g de légumes cuits, 1 petite pomme de terre, 100 g de légumineuses cuites (haricots secs, pois, lentilles…) ou 200 g de salade composée ;

2. des fruits : au moins 2 portions par jour ; 1 portion correspond à 1 fruit de grosseur moyenne (pomme, banane, orange…), 2 petits fruits (abricot, kiwi, prune), 125 g de fruits frais ou de fruits au sirop coupés en dés, 1 à 2 cuillères à soupe de fruits secs ou 100 ml de jus de fruits ;

3. des céréales, du pain, du riz, des pâtes et des nouilles asiatiques : au moins 4 portions par jour ; 1 portion correspond à 40 g de céréales au petit déjeuner, 150 g de pâtes, de nouilles asiatiques ou de riz cuits, 2 tranches de pain ou 1 petit pain.

Conseil n° 2 : mangez au moins un aliment à faible index glycémique à chaque repas

En réduisant l'index glycémique de vos repas, vous réduisez le taux d'insuline sécrétée et vous contraignez votre organisme à brûler les graisses. Pour diminuer l'index glycémique de vos repas, il vous suffit de remplacer au moins un glucide à index élevé par un glucide à index faible. Si cela est possible, choisissez le glucide que vous consommez en plus grande quantité. Pour le repérer, reportez-vous au test ci-dessous.

Quels types de glucides avez-vous mangés hier ?

1. Souvenez-vous des aliments riches en glucides que vous avez consommés la veille. Il n'y a pas que les principaux repas qui comptent. N'oubliez pas les en-cas !
2. Mettez une croix devant les aliments que vous avez mangés.
3. Additionnez le nombre de croix dans chaque colonne. Si la plupart des croix se trouvent dans la colonne de gauche, vous avez une alimentation à index glycémique élevé. Envisagez alors de la modifier afin de consommer plus de produits répertoriés dans la colonne de droite.

Aliments à index glycémique élevé	Aliments à faible index glycémique
Fruits	**Fruits**
☐ Papaye	☐ Pomme
☐ Ananas	☐ Orange
☐ Melon	☐ Banane
	☐ Raisin
	☐ Kiwi
	☐ Fruits à noyau : pêche, prune, abricot, cerise
Aliments contenant de l'amidon	**Aliments contenant de l'amidon**
☐ Pommes de terre :	☐ Maïs doux
• Pommes de terre cuites au four	☐ Haricots blancs
• Purée de pommes de terre	☐ Patates douces
• Pommes de terre cuites à la vapeur	☐ Pois chiches

• Pommes de terre cuites à l'eau

• Chips

❑ Riz

❑ Haricots rouges

❑ Lentilles

❑ Pâtes

❑ Nouilles asiatiques

❑ Riz basmati ou riz doongara

Pains et produits farineux	Pains et produits farineux
❑ Pain blanc	❑ Pain aux céréales complètes
❑ Pain complet	❑ Pain grillé aux raisins secs
❑ Baguette courante	❑ Pain au levain
❑ Blinis	❑ Baguette « tradition »
❑ Crêpes épaisses	
❑ Scones	
❑ Bagels	

Céréales du petit déjeuner	Céréales du petit déjeuner
❑ Barres de céréales	❑ Special K® (Kellogg's)
❑ Corn-flakes	❑ Flocons d'avoine
❑ Riz soufflé	❑ Musli
❑ Choco Pops® (Kellogg's)	❑ All-Bran®
❑ Smacks Tresor® (Kellogg's)	❑ Frosties®
	❑ Fruit'n Fibre®

En-cas	En-cas
❑ Dattes	❑ Abricots secs
❑ Barres aux fruits	❑ Pruneaux
❑ Sucettes	❑ Fruits secs
❑ Pop-corn	❑ Yaourt
❑ Bretzels	

Conseil n° 3 : réduisez votre consommation de graisses, en particulier de graisses saturées

Consommer moins de graisses est un moyen efficace pour diminuer la densité énergétique de votre alimentation. Les graisses qui contiennent plus de calories par gramme que n'importe quel autre aliment fournissent quantité d'énergie, sans pour autant rassasier. Néanmoins, ne plus consommer de graisses du tout serait une grossière erreur risquant d'avoir des répercussions délétères sur votre organisme. Commencez par réduire votre consommation de produits riches en graisses saturées (beurre, crème, fromage, biscuits, gâteaux, hamburgers et autres aliments vendus dans les fast-foods, chips, saucisses, charcuterie et viandes grasses) ; ne diminuez votre consommation de produits à base de graisses insaturées, bénéfiques à l'organisme (huile d'olive, margarine, fruits secs, avocat...) que si votre apport énergétique est supérieur à vos besoins.

Gardez ceci à l'esprit : s'il est important d'avoir une alimentation pauvre en lipides, vous devez également tenir compte de l'apport énergétique provenant d'aliments autres que les graisses. Le riz et le pain sont pauvres en graisses mais, tandis que l'organisme brûle les glucides contenus dans ces aliments, il puise moins dans les réserves de graisses. En conclusion, même si vous veillez à restreindre votre consommation de graisses, vous ne perdrez pas de poids si l'apport calorique reste élevé.

Votre alimentation est-elle trop riche en graisses ?

1. Entourez tous les aliments que vous consommez dans une journée.
2. Multipliez leur teneur en graisses (par gramme) par le nombre de portions que vous mangez. Par exemple, si vous estimez que vous buvez 500 ml de lait entier par jour, inscrivez dans la colonne à droite : 20 g (2 × 10 g).

3. Faites le total des graisses consommées dans une journée.
• Si vous consommez moins de 40 g : excellent. Les nutritionnistes recommandent aux personnes qui désirent perdre du poids de consommer entre 30 et 40 g de graisses par jour.
• Si vous consommez entre 41 et 60 g : bien. C'est un apport en graisses correct pour un adulte (homme ou femme).
• Si vous consommez entre 61 et 80 g : acceptable. À condition d'être très actif – d'avoir un travail très physique ou de pratiquer un sport à haut niveau. Ce résultat est trop élevé pour les personnes voulant perdre du poids.
• Si vous consommez plus de 80 g : votre apport est bien trop élevé – à moins d'être un superhéros !

Aliments	Teneur en graisses (en g)	Teneur totale en graisses (en g/jour)
Produits laitiers		
Lait (250 ml) :		
• entier	10	
• demi-écrémé	1	
• écrémé	0	
Yaourt (125 g)		
• au lait entier	4	
• au lait écrémé	0	
Crème glacée (2 boules/100 ml/50 g) :		
• au lait entier à la vanille	5	
• allégée à la vanille	3	
Fromage :		
• à 40 % de matière grasse (1 portion de 20 g)	7	
• à 20 % de matière grasse (1 portion de 30 g)	5	
• allégé (1 portion)	2	

• fromage blanc (2 cuillères à soupe)	2
• ricotta (2 cuillères à soupe)	2
Crème fraîche (1 cuillère à soupe) :	
• épaisse (1 cuillère à soupe)	7
• allégée (crème fleurette)	5

Huiles et assaisonnements

Beurre/margarine (plaquette de 5 g)	4
Huile (tout type) [1 cuillère à soupe/20 ml]	20
Mayonnaise (1 cuillère à soupe)	6
Vinaigrette (1 cuillère à soupe)	5

Viande

Bœuf :

• steak dégraissé (160 g)	5
• steak haché cuit, excédent de graisse ôté (170 g)	21
• saucisse grillée (80 g)	13
• gîte cuit au four (2 tranches dégraissées /80 g)	5
• 2 côtelettes cuites au barbecue et dégraissées	10
• 2 morceaux de gigot d'agneau (60 g)	6
• 2 filets d'agneau grillés au barbecue et dégraissés	6

Porc :

• 1 fine tranche de bacon grillée	6
• 1 tranche de jambon dégraissé	1
• filet de porc dégraissé	3
• jarret rôti dégraissé (3 tranches/60 g)	6
• 1 grosse côtelette dégraissée	9

Poulet :

• escalope (150 g)	8
• pilon (sans peau)	8
• cuisse (sans peau)	12
• ½ poulet cuit au barbecue (avec la peau)	17

Poisson	
1 filet de poisson grillé (grosseur moyenne)	3
Saumon (100 g)	10
4 poissons panés grillés	10
En-cas	
Chocolat (50 g)	25
1 paquet de chips (50 g)	15
1 paquet de chips de maïs (50 g)	14
Cacahouètes (70 g)	36
Frites (1 portion moyenne)	20
Pizza (2 parts)	18
Tourte/saucisse feuilletée	17
Total	

Conseil n° 4 : mangez d'une façon régulière

Si vous consommez régulièrement des aliments à faible index glycémique, vous serez plus vite rassasié aux repas, vous mangerez donc moins, l'apport calorique sera d'autant diminué et vous ne prendrez pas de kilos superflus. Manger un en-cas vous aidera à faire des repas moins copieux et à contrôler votre appétit – à condition, bien sûr, de ne pas vous ruer sur n'importe quoi.

Conseils pour composer vos menus

Voici quelques recommandations qui vous aideront à préparer des repas à faible index glycémique (pour plus d'informations, voir la deuxième partie ; pour des idées de recettes, voir le chapitre 7).

Le petit déjeuner

• Commencez par un bol de céréales avec du lait écrémé ou demi-écrémé, ou un yaourt maigre.

• Goûtez aux céréales All-Bran®, aux flocons d'avoine et autres céréales à faible index glycémique.

• Si vous préférez, optez pour un petit bol de musli sans graisses ajoutées (vérifiez la teneur sur l'emballage).

• Mangez une tartine de pain grillé – ou deux tartines si vous avez une forte corpulence –, de préférence du pain aux céréales à faible index glycémique, avec une cuillerée de confiture, une banane coupée en rondelles, du miel ou encore du fromage blanc allégé avec une pomme coupée en fines lamelles. Si vraiment vous ne pouvez vous passer ni de beurre ni de margarine, utilisez de préférence du beurre allégé à 20 ou à 40 % de matière grasse.

• Vous pouvez également manger des haricots blancs à la sauce tomate – un petit déjeuner typique des pays anglo-saxons –, un œuf à la coque ou un œuf poché, des tomates ou des champignons cuits à la poêle et une tartine de pain grillé.

Le déjeuner

• Pour faire un sandwich, prenez deux tranches de pain (ou coupez un petit pain en deux), sur lesquelles vous étalerez une fine couche de beurre, allégé de préférence. Si possible, choisissez du pain aux céréales complètes plutôt que du pain saupoudré de graines, dont l'index glycémique est plus élevé. Dans votre sandwich, disposez quelques feuilles de salade verte.

• Glissez à l'intérieur une fine tranche de jambon, du pastrami, une fine tranche de rosbif, de poulet ou de dinde, du fromage allégé, des miettes de saumon ou de thon (au naturel) ou des rondelles d'œuf. De la salade composée ou une soupe aux légumes compléteront votre repas.

• En dessert, choisissez un fruit ou une salade de fruits avec un yaourt allégé.

Le dîner

• Votre dîner doit être riche en glucides et en légumes.

• Mangez autant de légumes que vous le souhaitez avec un petit morceau de viande, de poulet ou de poisson.

• Choisissez une viande maigre – bifteck (bœuf), veau, porc, agneau dégraissé, blanc de poulet, dinde – ou des filets de poisson. La viande rouge est riche en fer. Privilégiez les morceaux les moins gras. Pour couvrir vos besoins quotidiens en protéines, une portion suffit. Une portion correspond à la paume de la main – sans compter les doigts.

• Si vous le souhaitez, remplacez la viande par des légumineuses cuites (200 g environ), par exemple des pois, des haricots, des lentilles ou des pois chiches riches en protéines, en fer, en glucides à faible index glycémique et en fibres, mais sans lipides.

• Certains produits d'origine végétale, par exemple le tofu fabriqué à partir de soja, une légumineuse très riche en protéines, remplacent parfaitement la viande.

• Augmentez votre consommation de fruits et terminez toujours votre dîner par un fruit frais, une compote ou un fruit cuit au four.

Les en-cas

• Pour couvrir vos besoins en calcium, consommez au minimum deux produits laitiers par jour. Si vous n'avez mangé ni fromage ni yaourt à l'un des trois repas principaux, faites-vous, dans la matinée ou l'après-midi, un milk-shake avec du lait écrémé ou demi-écrémé. Une ou deux cuillerées de glace ou de crème anglaise allégée couvriront vos besoins en calcium.

• Si vous aimez le pain aux céréales – quelles qu'elles soient –, mangez une tartine grillée lorsque vous avez une petite faim. Vous pouvez également déguster un muffin, une petite crêpe ou un bagel, à condition qu'ils ne soient pas trop riches en beurre ou en margarine.

• Les fruits, pauvres en calories, sont à privilégier pour calmer les petits creux. Si possible, consommez au minimum trois portions de fruits par jour. Ayez toujours un fruit lavé à portée de la main.

• Les biscuits salés, à base d'eau, de sel et de farine, ou les galettes de riz, peu caloriques, sont appréciés des amateurs de biscuits croquants. Toutefois, ils remplissent moins l'estomac qu'une tranche de pain aux céréales.

• Ayez toujours près de vous des légumes crus (céleri, carottes, tomates cerises), lavés et coupés en morceaux, et des légumes blanchis (fleurs de choux-fleurs et de brocolis).

**Mangez du pain aux céréales, des pâtes,
des légumineuses, des fruits et des légumes.**

CHAPITRE 9

SI VOUS SOUFFREZ DE DIABÈTE

Aujourd'hui, le diabète est en passe de devenir l'une des maladies les plus répandues dans le monde : dans de nombreux pays en voie de développement et dans la plupart des nations industrialisées, il constitue une véritable épidémie, l'Organisation mondiale de la santé (OMS) allant même jusqu'à prédire que le nombre des malades diabétiques doublera d'ici quinze à vingt ans. Tandis que dans certains pays en voie de développement, la moitié de la population adulte souffre déjà de cette maladie, dans les sociétés les plus modernes, le nombre des malades progresse d'une manière alarmante : en Australie, l'ensemble diabète/prédiabète affecte près d'un quart de la population ; en France, si les données sont relativement moins préoccupantes, le taux de progression est tout aussi rapide qu'en Australie ou aux États-Unis. Par ailleurs, on estime que, pour chaque patient diagnostiqué diabétique, il existerait un patient déjà diabétique mais encore non diagnostiqué ; l'évaluation en France est un peu moindre – deux patients diagnostiqués pour un non diagnostiqué.

Grâce aux travaux portant sur l'index glycémique, un avenir meilleur semble possible non seulement pour ce qui concerne le traitement des personnes diabétiques mais aussi pour la prévention de la maladie et de ses complications.

**Un régime équilibré peut parfaitement inclure
les aliments à index glycémique élevé
que vous aimez le plus.**

Diabète de type 1, diabète de type 2

Le diabète est une maladie chronique due à une teneur trop élevée de glucose dans le sang (hyperglycémie). Pour abaisser la glycémie, les cellules bêta du pancréas sécrètent de l'insuline, une hormone qui permet au glucose de quitter le système sanguin et de pénétrer dans les cellules du foie, des muscles et d'autres tissus afin d'y être stocké ou utilisé et de fournir de l'énergie à un moment donné. Si le taux d'insuline sécrétée est insuffisant, le diabète apparaît. En général, les enfants et les jeunes adultes ont du diabète quand les cellules bêta du pancréas sont détruites. On parle alors de diabète de type 1, ou diabète insulinodépendant. Pour combler ce déficit, ces patients doivent recevoir des injections d'insuline (insuline exogène, ou insulinothérapie). Ce type de diabète affecte non seulement les enfants et les adolescents mais touche également très souvent les adultes : on estime que 5 à 15 % des personnes atteintes de diabète ont un diabète de type 1.

Dans la plupart des cas, le diabète de type 2, ou diabète non insulinodépendant, apparaît vers la quarantaine, augmentant considérablement de fréquence après cinquante, soixante, soixante-dix ans. Cependant, la maladie tend aussi à se développer chez des sujets de plus en plus jeunes, voire chez des enfants de moins de dix ans qui ne pratiquent aucune activité physique et qui témoignent d'une surcharge pondérale importante.

Le diabète de type 2 apparaît également lorsque l'insuline est sécrétée en quantité insuffisante, en particulier en présence de besoins accrus par la surcharge pondérale ou l'obé-sité (insulinorésistance; voir le chapitre 11). Dans un premier temps, l'organisme lutte pour sécréter davantage d'insuline, mais peu à peu la sécrétion diminue et la quantité d'insuline devient insuffisante. Les traitements administrés aux personnes touchées par ce diabète de type 2 – une réduction de poids, une augmentation de l'activité physique, des comprimés antidiabétiques – visent à les aider à utiliser au mieux l'insuline sécrétée et à stimuler les cellules du pancréas afin qu'elles sécrètent cette hormone le plus long-temps possible. Manger plus qu'il ne faut, être trop gros et ne pas faire d'exercice sont autant de facteurs liés au mode de vie qui favorisent le développement de la maladie, en particulier chez les personnes ayant des diabétiques dans leur famille, c'est-à-dire des personnes entrant dans la caté-gorie des « sujets à risque ». Si une diététique appropriée et une augmentation de l'activité physique deviennent insuf-fisantes, les sujets souffrant de diabète de type 2 doivent recourir à des antidiabétiques oraux ou à des injections d'insuline. 85 % à 90 % des diabétiques souffrent de dia-bète de type 2.

Êtes-vous un sujet à risque ?

Les personnes répondant à l'un ou à l'autre des critères sui-vants ont des risques de développer à plus ou moins long terme un diabète de type 2 :
• être âgé de plus de cinquante-cinq ans ;
• avoir dans sa famille des personnes diabétiques ;
• avoir une surcharge pondérale ;
• avoir de l'hypertension artérielle ;
• avoir ou avoir eu du diabète pendant sa grossesse (diabète gravidique).

Si vous pensez être un sujet à risque, prenez sans plus attendre les mesures nécessaires pour lutter contre le développement de la maladie : surveillez votre poids et essayez de perdre quelques kilos s'il est trop élevé, pratiquez régulièrement une activité physique et augmentez votre consommation d'aliments à faible index glycémique. Si vous consommez avant tout des aliments à faible index glycémique, les fluctuations du taux de glucose seront moins marquées, le pancréas n'aura pas à sécréter un surplus d'insuline pour réguler la glycémie et il pourra remplir son rôle plus longtemps, ce qui retardera le développement de la maladie. Selon une étude menée à l'université de Harvard, une alimentation à base de produits à faible index glycémique et riche en fibres diminuerait les risques de faire un diabète de type 2 (voir p. 250-251).

Pourquoi sommes-nous touchés par cette maladie ?

Pour répondre à cette question, nous devons nous tourner vers le passé, quand nos ancêtres vivaient dans un climat très froid ; les 700 000 dernières années furent marquées par les glaciations – la fin de la dernière période de glaciation remontant à 10 000 ans environ. Durant ces périodes de froid extrême, les plantes comestibles étaient très rares et, pour survivre, les hommes se tournèrent vers la chasse : le fait de consommer des animaux augmenta considérablement leur apport en protéines. En d'autres termes, pendant les périodes de glaciation, nos ancêtres n'eurent d'autre choix pour survivre que de devenir carnivores. Leur mode de vie étant totalement bouleversé, ils résistèrent uniquement parce que leur organisme parvint à s'adapter, même lorsque la nourriture vint à manquer.

Ce régime à base de protéines aurait parfaitement convenu aux personnes dont le patrimoine génétique laissait percevoir une résistance à l'action de l'insuline. En effet, quand l'alimentation est pauvre en glucides, l'organisme doit assurer les besoins en glucose des organes, qui ne possèdent que cette source énergétique comme carburant principal, en particulier le cerveau ; les muscles utilisent d'autres sources énergétiques que le glucose, qui est réservé au fonctionnement du cerveau. Ce mécanisme implique que les muscles soient insulinorésistants. En conclusion, le processus de sélection naturelle a profité aux individus qui, par leur patrimoine génétique, étaient insulinorésistants.

La glycémie varie en fonction de la quantité et du type de glucides consommés.

Depuis la fin de la dernière période de glaciation, l'alimentation – la nature et la quantité des aliments consommés – a considérablement changé. Tout a débuté avec le néolithique et le développement de l'agriculture (voir le chapitre 1, p. 31) ; les hommes qui, jusque-là, consommaient avant tout des protéines animales ont vu leur apport en glucides augmenter par le biais des céréales complètes, des fruits, des légumes et des légumineuses. Le taux de glucose dans le sang aurait dû être modifié : en effet, tant que l'alimentation était riche en protéines, le taux de glucose devait rester à peu près stable après un repas ; à l'inverse, quand les hommes ont commencé à consommer des glucides d'une manière régulière, le taux de glucose sanguin aurait dû s'élever d'une façon excessive après les repas – l'augmentation de la glycémie dépendant de l'index glycémique des glucides. Des céréales telles que l'épeautre avaient un index glycémique particulièrement faible ; ces aliments devaient donc avoir des effets minimes sur le taux de glucose dans le sang, et la demande insulinique devait également être faible.

Le deuxième changement majeur dans le mode de vie de nos ancêtres est lié à l'industrialisation (voir le chapitre 1,

p. 34) ; peu à peu, les céréales complètes ont été délaissées au profit des glucides très raffinés qui, nous le savons aujourd'hui, augmentent l'index glycémique d'un aliment et transforment un aliment possédant naturellement un faible index glycémique en un aliment à index glycémique élevé. Quand un aliment à index glycémique élevé est consommé, la glycémie s'accroît fortement. Pour stabiliser le taux de glucose sanguin, l'organisme sécrète alors de l'insuline en grande quantité. Nombreux sont les produits transformés – nourriture et boissons – que nous entassons chaque jour dans nos Caddies qui ont un index glycémique très élevé ; en les consommant, nous « forçons » les cellules bêta du pancréas à sécréter de plus en plus d'insuline.

Le troisième changement est apparu au cours de ces cinquante dernières années : la quantité de produits prêts à consommer, plats à emporter et autres menus proposés dans les fast-foods n'a cessé d'augmenter, ne faisant qu'aggraver la situation. Non seulement nous consommons des aliments à index glycémique élevé mais nous mangeons également des produits riches en graisses. Or, nous le savons, une telle alimentation fait grossir (voir le chapitre 8), et l'insuline a alors plus de mal à contrôler la glycémie. En d'autres termes, l'organisme est encore plus résistant à l'action de l'insuline. Manger d'une manière continue des aliments riches en glucides et à index glycémique élevé contraint l'organisme à produire des quantités de plus en plus importantes d'insuline afin de contrôler le taux de glucose dans le sang. Témoigner de ce type d'alimentation et être insulino-résistant constituent deux facteurs qui favorisent le développement du diabète.

Des siècles sont nécessaires pour que l'organisme s'adapte à des modifications radicales de l'alimentation. En Europe, les hommes ont disposé de plusieurs milliers d'années pour s'adapter à un régime riche en glucides ; ainsi ont-ils été plus à même de s'habituer aux changements progressifs de l'index glycémique des aliments. Tel n'a pas été le cas de certaines populations, par exemple les habitants des îles du Pacifique, les Aborigènes d'Australie et les Indiens d'Amérique, passés brutalement à une alimentation à index glycémique élevé. Cette différence explique le taux de pénétration plus faible du diabète dans les populations de type européen par rapport à ces ethnies (3 à 15 % pour les premières, contre 30 à 60 % pour les secondes). Même si l'organisme fait ce qu'il peut, tant que nous continuerons à engloutir quantité d'aliments à index glycémique élevé et riches en graisses, il aura de plus en plus de mal à tenir bon ; pour preuve, le nombre toujours croissant de personnes chez lesquelles le diabète est diagnostiqué. Pendant des années, des chercheurs de l'université de Harvard ont mené plusieurs études sur des milliers d'hommes et de femmes. Les résultats sont probants : les personnes qui consomment beaucoup de produits raffinés à index glycémique élevé présentent deux à trois fois plus de risques de développer un diabète de type 2 ou une maladie cardio-vasculaire. Les individus susceptibles de souffrir un jour ou l'autre de diabète comptent parmi les populations qui n'ont pas eu le temps de s'habituer aux transformations de leur mode de vie, en particulier de leur alimentation.

Remplacez les aliments à index glycémique élevé par des aliments à faible index glycémique.

L'évolution des régimes et des traitements

Si vous avez du diabète, vous devez impérativement surveiller votre alimentation. Les personnes diabétiques doivent en permanence tenter de maintenir leur taux de glucose sanguin à des valeurs normales (comprises entre 0,8 et 1,2 g/l) ; certains patients recourent à des antidiabétiques oraux ou à des injections d'insuline. Mais quel que soit le traitement suivi, tous doivent être très vigilants quant à leur alimentation afin de contrôler leur glycémie et de limiter le développement des maladies cardio-vasculaires. Rester le plus près possible des valeurs normales permet d'éviter un grand nombre de complications liées ou associées au diabète – crise cardiaque, infarctus, cécité, néphropathie (altération de la fonction rénale) et amputations.

Pendant plus d'un siècle, on a conseillé aux personnes diabétiques de suivre des régimes alimentaires qui reposaient plus sur des théories non fondées – même si elles étaient logiques – que sur des travaux scientifiques. En 1915 par exemple, des chercheurs écrivaient dans le *Boston Medical and Surgical Journal* que le meilleur régime pour les diabétiques était de « restreindre le plus possible leur alimentation », c'est-à-dire d'adopter un régime très pauvre en calories et entrecoupé de jours de jeûne. Hélas, le résultat fut la malnutrition !

Dans les années 1920, les diabétologues commencèrent à prôner des régimes très riches en graisses. Ignorant les dangers de tels régimes, ils se basaient sur le fait que les graisses ne se décomposent pas pour se transformer en glucose dans le sang. Aujourd'hui, nous savons que ces régimes ne font qu'accélérer le développement des maladies cardio-vasculaires – principales causes de décès des personnes diabétiques.

Il fallut attendre les années 1970 pour que les bienfaits des glucides chez les personnes souffrant de diabète soient reconnus : les scientifiques avaient découvert que non seulement les glucides limitaient l'effet hyperglycémiant des repas mais également que l'organisme était plus sensible à l'action de l'insuline après la consommation d'aliments riches en glucides. En effet, les seuls nutriments présents dans les aliments qui affectent le taux de glucose sanguin sont les glucides ; quand nous mangeons des aliments riches en glucides, ces derniers sont digérés et transformés en glucose, ce qui se traduit par une augmentation de la glycémie.

L'organisme répond immédiatement en sécrétant de l'insuline. Cette hormone libère l'excès de glucose dans le sang, qui est alors acheminé vers les muscles où il est transformé en glycogène. Le glycogène est, le moment venu, utilisé comme une réserve en carburant. La glycémie baisse et revient à des valeurs normales.

Certaines personnes pensent à tort que, dans la mesure où les glucides augmentent le taux de glucose sanguin, ils doivent être exclus du régime alimentaire des sujets diabétiques. Or, les glucides ont tout à fait leur place dans le régime des diabétiques, car ils rendent l'organisme plus sensible à l'action de l'insuline et stimulent l'endurance physique ; par ailleurs, les performances intellectuelles sont meilleures après un repas constitué de glucides qu'après un repas composé uniquement de protéines et de lipides.

Pour une personne diabétique, ce n'est pas tant la *quantité* que la *nature* des glucides ingérés qui importe.

Pendant des années et des années, le sucre a été banni des régimes alimentaires des diabétiques sous prétexte qu'il était un glucide « dangereux » car très hyperglycémiant. À cause de sa structure simple (voir le chapitre 2, pp. 44-45), les scientifiques affirmaient que le sucre était digéré et absorbé par l'organisme beaucoup plus vite que n'importe quel autre glucide, notamment l'amidon. Nous savons aujourd'hui que cette hypothèse est fausse ; à la fin des années 1970, des travaux portant sur des repas-tests montrèrent des similitudes entre les réponses glycémiques à la consommation de produits à base de sucre et de produits à base d'amidon – la glycémie n'augmentant ni plus ni moins après l'ingestion de 50 g de glucides sous la forme de pommes de terre ou de 50 g de glucides sous la forme de sucre. Plus troublant encore, la glycémie augmentait moins après l'absorption d'une crème glacée que de pommes de terre ! Ces découvertes amenèrent les chercheurs à étudier davantage l'index glycémique des aliments afin d'en savoir plus sur la manière dont l'organisme réagit à l'ingestion de différents glucides.

Chacun doit apprendre à consommer moins de graisses saturées.

Histoire de Paul

« J'ai cinquante-quatre ans et je suis P.-D.G. d'une grande entreprise, avec tout ce que cela sous-entend, notamment les repas sautés, une alimentation peu ou pas équilibrée du tout – le plus souvent, je prends un seul repas par jour, le dîner –, de longues journées de travail, du stress…

N'étant pas en grande forme depuis un certain temps, j'ai finalement pris rendez-vous avec mon médecin traitant, qui m'a prescrit quelques prises de sang. Le résultat ne s'est pas fait attendre : une glycémie anormale et deux ou trois autres "petites" anomalies que j'ai eu tendance à minimiser.

Mon médecin m'a adressé à une nutritionniste qui – je lui en suis reconnaissant maintenant que je sais tout ce que je sais – avait étudié l'index glycémique des aliments et ses répercussions sur l'organisme.

Bon, passons sur les détails ! Trois mois plus tard, j'avais perdu douze kilos. S'il m'en reste encore deux ou trois à perdre, je me sens déjà beaucoup mieux, aussi bien sur le plan physique que moral. Ma femme a également perdu entre six et sept kilos, et même si elle doit encore en perdre un ou deux, elle aussi se sent bien mieux.

Je dois faire de nouvelles analyses de sang, mais d'ores et déjà, Annie, la nutritionniste, et moi-même sommes confiants : les résultats seront certainement améliorés, voire corrigés. Lors de notre premier rendez-vous, j'avais précisé à Annie que je n'étais pas venu la consulter uniquement pour perdre du poids ou pour tenter d'enrayer les symptômes annonciateurs du diabète. Si j'étais parfaitement conscient de devoir en passer par là, mon but était, à plus long terme, de changer mes habitudes alimentaires et mon mode de vie.

Même s'il me reste encore beaucoup à faire, je crois que j'ai déjà bien avancé. Pour ce qui est de l'index glycémique des aliments, la théorie et la pratique sont assez simples à comprendre, car elles découlent du bon sens. J'ai lu les autres ouvrages que vous avez publiés et je suis les conseils que vous donnez. Par ailleurs, je visite souvent votre site Internet.

Voilà, je vous ai tout raconté. Continuez le travail merveilleux que vous avez commencé. Bien à vous.

Paul. »

Pendant toutes les années 1970 et une grande partie des années 1980, les scientifiques ont travaillé sur la quantité de glucides à préconiser dans les régimes. Dans l'ensemble des laboratoires de recherche, le mot « portion » était sur toutes les lèvres, une « portion de glucides » correspondant pour chaque aliment riche en glucides à une teneur comprise entre 10 et 20 g – précisons que cette fourchette variait d'un pays à l'autre !

À cette période, la théorie fondée sur les portions laissait supposer que, quels que soient les glucides, à partir du moment où la quantité consommée était la même, les répercussions sur la glycémie étaient identiques. Il fallut se rendre à l'évidence : cette hypothèse dépourvue de tout fondement rationnel devait être écartée. Heureusement, des rapports scientifiques de qualité sont venus étayer les recommandations faites aux patients diabétiques en matière d'alimentation. Si les travaux sur l'index glycémique n'ont pas remis en cause l'importance de la quantité de glucides dans l'alimentation, ils ont en revanche souligné le rôle crucial de la nature des glucides ; ils nous ont montré que la seule façon d'accroître la quantité de glucides dans le régime des personnes diabétiques, sans qu'il y ait augmentation de la glycémie, est de consommer des aliments à faible index glycémique.

Mangez du pain aux céréales, des pâtes, des légumineuses, des fruits et des légumes.

Histoire d'Hélène

Hélène a cinquante ans. Depuis des années, elle se bat pour perdre du poids. Elle a bien essayé de se joindre à ses voisins qui font régulièrement de la marche mais, par manque d'énergie, elle a vite abandonné. Faire ce qu'elle doit faire au quotidien lui coûte déjà beaucoup. Ses 95 kg pour 1,68 m n'arrangent rien, et elle n'a pas le moral. Sa mère était diabétique, et Hélène sait bien qu'avoir des kilos en trop ne fait qu'augmenter les risques d'être à son tour, un jour ou l'autre, frappée par la maladie, mais aucun des régimes qu'elle a suivis jusqu'alors n'a marché. Quand son médecin lui a annoncé qu'elle avait du diabète, elle n'a pas été étonnée. Au contraire, elle s'est sentie soulagée. La maladie expliquait peut-être sa fatigue.

Son médecin l'a confiée à un diététicien. À première vue, son alimentation pouvait sembler correcte : au petit déjeuner, elle mangeait une tranche de pain complet grillé et buvait du thé noir ; au déjeuner, elle se contentait d'un repas frugal — du céleri, une salade composée avec une tranche de fromage ou de viande froide, ou un œuf avec deux crackers légèrement beurrés ; au dîner, elle prenait en général une soupe, de la viande et des légumes, mais jamais plus d'une petite pomme de terre ; en dessert, elle prenait toujours un fruit. Mais à y regarder de plus près, Hélène n'avait pas une alimentation équilibrée. En effet, elle consommait trop de protéines et de graisses saturées, et pas assez de glucides. Les aliments qu'elle prenait n'étaient pas assez variés, ce qui entraînait des carences. De plus, elle avait souvent un petit creux entre les repas, et elle devait se faire violence depuis qu'elle avait décidé de ne plus manger ni sucreries ni pâtisseries.

Dans un premier temps, nous nous sommes intéressés à la fréquence des repas. Hélène mangeait trois fois par jour parce qu'on lui avait toujours dit que c'était mieux pour elle. Elle a accepté de suivre nos conseils et de prendre un fruit ou un morceau de pain entre deux repas. Bien qu'elle ne suive aucun traitement médicamenteux contre le diabète, nous pensions que lui autoriser un en-cas pendant la matinée et un autre au milieu de l'après-midi l'aiderait à stabiliser sa glycémie et à maigrir.

Ensuite, nous avons passé en revue son apport quotidien en glucides et nous avons dressé la liste des aliments à faible index glycémique qu'elle devait consommer en priorité à chaque repas. Comme vous le savez, les glucides favorisent la satiété : Hélène, étant plus vite rassasiée, n'avait plus besoin de consommer autant de protéines qu'auparavant.

Au petit déjeuner, nous lui avons conseillé une orange pressée et un bol de flocons d'avoine avec des raisins secs et du lait écrémé. Si elle avait encore faim, elle pouvait prendre une tranche de pain grillé aux céréales ou aux raisins secs.

Au déjeuner, elle avait le choix entre un sandwich au pain complet avec une tranche de viande maigre, une salade composée et un fruit en dessert, une soupe aux légumes ou des pâtes avec une sauce légère et une salade composée.

Pour le dîner, nous lui avons recommandé de manger moins de viande et plus de légumes. Peu à peu, elle a pris conscience des bienfaits des glucides sur son organisme et, le soir, elle se préparait systématiquement des pâtes ou du riz, ou encore une pomme de terre. Deux fois par semaine, elle se composait un dîner végétarien : un minestrone ou des lasagnes aux légumes. Si, dans la soirée, elle avait un petit creux, elle s'autorisait un yaourt ou un fruit.

Au bout d'un mois, nous avons fait le point : Hélène se sentait beaucoup mieux et avait pu reprendre une activité physique. Cinq fois par semaine, elle marchait pendant une demi-heure après le dîner. En six mois, elle a perdu 15 kg et son taux de glucose dans le sang reste dans les limites de la normale. Chaque jour, elle mange à sa faim et apprécie ce qui est dans son assiette.

Adopter une alimentation à faible index glycémique comme l'a fait Hélène n'est pas aussi difficile qu'il y paraît. En effet, on peut presque toujours remplacer les aliments à index glycémique élevé que l'on consomme au quotidien par d'autres, presque similaires, mais à faible index glycémique. De plus, il est prouvé scientifiquement que le fait de remplacer des aliments à index glycémique élevé par d'autres à faible index glycémique permet aux personnes diabétiques de mieux contrôler leur glycémie.

Nous avons fait des tests sur des personnes atteintes de diabète de type 2, leur demandant de remplacer les aliments à index glycémique élevé qu'elles consommaient d'ordinaire par des aliments équivalents, mais à faible index glycémique : au bout de trois mois, leur glycémie avait considérablement baissé. Toutes ces personnes nous ont affirmé n'avoir eu aucun mal à modifier leurs habitudes alimentaires ; plus encore, elles ont apprécié découvrir des produits qui leur permettaient de varier leurs repas.

Remplacez des aliments à index glycémique élevé par des aliments à faible index glycémique

Aliments à index glycémique élevé	Aliments de substitution à faible index glycémique
Du pain complet ou du pain blanc	Du pain aux céréales complètes, notamment du pain au levain
Des céréales du petit déjeuner raffinées	Des céréales non raffinées, par exemple des flocons d'avoine (vérifiez leur index glycémique dans les listes d'aliments, en quatrième partie)
Des gâteaux, des biscuits sucrés et salés, des beignets et des scones	Des fruits frais, des fruits au sirop, du lait et des yaourts
Du riz et des pommes de terre	Des patates douces, des pâtes, des légumineuses, du riz basmati ou doongara

Des études menées sous l'égide d'autres scientifiques ont donné des résultats similaires, qu'il s'agisse de diabète de type 1 ou de diabète de type 2. Des travaux de grande ampleur réalisés en Australie, en Europe et au Canada sur des patients souffrant de diabète de type 1 ont montré que plus l'index glycémique des aliments consommés est faible, plus il est facile de contrôler la glycémie, donc d'éviter que la maladie s'aggrave. En réalité, les résultats obtenus après une modification des habitudes alimentaires sont en général meilleurs que ceux obtenus avec des médicaments ou des piqûres d'insuline ! Changer ses habitudes alimentaires ne signifie pas devoir se priver de ses aliments préférés au profit de produits sans saveur : pour preuve, les recettes présentées dans le chapitre 7. L'histoire de Robert ne fait que confirmer nos dires.

Histoire de Robert

Robert a soixante-deux ans ; il est diabétique. Il prend sa maladie très au sérieux : depuis qu'elle a été diagnostiquée, il mange moins, il a perdu du poids et il pratique régulièrement une activité physique ; chez lui, il effectue une autosurveillance permanente en prélevant une goutte de sang sur le bout de son doigt afin de connaître son taux de glucose sanguin.

Mais, malgré tous ses efforts, après le petit déjeuner, il n'arrive jamais à avoir une glycémie postprandiale inférieure à 1,4 g/l. À première vue, ce qu'il mange au petit déjeuner est, sur le plan diététique, parfaitement adapté à une personne diabétique : 40 g de céréales avec 250 ml de lait et deux tranches de pain complet grillées et légèrement beurrées. Malgré cela, chaque matin, sa glycémie frôle les 2 g/l. Robert a accepté de remplacer les céréales – des glucides à index glycémique élevé – par un bol de flocons d'avoine – des glucides à faible index glycémique. L'effet a été immédiat : sa glycémie après le petit déjeuner n'est plus que de 1,26 g/l.

Si vous avez du mal à contrôler votre taux de glucose sanguin après un repas (glycémie postprandiale), vérifiez l'index glycémique des produits que vous avez consommés en consultant les listes d'aliments figurant dans la quatrième partie et voyez s'il vous est possible de remplacer les aliments à index glycémique élevé par des aliments équivalents à faible index glycémique, car un repas à faible index glycémique peut faire baisser considérablement la glycémie postprandiale.

L'action des graisses

Ne croyez pas que les graisses ne sont pas importantes : elles le sont, notamment pour les personnes ayant des problèmes de surpoids. Précisons que, à la différence des glucides, les graisses ne font pas augmenter le taux de glucose dans le sang. néanmoins, le fait d'être trop gros et de consommer des aliments riches en lipides empêche l'insuline d'effectuer correctement son travail ; d'une manière indirecte, cela se traduit donc par une augmentation de la glycémie. Manger des pommes de terre ou du riz cuits dans la graisse pose un double problème : non seulement l'index glycémique élevé des pommes de terre et du riz fait monter la glycémie mais l'excès de graisses risque de compromettre le travail de l'insuline, qui ne peut plus éliminer correctement l'excès de glucose présent dans le sang. Si vous êtes sceptique, testez votre glycémie le jour qui suit un dîner très riche en graisses, et vous verrez.

Bien choisir ses collations

L'index glycémique est un facteur très important dès lors que les glucides sont ingérés seuls ; en effet, ces derniers affectent plus le taux de glucose sanguin quand ils ne sont pas mélangés à d'autres nutriments, en particulier lors des collations prises parfois par la plupart des diabétiques à plusieurs moments de la journée. Au moment de choisir un encas, privilégiez toujours les aliments à faible index glycémique, par exemple une pomme.

Certains aliments à index glycémique très faible tels que les cacahouètes (valeur de l'IG = 14) possèdent une teneur en graisses très élevée – qui plus est des graisses insaturées – et sont par conséquent fortement déconseillés aux personnes ayant une surcharge pondérale – même si, bien sûr, ces personnes peuvent « craquer » et se faire plaisir de temps à autre, à condition de se contenter d'une poignée de cacahouètes et de ne pas engloutir le paquet entier !

Pour calmer les petits creux, privilégiez dans la mesure du possible les aliments pauvres en graisses et à faible index glycémique :

- une tranche de pain complet avec des raisins secs ;
- une pomme ;
- une petite banane ;
- une orange ;
- des abricots secs (cinq à six oreillons) ;
- un yaourt aux fruits à 0 % de matière grasse ;
- un cornet de glace allégée (une boule) ;
- un verre de lait écrémé ;
- un milk-shake à base de lait écrémé ;
- une petite boîte de haricots blancs à la sauce tomate.

La plupart des personnes diabétiques suivent un traitement médicamenteux pour stabiliser leur taux de glucose sanguin. Or, il suffit parfois de privilégier les aliments à faible index glycémique pour stabiliser la glycémie sans avoir recours à des médicaments. Malheureusement, il arrive qu'en dépit de tous vos efforts vous ne puissiez pas vous passer d'un traitement, en particulier si vous souffrez de diabète de type 2 ; en effet, au fil des ans, les cellules bêta du pancréas ont de plus en plus de mal à sécréter de l'insuline.

**Des tests cliniques l'ont prouvé :
un faible index glycémique ralentit le développement
du diabète et des maladies cardio-vasculaires.**

L'hypoglycémie : l'exception à la règle

Certains sujets diabétiques traités par des antidiabétiques oraux (sulfamides hypoglycémiants) ou par des injections d'insuline voient parfois leur glycémie tomber en dessous de 0,6 g/l, ce qui est inférieur à la valeur normale : la faim se fait ressentir, des tremblements et des sueurs apparaissent, et les facultés intellectuelles, notamment la concentration, sont altérées. C'est ce qu'on appelle l'hypoglycémie (voir le chapitre 10).

En l'absence de traitement, cette sensation de malaise peut aboutir à une perte de connaissance totale et à une chute. Le sujet doit réagir au plus vite afin d'empêcher cette évolution, et ce en mangeant du sucre ou un aliment glucidique : deux à trois morceaux de sucre numéro 4 (10 à 15 g), deux à trois petits beurres ou un petit verre d'une boisson pétillante non « light » corrigeront rapidement la situation. Il est recommandé au patient de vérifier de nouveau sa glycémie une demi-heure plus tard et de manger à nouveau quelque chose (du pain ou un fruit) si son taux de glycémie n'est pas supérieur à 0,80 g/l.

Histoire de Jeanne

Jeanne fait souvent des hypoglycémies pendant la nuit, ce qui lui pose un réel problème. Elle a baissé peu à peu ses doses d'insuline, mais le trouble persiste. Elle a testé différents glucides mais, vers 3 h du matin, invariablement, elle est en hypoglycémie. Finalement, elle a trouvé l'aliment qui l'a sauvée : le lait ! En effet, elle s'est aperçue qu'un grand verre de lait avant de se coucher était plus bénéfique que les biscuits qu'elle avait pris l'habitude de manger. Maintenant, elle peut passer une nuit entière sans craindre l'hypoglycémie.

Les complications du diabète

Si le diabète est insuffisamment contrôlé, si une hyperglycémie significative persiste au fil des ans et si, d'examen en examen, le taux de l'hémoglobine glyquée reste élevé, des dommages irréversibles touchant les artères et les capillaires au niveau du cœur, des jambes, du cerveau, des yeux et des reins peuvent s'installer. Cela explique le nombre élevé de crises cardiaques (infarctus), d'amputations des membres inférieurs, d'accidents vasculaires cérébraux (attaques cérébrales), de cécité, de néphropathie (altération de la fonction rénale) et d'urémie. De plus, le diabète détériore parfois le système nerveux au niveau des pieds, ce qui se traduit par différents symptômes : des douleurs, un engourdissement et une perte de la sensibilité.

Par conséquent, les personnes souffrant de diabète de type 2 ont tout intérêt à consommer des aliments à faible index glycémique, qui leur permettront de contrôler le taux de glucose sanguin et qui amélioreront les taux de cholestérol et de triglycérides dans le sang, sans nécessité d'une sécrétion excessive d'insuline. Les grosses artères seront alors moins endommagées : cela est crucial, dans la mesure où les problèmes cardio-vasculaires comptent parmi les complications les plus courantes liées au diabète.

**La charge glycémique dépend à la fois
de la quantité et de la nature des glucides.**

Un conseil

Plusieurs facteurs peuvent affecter la glycémie. Si vous souffrez de diabète et si vous avez du mal à contrôler votre taux de glucose sanguin, n'hésitez pas à consulter un spécialiste. Demandez-vous également si vous pratiquez une activité physique suffisante, si vous n'êtes pas trop gros ni trop stressé et si vous avez une bonne alimentation. Vous avez peut-être besoin d'autres médicaments ; votre médecin vous le dira.

Un régime adapté

Le régime qui convient le mieux aux personnes diabétiques doit comporter :
• beaucoup de céréales complètes (flocons d'avoine, orge, semoule, blé concassé), de pain complet, de légumineuses (haricots rouges, lentilles…) et toutes les variétés de légumes et de fruits ;
• peu de graisses, notamment de graisses saturées ; évitez les biscuits, les gâteaux, le beurre, les chips, les fritures, les produits laitiers entiers, les viandes grasses et la charcuterie, et privilégiez les huiles mono- et polyinsaturées ;
• une consommation limitée de sucre et d'aliments sucrés ; pour donner du goût à un plat et vous faire plaisir, prenez du sucre, du miel, du sirop de sucre de canne et de la confiture, mais en petite quantité ;
• une consommation modérée d'alcool ; buvez au maximum trois verres de vin par jour pour un homme, contre deux verres de vin pour une femme ;
• très peu de sel et d'aliments salés ; pour donner de la saveur aux aliments, prenez du jus de citron, du poivre noir fraîchement moulu, de l'ail, du piment rouge, des herbes aromatiques et des épices, meilleurs pour la santé que le sel.

CHAPITRE 10

EN CAS D'HYPOGLYCÉMIE

L e diagnostic d'hypoglycémie, hors de tout diabète bien sûr, a longtemps été une « maladie à la mode » – « Je fais de l'hypoglycémie ». Il s'agit souvent d'un diagnostic un peu fourre-tout, qui rassemble des symptômes variés – des « coups de pompe », une sensation de malaise, de la fatigue... – mais qui peut aussi correspondre réellement à une baisse plus ou moins importante de la glycémie, à une réelle hypoglycémie. Pour les quelques personnes qui souffrent véritablement de cette anomalie, un malaise survenant d'ordinaire deux à trois heures après un repas souvent trop riche en boissons sucrées et en aliments à index glycémique élevé, le remplacement par des aliments à faible index glycémique a un rôle crucial à jouer.

Quand des glucides sont consommés au cours d'un repas, le taux de glucose dans le sang augmente. Les cellules bêta du pancréas sécrètent alors de l'insuline, qui « chasse » le glucose hors du système sanguin pour l'acheminer vers les muscles et le foie où il sera stocké pour être restitué sous la forme d'énergie permettant à chacun d'entre nous de mener à bien ses tâches. Chez les personnes en bonne santé, les cellules bêta produisent juste la quantité d'insuline nécessaire pour que le processus se déroule d'une manière correcte et que le taux de glucose sanguin revienne à une valeur moyenne. Mais, chez certains individus, le taux de glucose dans le sang monte trop vite après un repas, ce qui entraîne une sécrétion d'insuline excessive ; la quantité de glucose quittant le sang est trop importante et le taux de glucose sanguin chute en dessous des valeurs normales. C'est ce qu'on appelle l'hypoglycémie réactionnelle.

L'hypoglycémie est accompagnée de symptômes plus désagréables les uns que les autres, dont la plupart ne sont pas sans évoquer les symptômes liés au stress : des sueurs, des tremblements, des crises d'angoisse, une palpitation et une faiblesse. D'autres symptômes affectent les fonctions mentales et se traduisent par de l'agitation, de l'irritabilité, des troubles de la concentration ou de la somnolence.

Toutefois, ce n'est pas parce que vous observez l'un de ces symptômes que vous souffrez nécessairement d'hypoglycémie réactionnelle ; en effet, pour être sûr qu'il s'agit d'hypoglycémie, il est indispensable de vérifier que ces symptômes sont bien accompagnés d'une baisse du taux de glucose – ce qui n'est détectable que par une analyse de sang. Il est difficile pour une personne de faire une prise de sang au moment précis où elle ressent l'un de ces symptômes, même si les sujets diabétiques sont habitués à le faire eux-mêmes, en se piquant le bout d'un doigt et en testant une petite goutte de sang sur une bandelette réactive. Votre médecin pourra éventuellement vous proposer un test de tolérance au glucose : on fait boire du glucose pur dilué dans de l'eau, ce qui entraîne une hausse de la glycémie ; si une trop grande quantité d'insuline est sécrétée, la personne souffrant d'hypoglycémie réactionnelle verra son taux de glucose sanguin chuter fortement et rapidement.

Comment traiter ?

Traiter l'hypoglycémie réactionnelle revient à empêcher les hausses rapides et marquées du taux de glucose sanguin. Si l'augmentation du taux de glucose dans le sang est contrôlée, il n'y aura pas de sécrétion excessive d'insuline et la glycémie ne chutera pas d'un seul coup sous les valeurs normales.

Pour que le taux de glucose sanguin augmente d'une façon lente et régulière, remplacez les aliments à index glycémique élevé par des aliments à faible index glycémique, notamment si vous consommez un glucide seul. Si vous évitez des montées brutales suivies de chutes tout aussi brutales de la glycémie, vous vous sentirez beaucoup mieux.

Sachez que l'hypoglycémie est rarement liée à un problème médical grave ; si tel est le cas, des analyses approfondies doivent être pratiquées afin qu'un traitement adéquat soit prescrit. Les personnes chez lesquelles l'hypoglycémie réactionnelle est diagnostiquée ont souvent de mauvaises habitudes alimentaires : elles ne prennent pas leurs repas à heure fixe, voire sautent les repas.

Pour prévenir l'hypoglycémie réactionnelle

• Mangez d'une façon régulière – lors des repas et des collations –, soit toutes les trois heures environ.
• Privilégiez les aliments riches en glucides à faible index glycémique, aussi bien dans les repas que dans les collations.
• Consommez des aliments à index glycémique élevé et faible afin de composer un repas à index glycémique moyen.
• Quand vous avez un petit creux, évitez de manger uniquement des aliments à index glycémique élevé, car ce type d'aliment favorise l'hypoglycémie réactionnelle.

CHAPITRE 11

LES MALADIES CARDIO-VASCULAIRES
ET LE SYNDROME MÉTABOLIQUE

S aviez-vous que les premières causes de mortalité dans les pays industrialisés sont les maladies cardio-vasculaires ? Dans ces sociétés, chaque jour, une personne a un problème cardiaque toutes les dix minutes, la plupart des pathologies étant dues à l'athérosclérose – l'épaississement et l'obstruction des artères. En général, l'athérosclérose se développe peu à peu au fil des ans ; si l'évolution est lente, il peut n'y avoir aucune conséquence, même à un âge avancé, mais si la maladie évolue rapidement – parce que les taux de cholestérol ou de glucose dans le sang sont élevés, par exemple –, des troubles graves risquent de se révéler brutalement, y compris chez des individus assez jeunes.

Pour protéger son cœur, surveiller son taux de glucose sanguin est aussi important que surveiller son taux de cholestérol.

L'athérosclérose est une maladie qui est accompagnée d'un ralentissement ou d'un arrêt de la circulation du sang dans les artères de certains organes. Si ce sont les artères irriguant le cœur, les artères coronaires, qui sont touchées, alors peuvent survenir des douleurs dans la poitrine, appelées « angine de poitrine », et parfois un infarctus du myocarde, c'est-à-dire une destruction d'une partie de la paroi du cœur. Quelle que soit l'artère endommagée, qui dit athérosclérose dit ralentissement de la circulation sanguine. Si ce sont les artères des membres inférieurs qui sont touchées, des douleurs apparaissent au niveau du mollet pendant un exercice physique, en particulier pendant la marche. S'il s'agit des artères cérébrales, la personne peut brusquement sentir une difficulté à parler, à saisir un objet, à marcher (accident vasculaire cérébral) ou avoir une asymétrie du visage ; ces anomalies peuvent être transitoires, ne durer que quelques minutes ou au contraire se confirmer en une attaque de paralysie.

Le meilleur traitement de toutes ces lésions est préventif, c'est-à-dire qu'il a pour but d'empêcher qu'elles apparaissent, et cela grâce à des conseils diététiques qu'il faut commencer à suivre très tôt dans sa vie, surtout si l'on appartient à une famille à risque où les maladies vasculaires, le diabète ou l'hypertension artérielle ont frappé nombre de ses membres. Si des lésions sont déjà installées, cela peut se faire insidieusement, d'où la nécessité d'un dépistage régulier ; votre médecin vous conseillera. Des examens aux ultrasons de vos artères, des explorations cardiaques, en particulier des électrocardiogrammes, vous seront alors peut-être prescrits. Même dans ces cas évolués, la médecine actuelle, qui ne peut pas tout, n'est cependant pas désarmée.

Se préoccuper uniquement de l'index glycémique des aliments n'est pas la solution.

Le syndrome métabolique

Selon plusieurs études, 8 à 15 % des Français, tous âges confondus, sont atteints du syndrome métabolique, qui regroupe une constellation d'anomalies, cliniques ou métaboliques, parmi lesquelles une surcharge pondérale pouvant atteindre le stade de l'obésité et en particulier :

• une accumulation de graisse au niveau de l'abdomen ;

• une élévation de la pression artérielle, qui peut atteindre les niveaux de l'hypertension artérielle caractérisée ;

• une anomalie de la glycémie, modérée ou déjà caractéristique du diabète ;

• des anomalies de certaines graisses circulant normalement dans le sang : une élévation des triglycérides et une diminution du taux du « bon » cholestérol (le cholestérol HDL).

Ce syndrome métabolique est parfois également appelé syndrome d'insulinorésistance car, dans ces conditions, l'organisme devient moins sensible à l'action de cette hormone, qu'il faut alors sécréter en de beaucoup plus grandes quantités pour contrôler la glycémie : le taux d'insuline dans le sang est élevé à jeun, mais surtout après les repas. L'un des meilleurs critères qui peut attirer l'attention est, quel que soit le poids, l'augmentation du tour de taille. Si vous avez un tour de taille supérieur à 90-95 cm pour un homme et 80-82 cm pour une femme, vous avez peut-être déjà un syndrome métabolique ou ce dernier a toutes probabilités de se constituer dans les années à venir. L'une des questions qui revient le plus souvent est la suivante : pourquoi y a-t-il autant de personnes concernées par la résistance à l'insuline ? Nous savons que le patrimoine génétique et l'environnement que nous nous sommes créé y sont pour beaucoup ; quand elles ont adopté le mode de vie occidental, certaines populations ont été particulièrement menacées, notamment les Asiatiques d'Extrême-Orient, d'Inde ou des îles de l'océan Indien (voir aussi le chapitre 9, p. 255).

Quelle que soit l'origine ethnique, la résistance à l'insuline s'aggrave avec les années, moins à cause du vieillissement lui-même que parce qu'il s'accompagne de changements physiques et comportementaux – de la graisse stockée au niveau de l'abdomen, une réduction de l'activité physique et la perte d'un pourcentage plus ou moins élevé de la masse musculaire ; au fil des ans, des lésions vasculaires s'installent et les maladies cardio-vasculaires se développent. Il semblerait que le régime alimentaire joue également un rôle ; en effet, l'insulinorésistance est souvent associée à une alimentation riche en graisses, tandis qu'une alimentation riche en glucides semble au contraire augmenter la sensibilité à l'insuline.

**Profitez des bienfaits de la viande maigre,
du poisson et des produits laitiers
pauvres en matière grasse.**

Pourquoi certaines personnes sont-elles menacées d'une maladie cardio-vasculaire ?

L'athérosclérose commence très tôt dans la vie : le vieillissement, et en particulier le vieillissement artériel, débute... dès la naissance et même dans la vie intra-utérine ! Durant ces dernières décennies, le processus de vieillissement artériel qu'on appelle athérosclérose a été l'objet d'un nombre considérable de travaux, qui ont permis de mieux cerner certains des facteurs en cause. Théoriquement, un excès d'athérosclérose pourrait être évité si ces facteurs étaient dépistés très tôt dans la vie d'un individu et s'ils étaient corrigés. Malheureusement, un dépistage est rarement fait avant l'âge de quarante-cinq ans – la prévention est encore trop souvent le parent pauvre de la médecine. Le minimum à faire est de se concentrer sur les personnes dites à risque, qui sont susceptibles de développer une maladie cardio-vasculaire, ou sur celles chez qui les premières lésions ont été diagnostiquées.

Parmi les facteurs de risque, tous les spécialistes reconnaissent le rôle négatif d'une hypertension artérielle, d'un diabète, de l'obésité, de la sédentarité, d'un taux élevé de cholestérol LDL (le « mauvais » cholestérol) et d'un taux bas de cholestérol HDL (le « bon » cholestérol) ; en revanche, l'hyperglycémie survenant après les repas (hyperglycémie postprandiale) a beaucoup plus de mal, malgré l'accumulation des preuves, à trouver sa place parmi ces facteurs de risque ; les choses changent, mais trop lentement.

Les facteurs de risque de maladies cardio-vasculaires

Le tabagisme, l'hypertension artérielle, le diabète, une diminution de la tolérance au glucose, un taux de cholestérol LDL élevé, une alimentation trop riche en graisses saturées, une surcharge pondérale, l'obésité et le manque d'exercice physique sont autant de facteurs qui augmentent le risque de développer une maladie cardio-vasculaire.

Le tabagisme

L'affaire est entendue : le tabagisme est l'une des causes majeures qui favorisent l'athérosclérose. Les risques sont d'autant plus grands que le tabagisme est en général accompagné de mauvaises habitudes alimentaires. En effet, les fumeurs auraient tendance à consommer moins de fruits et de légumes que les non-fumeurs – l'apport en antioxydants étant alors insuffisant pour couvrir leurs besoins accrus. De plus, ils auraient tendance à consommer plus de graisses et à manger plus salé que les non-fumeurs, sans doute pour rehausser le goût des plats masqué par le tabac. Associé à ces mauvaises habitudes alimentaires, le tabagisme augmente les risques de développer une maladie cardio-vasculaire. Alors, un seul conseil : *arrêtez de fumer !*

L'hypertension artérielle

Les parois des artères sont endommagées ; la couche musculaire (une sorte de tube qui, quand il est sain, peut adapter son calibre aux besoins changeants de l'organisme afin de réguler la circulation sanguine) s'épaissit, est « encrassée » de dépôts de cholestérol, de fibrine et de cellules, et les risques de souffrir d'athérosclérose sont accrus. Depuis trente ans, les traitements contre l'hypertension sont de plus en plus efficaces à normaliser les chiffres tensionnels. néanmoins, il a fallu attendre ces toutes dernières années pour apporter la preuve que cette diminution des chiffres était accompagnée d'une réduction de la mortalité et des complications cardio-vasculaires.

Le diabète et la diminution de la tolérance au glucose

Quand la glycémie est élevée, ne serait-ce que d'une manière temporaire – par exemple après un repas –, les réactions oxydantes sont accélérées et les antioxydants, notamment les vitamines C et E, sont rapidement absorbés. Les lipides sanguins sont oxydés et endommagent la paroi interne des artères, qui devient alors enflammée, s'épaissit et perd peu à peu de son élasticité.

Le rétrécissement des artères entraîne une augmentation de la pression sanguine ; un caillot de sang peut en obstruer la lumière, avec un risque d'infarctus du myocarde, d'accident vasculaire cérébral ou de gangrène d'un orteil. Les personnes atteintes de diabète doivent donc contrôler au mieux non seulement leur taux de glycémie mais également leur pression artérielle et leur taux de graisse circulante, et elles ne doivent pas fumer.

Les personnes diabétiques ne sont pas les seuls sujets à risque du fait de leur hyperglycémie chronique : l'hyperglycémie postprandiale favorise le développement d'une maladie cardio-vasculaire chez tout le monde.

**Chacun doit apprendre à consommer
moins de graisses saturées.**

Le taux élevé de « mauvais » cholestérol

Le taux de cholestérol est déterminé d'une part par votre patrimoine génétique – auquel vous ne pouvez rien changer –, d'autre part par votre mode de vie – que vous *pouvez* modifier.

Du fait de leurs antécédents familiaux, des personnes sont parfois prédisposées à avoir un taux de cholestérol élevé ; elles doivent alors être suivies d'une manière régulière par un médecin qui, dans la plupart des cas, leur prescrira un traitement médicamenteux à vie. Les risques qu'elles encourent sont aggravés par un mode de vie inadéquat, notamment par leurs mauvaises habitudes alimentaires. Les régimes préconisés pour diminuer le taux de cholestérol reposent sur trois points fondamentaux : une réduction de la consommation des graisses – tout particulièrement des graisses saturées –, une augmentation de l'apport en glucides et un accroissement de l'apport en fibres. Faire davantage d'exercice physique joue également un rôle très favorable.

La surcharge pondérale

Les personnes ayant une surcharge pondérale montrent souvent un taux de cholestérol élevé, qui tend à baisser dès qu'elles entreprennent un régime amaigrissant. Le sang contient des graisses appelées triglycérides ; le taux de ces triglycérides augmente considérablement après un repas. Or, une hypertriglycéridémie (très forte augmentation du taux de triglycérides) pourrait chez certains sujets favoriser le développement d'une maladie cardio-vasculaire.

Plus que les autres, les personnes ayant un surpoids ou souffrant d'obésité sont menacées par l'hypertension artérielle et le diabète et, de ce fait, par les maladies cardio-vasculaires – même si un autre facteur intervient, à savoir l'endroit du corps où est stockée la graisse. Les kilos superflus sont répartis sur toutes les parties du corps ou, au contraire, restent très localisés, par exemple au niveau de l'abdomen ; la graisse stockée dans l'abdomen favorise les maladies cardiaques. Essayez de stabiliser votre poids et, vers la cinquantaine, quand les kilos tendent à s'accumuler, soyez très vigilant.

L'augmentation du tour de taille (voir plus haut, p. 275) est donc un meilleur indicateur de risque que la prise de poids proprement dite, car on peut avoir un tour de taille élevé sans surcharge de poids franche ; l'inverse est également vrai : dans ce qu'on appelle l'obésité gynoïde, la graisse tend à s'accumuler au niveau des fesses et des cuisses.

Le manque d'exercice physique

C'est prouvé : pratiquer une activité physique est bénéfique pour le cœur. Étant plus sollicité lors d'un exercice physique, cet organe devient de plus en plus tonique et la circulation du sang vers le cœur est améliorée. Par ailleurs, une activité physique permet de faire la chasse aux kilos superflus, de stimuler le métabolisme et d'empêcher la formation de caillots. Aussi, pratiquez une activité physique d'une manière régulière.

La prévention secondaire

Quand une maladie cardio-vasculaire est diagnostiquée, deux types de traitement sont prescrits. Le premier est destiné à soigner les effets de la maladie : il s'agit de médicaments et, si besoin, d'un pontage ou de la pose d'un « stent », un petit ressort placé à l'intérieur d'une artère rétrécie pour rouvrir la lumière : lorsqu'une partie des artères est obstruée par un caillot ou rétrécie, on procède à cette intervention chirurgicale pour relier deux segments artériels. Le second s'attaque aux facteurs aggravants afin de ralentir la progression de la maladie. C'est ce qu'on appelle la « prévention secondaire », par opposition à la « prévention primaire », qui consiste à traiter les facteurs aggravants avant le développement de la maladie. Bien sûr, l'idéal serait de toujours faire de la prévention primaire pour n'avoir jamais recours à la prévention secondaire.

La prévention primaire

De plus en plus de personnes se font suivre régulièrement sur le plan médical pour vérifier leur tension artérielle et contrôler si elles ont ou non du diabète et une anomalie des graisses sanguines. Lors d'analyses de sang sont mesurés les taux des triglycérides, du cholestérol et de fractions du cholestérol (HDL et LDL), ce qui permet d'éliminer ou de confirmer un grand nombre de risques. Il y a unanimité des professionnels de santé sur l'utilité d'une vie sans tabac, de la pratique régulière d'une activité physique et d'une alimentation saine et équilibrée ; pour les patients à risque, il est nécessaire de revoir les règles d'un mode de vie adéquat. Malheureusement, ces conseils sont souvent vite oubliés, voire ignorés. Il est vrai qu'il est très difficile d'accepter de procéder aujourd'hui à des changements radicaux quand on sait que les bénéfices ne se manifesteront que des décennies plus tard ; et plus les contraintes sont importantes, plus il est ardu de s'engager à modifier sa manière de vivre. Quel que soit le risque encouru, le succès dépend de la motivation de la personne – « Je fais cela parce que je veux le faire » et non parce qu'« on m'a dit de le faire ». Le rôle soutenant de l'entourage est important, car il l'aidera à considérer tout changement comme un point positif et non comme un point négatif.

Il n'est pas nécessaire de consommer uniquement des aliments à faible index glycémique.

Le rôle de l'index glycémique

L'index glycémique joue un rôle important dans la protection du système cardio-vasculaire et dans la prévention des maladies cardiaques et coronariennes :

1. en favorisant la satiété, il permet de mieux contrôler son poids (voir le chapitre 8) ;

2. il permet de réduire la glycémie postprandiale (glycémie après un repas) chez les sujets bien portants et diabétiques ; les parois des artères sont plus élastiques, elles se dilatent mieux et la circulation sanguine est plus fluide ;

3. les aliments à faible index glycémique contribuent à la diminution du taux de lipides dans le sang et empêchent la formation de caillots. Des études épidémiologiques ont montré une corrélation entre le « bon » cholestérol, l'index glycémique et la charge glycémique des aliments. Ceux d'entre nous qui, d'une manière spontanée, adoptent une alimentation à faible index glycémique ont les taux les plus élevés de « bon » cholestérol ;

4. selon plusieurs études menées sur des personnes diabétiques, les régimes alimentaires à faible index glycémique abaissent le taux de triglycérides dans le sang ;

5. les aliments à faible index glycémique rendent l'organisme des personnes susceptibles de développer une maladie cardio-vasculaire plus sensible à l'action de l'insuline ; cela favorise la diminution des taux de glucose et d'insuline après un repas.

En s'attaquant à plusieurs mécanismes à la fois, les régimes alimentaires à faible index glycémique présentent donc un net avantage par rapport aux autres types de régime et/ou aux médicaments qui ne corrigent qu'un seul facteur à la fois.

Une étude a particulièrement bien montré le rôle important joué par l'index glycémique dans le développement des maladies cardio-vasculaires. Menée sous l'égide de la Harvard School of Public Health, *The Nurse Health Study* a porté sur le suivi prospectif de 65 000 infirmières qui, tous les deux ou trois ans, ont rempli un questionnaire détaillant leur état de santé et leur consommation alimentaire. Un lien entre l'alimentation et certaines pathologies a pu être mis en évidence : les infirmières dont l'alimentation était riche en aliments à index glycémique élevé présentaient un risque de maladie cardio-vasculaire deux fois plus grand, et cela quels que soient la teneur en fibres de l'alimentation, leur âge ou leur index de masse corporelle (IMC). En d'autres termes, même avec une alimentation riche en fibres, un apport préférentiel d'aliments à index glycémique élevé augmente le risque. Cette étude a également souligné qu'il n'existait aucune corrélation entre l'apport en sucre, ou l'apport total en glucides, et les risques de pathologie cardiaque. Inutile donc de se concentrer sur la ration glucidique, ni même sur celle de sucre, quand on veut prévenir les maladies cardio-vasculaires.

Néanmoins, une constatation intéressante a été faite : le risque inhérent à une alimentation à index glycémique élevé a été retrouvé uniquement chez les patients dont l'index de masse corporelle est supérieur à 23 – ce qui est le cas de la grande majorité des habitants des pays industrialisés ; au-dessous de 23, la corrélation disparaît, le risque n'est pas accru. Sans doute est-ce dû à ceci : en dessous de 23 d'index de masse corporelle, l'organisme est très sensible à l'insuline ; au-delà, la résistance s'accroît rapidement.

En conclusion, si vous êtes très mince, votre organisme est très sensible à l'insuline : vous pouvez donc consommer en toute liberté les glucides que vous voulez, qu'ils soient à faible index glycémique ou élevé ; ce paramètre n'influencera pas le risque de développer une maladie cardio-vasculaire. Cette observation expliquerait pourquoi les populations asiatiques – notamment les Chinois et les Japonais, dont l'aliment de base est le riz, un aliment à index glycémique élevé

– sont peu frappées par les crises cardiaques tant qu'elles conservent un mode de vie traditionnel et pourquoi elles deviennent au contraire très vulnérables lorsqu'elles grossissent et/ou lorsqu'elles émigrent. Leur index de masse corporelle (très souvent autour de 19) et la pratique régulière d'une activité physique contribueraient même à rendre leur organisme plus sensible à l'insuline et augmenteraient leur tolérance au glucose.

L'insulinorésistance

On parle d'insulinorésistance, ou de résistance à l'action de l'insuline, quand l'organisme est, plus ou moins sévèrement, insensible à l'action de cette hormone. Les tissus, normalement sensibles à de faibles concentrations d'insuline, deviennent peu sensibles et, pour un effet équivalent, exigent des taux beaucoup plus élevés. C'est la raison pour laquelle un taux élevé d'insuline fait partie intégrante du syndrome d'insulinorésistance, ou syndrome métabolique (voir plus haut, p. 274-275). Cette sécrétion exagérée est très souvent – pour ne pas dire systématiquement – retrouvée chez les patients atteints de maladies cardio-vasculaires et chez les femmes présentant un syndrome des ovaires polykystiques (voir page suivante).

Un régime alimentaire à faible index glycémique peut-il avoir des effets positifs sur l'insulinorésistance ? On peut penser que oui. Une étude récente a porté sur une population de patients qui, dans un avenir proche, devaient subir une intervention chirurgicale au niveau des artères coronaires ; ces patients ont été répartis en deux groupes, l'un consommant dans la période préopératoire des aliments à faible index glycémique, l'autre des aliments à index glycémique élevé. Au cours de l'intervention cardiaque, quelques cellules graisseuses ont été prélevées et leur métabolisme étudié : l'étude a montré que les patients qui avaient suivi un régime à faible index glycémique avaient normalisé la sensibilité de ces cellules à l'insuline par rapport à ceux qui avaient suivi l'autre régime.

Ces résultats obtenus chez des patients cardiaques pouvaient-ils être extrapolés à des personnes plus jeunes et moins malades ? Ici encore, la réponse est oui. Une étude récente a porté sur un groupe de femmes âgées d'une trentaine d'années, indemnes de maladies cardio-vasculaires et devant subir une intervention chirurgicale ; en période préopératoire, elles ont été soumises pendant un mois à un régime alimentaire à index glycémique élevé ou faible. Au sein de ce groupe, on a distingué celles qui avaient des antécédents familiaux cardio-vasculaires et celles qui n'en avaient pas : les premières étaient plus insulinorésistantes que les secondes ; après un mois de régime à faible index, les cellules adipeuses prélevées au cours de l'intervention (quelques milligrammes) sont devenues normalement sensibles à l'insuline, ce qui n'a pas été le cas chez les autres.

Le syndrome des ovaires polykystiques

Le syndrome des ovaires polykystiques est une anomalie hormonale observée chez les femmes en âge de procréer, qui se traduit par la présence de multiples kystes sur les ovaires pendant le cycle menstruel ; l'ovulation est alors presque inexistante. Ce syndrome est souvent diagnostiqué lors des consultations, soit parce que les femmes ont des règles irrégulières, soit parce qu'elles n'arrivent pas à être enceintes.

Ce syndrome est accompagné, nous le savons, d'une forte résistance de l'organisme à l'insuline ; quel que soit le moyen employé, un régime ou un médicament, la correction de cette insulinorésistance améliore la situation. Si quelques observations isolées semblent montrer qu'une alimentation à faible index glycémique peut être bénéfique, nous manquons d'études contrôlées pour le confirmer. Toutefois, dans la mesure où nous constatons chez les sujets risquant de développer une maladie cardio-vasculaire que les aliments à faible index glycémique favorisent la perte de poids et rendent l'organisme plus sensible à l'action de l'insuline, il paraît logique d'aller dans ce sens et de privilégier les aliments à faible index glycémique. On peut raisonnablement faire l'hypothèse suivante : ce qui est vrai pour les pathologies cardiaques et pour l'obésité – à savoir qu'un régime à faible index glycémique améliore l'insulinorésistance et contribue à contrôler le poids – serait également utile dans la prise en charge de ce syndrome ; des études complémentaires sont indispensables pour conclure d'une façon définitive. D'ores et déjà, nous pouvons affirmer que les régimes à faible index glycémique améliorent le diabète et la sensibilité à l'insuline, et aident à perdre du poids ; il faudra certainement beaucoup de temps encore avant qu'on puisse démontrer – ce que nous pressentons – que ces régimes diminuent le risque cardio-vasculaire.

**Pour prévenir les maladies cardio-vasculaires,
faites la chasse aux graisses saturées
et privilégiez les aliments à faible index glycémique.**

CHAPITRE 12

AIDEZ VOS ENFANTS À BIEN S'ALIMENTER

A idez vos enfants à bien s'alimenter : voilà l'une des choses les plus importantes que vous puissiez faire pour eux. Dans notre société moderne, la nourriture abonde, alors que la pratique d'une activité physique est trop souvent limitée, les enfants préférant passer deux à trois heures par jour devant un écran. En France, 15 % des enfants présentent une surcharge pondérale ou sont obèses ; à long terme, cela n'est pas sans conséquences sur leur santé et leur développement psychologique : il y a non seulement un risque de diabète, d'hypertension ou d'anomalie des graisses du sang mais s'installe également une souffrance liée aux préjugés attachés à l'image de l'obèse – l'indolence, le lymphatisme et le manque de vivacité.

Pour lutter contre l'obésité, la première chose à faire est de trouver un équilibre entre l'apport et la dépense énergétique – l'apport calorique doit diminuer et la dépense énergétique doit augmenter. Dans les pays industrialisés, les aliments les plus consommés sont des produits possédant un faible pouvoir de satiété, riches en graisses et en glucides rapidement digérés (voir le chapitre 8). Les aliments riches en amidon parmi les plus courants – les pommes de terre, le pain blanc, les corn-flakes et le riz – ont des valeurs d'index glycémique très élevées, de même que tous les aliments dont raffolent la plupart des enfants – les hamburgers, les friandises et les boissons sucrées ; les plus jeunes ayant tendance à faire une surconsommation de ces produits, leur apport énergétique est alors nettement supérieur à leurs besoins. S'ils privilégiaient les aliments à faible index glycémique, les enfants seraient plus vite rassasiés, mangeraient moins, consommeraient moins de calories et seraient donc moins gros.

L'index glycémique est une mesure permettant de définir la qualité d'un glucide.

Une étude menée aux États-Unis sur douze adolescents obèses a montré que, lorsque les jeunes prennent des repas à faible index glycémique, ils mangent beaucoup moins que lorsqu'ils font des repas à index glycémique élevé. Pendant toute l'étude, on a servi à ces adolescents des petits déjeuners et des déjeuners à faible index glycémique, moyen ou élevé ; pendant le reste de la journée, l'apport calorique a été contrôlé d'une manière stricte. Les résultats sont sans équivoque : les adolescents mangent deux fois plus l'après-midi quand ils consomment au petit déjeuner et au déjeuner des aliments à index glycémique élevé, la différence pouvant s'expliquer par les changements hormonaux et métaboliques supposés stimuler l'appétit. Après un repas à index glycémique élevé, les taux d'insuline, de noradrénaline et de cortisol sont très élevés (voir le chapitre 8, p. 233). Tandis que la réponse insulinique à la consommation de glucides à index glycémique élevé favorise le stockage des graisses et l'obésité, un taux élevé de cortisol stimulerait l'appétit.

Ces observations viendraient renforcer une autre étude tendant à prouver que les enfants qui suivent un régime à faible index glycémique perdent plus de poids que ceux auxquels a été prescrit un régime pauvre en graisses. On a proposé à un groupe d'enfants de manger jusqu'à rassasiement des aliments à faible index glycémique et de prendre une collation quand ils avaient un petit creux ; on s'est assuré qu'à chaque repas – y compris aux collations – ils consommaient des glucides à faible index glycémique, des protéines et des lipides. Après quatre mois, tous les jeunes avaient perdu du poids et leur index de masse corporelle avait considérablement baissé.

Une activité physique à tout prix

La pratique d'une activité physique est un facteur clé pour les enfants qui ont des problèmes de poids. Il est primordial qu'ils adoptent une existence moins sédentaire – ces longues heures passées devant la télévision, l'ordinateur ou la console de jeux vidéo – et qu'ils bougent le plus possible – lors d'activités sportives, de jeux en plein air...

Le rôle des parents est crucial : ils doivent donner le bon exemple et encourager leur progéniture à participer à des activités destinées à toute la famille – des promenades à pied, à bicyclette, de la natation, un match de football... – et susceptibles de donner du plaisir à chacun.

Les enfants qui bougent et qui témoignent dès leur plus jeune âge d'une alimentation à faible index glycémique ont toutes les chances de garder ces bonnes habitudes, qui leur permettront de devenir des adultes en bonne santé.

**N'oubliez pas que les glucides
ne sont pas tous équivalents.**

Quelques règles

Pour que vos enfants aient une alimentation saine et équilibrée :

• privilégiez les aliments bons pour leur santé et leur croissance ;

• préférez les aliments qui rassasient ;

• faites en sorte que les bonnes habitudes deviennent pour eux une seconde nature ;

- proposez-leur des repas et des goûters variés ;
- proposez-leur des repas et des goûters en tenant compte de leur emploi du temps et de leurs activités ;
- pesez-les régulièrement. Pour grandir et être en pleine forme à la fois sur le plan physique et intellectuel, les enfants doivent consommer des aliments riches en nutriments. Votre rôle de parents est de veiller à ce qu'ils ne souffrent d'aucune carence :
- proposez-leur divers pains aux céréales, des légumes et des fruits, des céréales ;
- veillez à ce qu'ils mangent chaque jour de la viande maigre, du poisson et des produits laitiers ;
- assurez-vous qu'ils boivent beaucoup d'eau ;
- privilégiez les aliments pauvres en sodium ;
- surveillez votre propre alimentation afin de donner le bon exemple.

Modifier leur alimentation

Diminuer l'index glycémique d'un repas est assez simple : il suffit de remplacer au moins la moitié des glucides à index glycémique élevé par des glucides à faible index glycémique. Lorsque vous vous apprêterez à modifier l'alimentation de vos enfants, n'oubliez pas les points suivants.

1. Par nature, les enfants n'aiment pas ce qu'ils ne connaissent pas. Il est donc normal que les enfants, en particulier les plus jeunes, refusent de manger ce qu'ils ne connaissent pas. Leur proposer régulièrement un aliment nouveau dans une ambiance chaleureuse ne peut que les inciter à le goûter. Attendez-vous à devoir réitérer votre démarche cinq à dix fois avant d'obtenir une réponse positive.

2. La plupart des enfants aiment manger peu, mais souvent. En règle générale, les enfants aiment manger plusieurs fois par jour – au cours des repas et du goûter. Vouloir qu'un enfant finisse son assiette n'est pas une bonne chose en soi : en agissant ainsi, vous le poussez à la surconsommation. Laissez-le manger à sa faim.

3. Les enfants ont un petit estomac mais de grands besoins en nutriments. Si la quantité de nourriture ingérée peut considérablement varier d'un repas à un autre, elle reste pratiquement identique d'un jour à un autre. Si vous proposez à vos enfants des aliments assez riches en nutriments, laissez-les manger à leur faim.

Pour ce qui concerne l'alimentation de vos enfants, soyez clair dans votre rôle de parent. Ellyn Satter, une nutritionniste américaine, a parfaitement résumé la situation : « Les parents sont responsables des aliments qu'ils donnent à leurs enfants. Les enfants sont responsables de la quantité qu'ils mangent et ont le droit de refuser de manger. »

Choisir les meilleurs glucides

Les aliments suivants ont un faible index glycémique, sont riches en micronutriments et pauvres en graisses saturées. Les portions quotidiennes indiquées sont valables pour les enfants âgés de quatre à onze ans.

• **Les céréales et les produits à base de céréales** : à cette catégorie appartiennent l'orge, les flocons d'avoine, le riz, le seigle, le blé et tous les produits fabriqués à partir de ces céréales, en particulier le pain complet, les céréales du petit déjeuner, la farine, les nouilles asiatiques, les pâtes, la polenta, les raviolis et la semoule de blé dur. Portions quotidiennes : 3 à 9.

• **Les fruits** : la pomme, l'abricot, la banane, la cerise, le raisin, le kiwi, l'orange, la pêche, la poire, la prune et les raisins secs, ainsi que les jus de fruits. Portions quotidiennes : 2 à 3.

• **Les légumes et les légumineuses** : ils sont très riches en vitamines, en minéraux et en fibres. Vous et vos enfants pouvez manger autant de légumes que vous le souhaitez, sans vous préoccuper de leur index glycémique, car leur teneur en glucides est très faible. Les légumes possédant la teneur glucidique la plus élevée sont la pomme de terre et la patate douce. Toutes les légumineuses, y compris les haricots blancs, les pois chiches, les haricots rouges et les pois cassés, renferment des glucides à faible index glycémique. Portions quotidiennes : 2 à 5.

• **Le lait et les produits laitiers** : ils sont d'excellentes sources de glucides et de calcium. Les enfants de moins de cinq ans doivent boire du lait entier. Passé cet âge, ils peuvent boire n'importe quelle sorte de lait. Portions quotidiennes : 2 à 3.

Pour vous aider à composez les menus de toute votre famille :

• renseignez-vous sur l'index glycémique des aliments que vous consommez au quotidien ;

• ayez toujours dans votre placard ou votre réfrigérateur des aliments à faible index glycémique (voir le chapitre 6, p. 162) ;

• goûtez de nouveaux aliments, essayez de nouvelles recettes et faites-vous plaisir quand vous mangez.

**Inclure au minimum un aliment
à faible index glycémique à chaque repas
ne peut être que bénéfique pour vos enfants.**

Le rôle du sucre

En règle générale, tous les enfants aiment les aliments sucrés. Aimer le sucre ne s'apprend pas ; nous naissons tous avec une attirance marquée pour le sucré – le lait maternel est sucré. Les bébés sourient quand on leur fait boire une solution sucrée mais grimacent et recrachent quand on leur donne une solution amère ou aigre.

Si l'on en croit les scientifiques travaillant sur l'index glycémique, le sucre n'est pas un aliment à bannir, ce que l'on a pensé pendant des années (voir le chapitre 9, p. 256). Vous et vos enfants pouvez, sans problème mais d'une façon modérée, manger du sucre et des aliments sucrés, à condition que votre alimentation soit équilibrée et à faible index glycémique. En réalité, selon plusieurs études, les aliments possédant une teneur en sucres ajoutés modérée sont en général les plus riches en micronutriments. N'oublions pas que le sucre pur a un index glycémique moyen et que de nombreux produits sucrés tels que les yaourts ou le lait aromatisé sont riches en nutriments ; ils sont donc à privilégier dans une alimentation à faible index glycémique.

Mangez du pain aux céréales, des pâtes, des légumineuses, des fruits et des légumes.

Qu'est-ce qu'un apport modéré en sucre ?

Dans l'alimentation d'un enfant, un apport modéré en sucre raffiné correspond à 30-50 g de sucre par jour environ, soit 6 à 10 cuillères à café. Cette quantité est répartie entre les produits finis – les jus de fruits, les céréales du petit déjeuner, les pâtisseries, les confiseries et les confitures – et le sucre saupoudré sur les céréales du matin. Si l'alimentation de votre enfant est équilibrée et fondée sur des produits à faible index glycémique, ajouter du sucre ne pose aucun problème. En effet, le sucre rehausse ou adoucit le goût des aliments sans diminuer l'apport ou les bienfaits des nutriments des produits à faible index glycémique.

Que penser des édulcorants de synthèse ?

Si les édulcorants de synthèse ne sont pas dangereux pour la santé des enfants, ces derniers peuvent cependant tout à fait s'en passer. En effet, la plupart des produits contenant des édulcorants de synthèse – les boissons « light », les jus de fruits, les sucettes… – renferment peu voire pas de nutriments. Les industriels de l'agroalimentaire prétendent que ces édulcorants abîment moins les dents, provoquent moins de caries que le sucre naturel : cela n'est pas toujours vrai, dans la mesure où ils augmentent notamment l'acidité des boissons gazeuses, qui attaque l'émail dentaire. Dire que ces produits favorisent la perte de poids est également remis en question, car il est prouvé que les personnes qui, dans la journée, consomment avant tout des produits « light » compensent le soir en mangeant des aliments très caloriques.

Le saviez-vous ?

Les aliments possédant une teneur modérée en sucre :
• sont en général très riches en micronutriments ;
• ont un faible index glycémique ;
• sont rarement consommés avec des graisses saturées ;
• ne font pas grossir s'il n'y a pas d'abus.

Le sucre a-t-il une incidence sur le comportement des enfants ?

Bien que certaines personnes pensent que le sucre risque d'entraîner chez un enfant des troubles de la concentration et/ou une hyperactivité, à ce jour aucun argument scientifique ne vient authentifier cette croyance. Dans le cadre d'expériences où le contenu exact des aliments était tenu caché de l'enfant, des parents voire de l'expérimentateur, aucune influence spécifique du sucre n'a pu être mise en évidence. Quelques enfants peuvent avoir une réaction particulière à l'absorption de sucre et au changement de taux sanguin de glucose ; en ce cas, une telle réaction doit également être observée après la consommation de pain ou de pommes de terre.

En revanche, de nombreuses études ont montré que le sucre a un effet plutôt apaisant. Le glucose, ou sucre pur, peut par exemple atténuer la douleur et le stress des malades gravement atteints. Des scientifiques ont observé que les pleurs et le rythme cardiaque des jeunes enfants diminuaient quand on leur donnait une solution sucrée, par exemple juste avant une prise de sang.

Le menu d'une journée

Le régime quotidien d'un enfant de dix ans doit apporter 1 400 kcal (6 300 kJ), dont 25 % fournis par des lipides, 17 % par des protéines et 58 % par des glucides, dont 50 g de sucres raffinés.
• Petit déjeuner : 90 g de Choco Pops® avec du lait demi-écrémé ou écrémé, ½ banane et 100 ml de jus de fruits.
• Collation : 1 barre de musli aux fruits et 250 ml de lait demi-écrémé ou écrémé.
• Déjeuner : 1 sandwich au fromage et à la salade verte (de préférence avec du pain à faible index glycémique, par exemple du pain aux céréales), 2 abricots secs, 1 petite pomme et 250 ml d'eau.
• Goûter : 2 biscuits au chocolat, 80 g de pop-corn fait maison et 1 milk-shake aux fruits.
• Dîner : 100 g de spaghettis avec une sauce à la viande, de la salade verte avec un peu de vinaigrette, une carotte et une branche de céleri crus ; 125 ml de crème anglaise et la moitié d'une poire au sirop ; de l'eau.

La place des graisses

Les enfants âgés de moins de cinq ans puisent une partie de leurs calories dans les matières grasses ; il n'est donc pas envisageable de leur faire suivre un régime pauvre en graisses. Par ailleurs, les graisses fournissent à l'organisme des acides gras essentiels et des vitamines liposolubles (les vitamines A, D, E et K).

Les enfants ont besoin de consommer des lipides, mais, comme toujours, sans tomber dans l'excès. Or, selon une étude réalisée par une équipe de l'université Flinders, aujourd'hui les enfants consomment plus de graisses qu'il y a dix ans. À l'instar des adultes, les enfants doivent éviter de manger des produits prêts à consommer, très riches en graisses saturées, tels que les biscuits, les pâtisseries, les confiseries et les en-cas.

Un régime équilibré peut parfaitement comporter les aliments à index glycémique élevé que vous aimez le plus.

CHAPITRE 13

SI VOUS ÊTES SPORTIF

L es chercheurs australiens ont été les premiers à appliquer le concept d'index glycémique aux domaines du sport et de l'activité physique. Dire que les prouesses des grands champions australiens dans de nombreuses disciplines – natation, tennis, cricket, rugby, volley-ball et aviron – sont uniquement liées à l'index glycémique serait bien sûr une ineptie. néanmoins, il a été démontré que l'index glycémique des aliments consommés a un effet mesurable aussi bien chez le sportif que chez monsieur Tout-le-monde.

**Des tests cliniques l'ont prouvé :
un faible index glycémique ralentit le développement
du diabète et des maladies cardio-vasculaires.**

Comment améliorer ses performances

Nous l'avons vu, l'index glycémique permet de classer les glucides présents dans les aliments en fonction de leur impact sur la glycémie ; l'augmentation du taux de glucose sanguin entraîne une réponse insulinique et affecte les réserves énergétiques – y compris les glucides stockés dans l'organisme – utilisées par les muscles à un moment donné. Quand on pratique un sport ou quand on fait un exercice physique, il est préférable, à certains instants, de consommer des aliments à faible index glycémique – avant de commencer l'activité – et, à d'autres, de privilégier des aliments à index glycémique élevé – *pendant* et *après* l'activité.

Pour être au maximum de ses capacités, un athlète doit donc différencier les aliments à faible index glycémique et ceux à index glycémique élevé, et savoir à quel moment privilégier les uns ou les autres. Se préoccuper de la nature ou du type des glucides, c'est bien, mais ce n'est pas suffisant, car la quantité de glucides consommés est un facteur crucial : elle importe plus que l'index glycémique.

**Manger des aliments à index glycémique élevé
et des aliments à faible index glycémique
aux bons moments peut faire de vous un vainqueur !**

Une alimentation riche en glucides ? essentiel !

Une alimentation riche en glucides pendant la période d'entraînement est une condition indispensable pour augmenter ses performances sportives ; en effet, les réserves en glycogène sont alors considérablement accrues. Les glucides consommés sont stockés sous la forme de glycogène dans les muscles et le foie (voir le chapitre 2, p. 42) ; seule une petite quantité de glucides (de l'ordre de 5 g) circule dans le sang sous la forme de glucose. Lorsque vous pratiquez une activité physique intense et brusque, vos muscles comptent sur le glycogène et le glucose pour leur fournir de l'énergie. Au cours d'une activité sportive peu intense mais d'endurance, les muscles peuvent consommer soit les graisses mises en réserve dans l'organisme, soit du glucose ingéré tout au long de l'effort – les cyclistes et les marathoniens consomment souvent des boissons sucrées en petites quantités. Meilleures sont les réserves en glycogène, plus efficaces seront les performances.

À la différence des réserves en graisses qui offrent à l'organisme des quantités d'énergie quasi inépuisables, les réserves en glucides sont limitées ; après deux ou trois heures d'un exercice intense, elles sont entièrement épuisées. Le taux de glucose dans le sang commence à diminuer. Si l'activité est poursuivie au même rythme, le taux de glucose chute, pour atteindre des concentrations anormalement basses qui interfèrent avec les fonctions cérébrales. Le sportif peut alors être totalement désorienté, voire perdre connaissance : c'est le coma hypoglycémique d'épuisement.

Entre deux athlètes possédant exactement les mêmes aptitudes physiques, le vainqueur sera celui dont les réserves en glycogène sont les plus importantes. Dans tous les ouvrages sur la nutrition des sportifs, vous apprendrez comment augmenter vos réserves en glycogène en suivant un régime alimentaire riche en glucides pendant toute la durée de l'entraînement, pour passer à un régime très riche en glucides lors des jours qui précèdent la compétition. Dans ce chapitre, vous allez découvrir d'une part comment accroître vos réserves en glycogène qui seront utilisées par les muscles, d'autre part comment profiter au maximum des bienfaits de l'index glycémique.

Avant une activité physique

C'est prouvé : les aliments à faible index glycémique augmentent l'endurance quand ils sont consommés seuls une ou deux heures avant une activité sportive longue et intense. Les résultats d'une étude effectuée sur des cyclistes sont parlants : ceux qui avaient mangé un plat de lentilles (des aliments à faible index glycémique) ont pédalé à vive allure (à 65 % de leur capacité maximale) 20 min de plus que ceux qui avaient mangé des pommes de terre (des aliments à index glycémique élevé). À la fin de l'exercice, les taux de glucose sanguin et d'insuline étaient toujours supérieurs aux valeurs enregistrées après une période de jeûne : cela prouve que les glucides libérés par l'intestin grêle étaient encore utilisés par les muscles 90 min après le début de l'exercice. La figure 8 (voir page suivante) montre les fluctuations du taux de glucose pendant un exercice chez des sujets ayant consommé des aliments à faible index glycémique ou élevé.

Figure 8. Comparaison des effets des aliments
à faible index glycémique et des aliments à index glycémique
élevé sur le taux de glucose dans le sang pendant un exercice
physique long et intense.

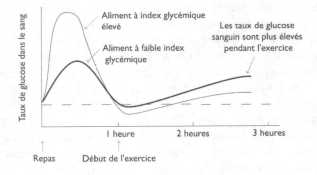

Tandis que des études réalisées aux États-Unis sont venues confirmer ces résultats, d'autres travaux n'ont laissé apparaître aucune différence entre les effets des aliments à faible index glycémique et ceux à index glycémique élevé ; cela est compréhensible, dans la mesure où les protocoles mis en place étaient différents. En effet, les chercheurs ayant observé une nette différence selon l'alimentation des sujets testés ont toujours pris comme critère le moment où les réserves étaient entièrement épuisées, alors que leurs confrères ont travaillé sur la quantité de travail effectué ou la distance parcourue pendant une période déterminée. Si le second protocole semble parfaitement adapté aux sports d'endurance tels que le marathon, le premier semble plus fiable pour des activités plus violentes telles que le tennis ou le travail d'un pompier.

Si aucun test n'a montré de différences entre le rendement après la consommation d'aliments à faible index glycémique ou élevé, en revanche tous ont permis d'observer une différence entre les taux de glucose sanguin et d'insuline, ainsi que dans la proportion des nutriments utilisés – à savoir les glucides et les graisses. Quand des aliments à index glycémique élevé sont ingérés, la quantité de glucides brûlés pendant l'exercice est plus importante que celle de graisses. Et les chercheurs de conclure que, lorsque des aliments à index glycémique élevé sont consommés, les réserves en glucides sont entièrement épuisées en un laps de temps assez court ; à l'inverse, en s'appuyant sur l'expérience des sportifs de haut niveau, les scientifiques affirment que les aliments à faible index glycémique – en particulier les pâtes – permettent de pratiquer un exercice physique intense sur une longue durée.

Avant d'aller plus loin, il est important de préciser le type d'activités qui peuvent bénéficier des bienfaits des aliments à faible index glycémique, car seuls des exercices très intenses et pratiqués pendant plus de 90 min sont concernés. Les médecins du sport disent alors que le sportif travaille à plus de 65 % de sa capacité maximale sur une longue période.

Activités physiques pouvant être influencées par l'index glycémique des aliments

- Le marathon.
- La natation de fond.
- Le triathlon.
- Un tournoi de tennis (pour sa succession de matches).
- Un match de football.
- Le ski de fond.
- L'escalade.
- Les séances de gymnastique (pendant plus de 90 min).
- Les exercices aérobies en général (des activités d'endurance, pour lesquelles l'énergie est extraite des aliments par des réactions nécessitant de l'oxygène ; « aérobie » signifie « qui se développe en présence d'oxygène »).

Quelques conseils

• Quelle quantité de nourriture faut-il manger avant une activité physique ? Environ 1 g de glucides par kg (poids total du corps), soit 50 g de glucides pour une personne pesant 50 kg ou 75 g de glucides pour une personne pesant 75 kg.

• Combien de temps avant une épreuve faut-il manger ? Si possible, comptez deux heures environ avant le début de l'activité ; faites plusieurs essais afin de déterminer le moment qui semble donner les meilleurs résultats. Respecter ce délai permet aux aliments d'avoir le temps de quitter l'estomac mais d'être encore dans l'intestin grêle en train de se transformer en glucose – ce glucose qui fournira aux muscles le carburant dont ils ont besoin pour travailler le temps voulu. La digestion des glucides à faible index glycémique étant plus longue que celle des aliments à index glycémique élevé, le glucose est distillé dans le sang sur une période plus longue, voire jusqu'au moment où les muscles n'ont plus besoin de carburant. Plus important encore, le glucose non utilisé quand l'activité prend fin est stocké, et les muscles pourront puiser dans ces réserves dès qu'ils auront à nouveau besoin de carburant. Ce processus nous permet d'affirmer que les aliments à faible index glycémique augmentent l'endurance et permettent de pratiquer une activité sur une plus longue période que les aliments à index glycémique élevé.

• Si vous voulez pratiquer une activité sportive, privilégiez les aliments à faible index glycémique ne risquant pas d'entraîner de troubles gastro-intestinaux (crampes d'estomac et flatulences). Certains, par exemple les légumineuses riches en fibres ou contenant des oligosaccharides non digestibles, risquent de provoquer des effets secondaires désagréables chez les personnes non accoutumées. Ne vous inquiétez pas, il y a tellement d'aliments à faible index glycémique sur le marché que vous trouverez toujours ceux qui vous conviennent, ne serait-ce que des pâtes, des nouilles chinoises ou du riz.

Pendant et après une activité physique

Si, comme nous venons de le voir, il vaut mieux consommer des aliments à faible index glycémique avant de pratiquer une activité physique, des études ont prouvé qu'à d'autres moments il est préférable de privilégier les aliments à index glycémique élevé. C'est le cas pendant toute l'activité, après l'activité et, s'il s'agit d'un sport, après les séances d'entraînement. En effet, les aliments à index glycémique élevé sont absorbés plus vite et stimulent la sécrétion de l'insuline, une hormone qui permet au glucose de quitter le sang pour aller dans les muscles, qui puiseront dans les réserves de glycogène.

Au cours de l'effort

Nous devrions consommer des aliments à index glycémique élevé quand nous nous apprêtons à pratiquer une activité dont la durée dépasse 90 min : les glucides sont rapidement libérés dans le système sanguin, du glucose sous la forme de glycogène est immédiatement disponible et permet aux muscles de travailler.

En général, les cyclistes tolèrent mieux les aliments liquides que les aliments solides, car ils quittent plus vite l'estomac pour aller dans l'intestin grêle. Les boissons énergétiques sont idéales pendant une course, car elles remplacent l'eau ainsi que les minéraux évacués avec la transpiration. L'image du cycliste avec une banane attachée au cadre de sa bicyclette semble aujourd'hui dépassée ; en effet, l'index glycémique de la banane est de 55 seulement, et certains glucides présents dans ce fruit, difficiles à digérer, sont à l'origine de gaz et de douleurs abdominales. Si, durant une course, vous sentez que vous avez besoin d'un aliment solide, prenez un bonbon (valeur de l'IG = 80) ou toute autre confiserie riche en glucose.

Un conseil : pendant une activité physique, consommez entre 30 et 60 g de glucides par heure. Les sportifs amateurs ou de haut niveau ont à leur disposition de nombreuses boissons énergétiques, fabriquées avant tout à base de glucose et aromatisées ; elles sont à index glycémique élevé.

**Chacun doit apprendre à consommer
moins de graisses saturées.**

Pour récupérer

Dans certaines disciplines, les athlètes sont en compétition plusieurs jours d'affilée. Leurs muscles puisant à chaque fois dans les réserves en glycogène, ces dernières doivent être reconstituées le plus vite possible après une activité, ce que permettent les aliments à index glycémique élevé.

Des chercheurs, membres de l'Australian Institute of Sport de Canberra, ont démontré que les aliments à index glycémique élevé favorisent la reconstitution des réserves en glycogène des muscles ; ces derniers étant plus sensibles à l'action du glucose présent dans le système sanguin dans l'heure qui suit l'exercice, il est important de consommer rapidement des aliments à index glycémique élevé.

Les aliments les plus appropriés sont les boissons énergétiques – qui remplacent l'eau et les minéraux perdus avec la transpiration –, le riz courant, le pain et les céréales du petit déjeuner, en particulier les corn-flakes et le riz soufflé ; si les pommes de terre cuites sans matière grasse sont également à privilégier, elles remplissent vite l'estomac et il est difficile voire impossible d'en manger en grande quantité. Les boissons non alcoolisées ont un index glycémique moyen. L'alcool est à proscrire.

Quelques mots sur l'alcool

L'alcool interfère avec la transformation du glucose en glycogène et diminue le taux de glucose dans le sang qui peut,
selon la quantité d'alcool ingérée, atteindre des valeurs en dessous des normales. Les boissons alcoolisées sont à consommer
avec modération – 1 à 3 verres par jour au maximum, cinq
jours par semaine. 1 verre = 12 cl de vin, 28,5 cl de bière ou
3 cl d'un alcool fort. La bière possède une faible teneur en
glucides (moins de 10 g/28,5 cl).

Conseils pour reconstituer vos réserves en glycogène

1. Le plus vite possible, consommez des glucides à raison
de 1 g pour 1 kg de poids corporel toutes les 2 h pendant
24 h, soit 50 g de glucides toutes les 2 h si vous pesez 50 kg
et 75 g si vous pesez 75 kg.

2. Privilégiez les aliments à index glycémique élevé tant
que vos réserves en glycogène ne sont pas reconstituées.

3. Les sportifs de haut niveau ont besoin de manger plus
que la normale. Or, avaler une assiette de pâtes ou de riz
quand on est sur un vélo n'est pas tâche aisée ! Heureusement, de nombreux produits énergétiques règlent ce problème. Choisissez des aliments que vous pouvez emporter et
consommer facilement, l'essentiel étant de boire et de manger des glucides dès que vous avez terminé votre activité.

4. Ne buvez pas d'alcool, car il retarde la transformation
du glucose en glycogène.

Le rôle des glucides
pendant les périodes d'entraînement

Si les aliments que vous consommez avant et après une
activité physique influencent vos performances, sachez

qu'une alimentation quotidienne riche en glucides ne peut être que bénéfique. À ce stade, nous ne nous intéressons plus à l'index glycémique des glucides mais à la quantité de glucides consommés. Des études ont prouvé maintes et maintes fois qu'une alimentation très riche en glucides augmente les réserves en glycogène qui seront utilisées par les muscles et, par-delà, l'endurance. Les réserves en glucides doivent être renouvelées non seulement après une course ou une compétition mais également après chaque séance d'entraînement. Si vous vous entraînez plusieurs fois par semaine, veillez à ce que votre alimentation quotidienne soit riche en glucides.

Le Dr Ted Costill de l'université du Texas a montré que l'appauvrissement progressif et chronique des réserves en glycogène peut diminuer l'endurance et les performances physiques. Chez les athlètes qui s'entraînent d'une manière intensive deux à trois fois par jour, le glycogène stocké dans les muscles s'épuise rapidement. Si l'apport en glucides est insuffisant, leurs performances n'atteindront pas leur maximum car, à un moment ou à un autre, les muscles manqueront de carburant.

Si l'alimentation ne garantit pas un apport glucidique suffisant, les réserves en glycogène peuvent descendre sous un seuil critique. Un sportif de haut niveau qui s'entraîne d'une manière intensive devrait consommer entre 500 et 800 g de glucides par jour (soit deux à trois fois plus que la normale) afin que ses réserves en glycogène ne soient jamais épuisées ; en pratique, rares sont les sportifs qui consomment autant de glucides – pour référence, l'alimentation de type occidental apporte entre 200 et 250 g de glucides par jour.

Mangez du pain aux céréales, des pâtes, des légumineuses, des fruits et des légumes.

Comment bien choisir des aliments riches en glucides ?

Nous nous attachons ici à donner des conseils aux personnes qui mènent une vie trépidante et aux sportifs qui ont besoin d'un apport en glucides supérieur à la normale.

Peut-être pensez-vous en savoir déjà beaucoup sur la manière de bien s'alimenter. Or, les sportifs de haut niveau aussi bien que M. et Mme Tout-le-monde peuvent faire des erreurs. De nombreux aliments qui, pour vous, sont riches en glucides sont également très riches en graisses – tel est le cas du chocolat, qui contient 55 % de glucides mais 30 % de lipides. Et les matières grasses n'ont jamais augmenté les performances de qui que ce soit ! Les conseils valables pour vous et moi doivent être quelque peu nuancés pour les personnes qui pratiquent une activité physique de façon intensive ; les sportifs de haut niveau présentent des besoins énergétiques nettement supérieurs – voire deux fois plus importants – à ceux d'une personne travaillant dans un bureau. Les aliments riches en glucides et pauvres en graisses tout à fait adaptés aux besoins de M. et Mme Tout-le-monde rassasient trop vite les athlètes, qui s'arrêtent de manger avant d'avoir absorbé la quantité adéquate de glucides.

Prenons un exemple concret : il faut manger 600 g de pommes de terre (soit environ quatre fois plus qu'une consommation moyenne) pour que l'apport en glucides soit égal à 75 g. Rares sont les personnes qui peuvent ingérer une telle quantité de pommes de terre en une seule fois ! Prenons maintenant l'exemple du pain blanc : un apport en glucides égal à 75 g correspond à cinq tranches de pain blanc. Tout le monde sera d'accord pour dire qu'il est plus facile de manger des tranches de pain que des pommes de terre. Et parmi les aliments qui sont meilleurs que vous le pensiez figurent les boissons non alcoolisées, les confiseries, le miel, le sucre, le lait aromatisé et les glaces ; en effet, tous sont riches en glucides et peuvent compléter votre alimentation.

Les aliments à index glycémique élevé sont-ils dangereux pour les athlètes ?

Non. Du fait d'une activité intense, l'organisme des athlètes est particulièrement sensible à l'action de l'insuline. Quand ils mangent des aliments riches en glucides à index glycémique élevé, les taux de glucose sanguin et d'insuline augmentent moins vite et moins fortement que pour toute autre personne ; ils ne sont donc pas exposés à des taux qui favorisent le développement de nombreuses maladies chez les personnes menant une vie sédentaire ou qui sont insulinorésistantes (voir le chapitre 11).

Il n'est pas nécessaire de consommer uniquement des aliments à faible index glycémique.

Histoire de Yann

Yann dirige une équipe de dix-huit hockeyeurs. En plus de son rôle d'entraîneur, il est en charge de l'alimentation et des séances de remise en forme des joueurs. Il s'est beaucoup documenté sur l'index glycémique et a décidé de se fonder sur ce facteur pour définir les programmes alimentaires proposés à son équipe. Tout d'abord peu enclins à suivre les directives de leur entraîneur, les joueurs ont finalement accepté de le faire pendant les deux semaines qui ont précédé le championnat de Darwin. Yann a mis au point un programme précis afin que les joueurs consomment les bons aliments au bon moment – à savoir des aliments à faible index glycémique avant les matches et des aliments à index glycémique élevé juste après les matches –, sans oublier les bonbons qu'il distribuait durant les compétitions !

Dès le début du championnat, Yann a noté que le régime alimentaire fonctionnait bien ! Même les joueurs les plus sceptiques ont dû reconnaître qu'ils se sentaient moins fatigués pendant les matches et qu'ils récupéraient beaucoup plus vite qu'en temps ordinaire. À mi-parcours du championnat, tout le monde se demandait quel était le secret de cette équipe dont les ressources physiques semblaient inépuisables.

« Au début, nous a confié Yann, tout le monde riait de voir les joueurs manger des Choco Pops® et du riz soufflé dès qu'un match était fini. Puis les rires ont fait place à la curiosité. Tout le monde parlait de la forme extraordinaire de l'équipe. Personnellement, je savais que ce n'était pas uniquement une question d'entraînement. Selon moi, je n'avais pas eu assez de temps pour les préparer physiquement et je me souviens même avoir pensé, juste avant d'entrer en compétition, que mes hommes n'étaient pas au maximum de leurs capacités. Si les joueurs se sont fait remarquer à Darwin, c'est parce qu'ils étaient certes en bonne condition physique mais surtout parce qu'ils avaient une alimentation irréprochable. L'association de ces deux facteurs a été la clé du succès. »

L'équipe a remporté le trophée haut la main, et Yann a mis cette victoire sur le compte de la condition physique et de l'alimentation des joueurs. L'avantage de fonder un programme alimentaire sur l'index glycémique des aliments, c'est que les joueurs étaient vite capables d'en comprendre les principes de base ; au bout d'une semaine, chacun d'entre eux savait parfaitement ce qu'il devait faire.

À la fin du tournoi, Yann a demandé à chaque membre de l'équipe de remplir un questionnaire. Voici quelques-unes des remarques faites par les joueurs :

• *« À chaque match, je me sentais au mieux de ma forme. Je pense que c'est dû en partie à mon alimentation. »*

• *« J'avais plus de tonus que d'habitude, aussi bien au début qu'à la fin des matches. »*

• *« Mes réserves en glycogène n'ont jamais été épuisées. »*

• *« Je ne me suis jamais senti vidé. »*

• *« Je n'ai jamais fini un match complètement épuisé et, du début à la fin de la compétition, j'ai tenu la cadence. »*

• « *Je me suis toujours senti bien, que ce soit avant, pendant ou après un match.* »

• « *C'est en partie grâce à notre alimentation que nous avons remporté le championnat.* »

• « *À la fin d'un match, je n'ai jamais été épuisé. Je récupérais beaucoup plus vite que d'habitude et, pendant toute la compétition, je me suis senti en pleine forme.* »

• « *Je n'ai jamais eu l'impression d'être au bout du rouleau. Mes réserves en glycogène n'ont jamais été épuisées et j'ai toujours fait le plein d'énergie au bon moment. Du début à la fin du championnat, je me suis senti en pleine forme.* »

• « *J'étais en forme aussi bien avant qu'après les matches.* »

• « *Après un match, j'ai récupéré plus vite que d'habitude.* »

Votre alimentation vous permet-elle de réaliser des performances ?

Faites ce test et voyez si vous obtenez un bon résultat. Fondez-vous sur ce résultat pour améliorer éventuellement votre alimentation.

1. Entourez votre réponse.

Fréquence de vos repas

• Je prends au moins 3 repas par jour, en respectant
5 h au maximum entre chaque repas   oui/non.

Votre apport en glucides

• Je mange au moins 4 tranches de pain par jour
(1 petit pain = 2 tranches de pain)   oui/non.

• Je mange au moins 1 bol de céréales pour le petit
déjeuner par jour ou 1 tranche de pain en plus   oui/non.

• Je mange au moins 2 fruits par jour   oui/non.

• Je mange au moins 3 légumes par jour,
ou je mange 1 salade composée plusieurs fois
par semaine   oui/non.

• Chaque jour, je mange des glucides
(pâtes, riz ou pommes de terre)   oui/non.

Votre apport en protéines
• Je mange au moins 1, mais le plus souvent,
2 portions de viande, ou 1 aliment remplaçant
la viande (crustacés, œufs, légumineuses
ou fruits à écale) par jour   oui/non.

Votre apport en lipides
• J'étale une fine couche de beurre sur mon pain   oui/non.
• Je ne mange pas de friture plus
de 1 fois par semaine   oui/non.
• J'utilise des huiles mono- ou polyinsaturées
(par exemple de l'huile d'olive) dans la cuisine
(entourez « oui » si vous ne faites jamais revenir
vos aliments dans de l'huile ou dans toute
autre matière grasse)   oui/non.
• J'évite de manger des salades assaisonnées
avec de l'huile   oui/non.
• Je consomme uniquement des produits
laitiers allégés ou à 0 % de matière grasse   oui/non.
• J'enlève la graisse sur la viande et la peau
sur les volailles   oui/non.
• Je ne mange pas d'en-cas riches en matière grasse
(chocolat, chips, biscuits, pâtisseries, confiseries…)
plus de 2 fois par semaine   oui/non.
• Je ne mange pas de plats prêts à consommer
ou à emporter plus de 1 fois par semaine   oui/non.

Votre apport en fer
• Je mange de la viande rouge au moins
3 fois par semaine ou 2 portions de viande maigre
par jour. Si je suis végétarien, je mange au moins
200 à 400 g de légumineuses par jour (par exemple
des lentilles, du soja ou des pois chiches)   oui/non.

• Quand je mange du pain, des céréales, des fruits ou
des légumes, je consomme 1 aliment riche en vitamine C,
qui facilite l'absorption du fer par l'organisme   oui/non.

Votre apport en calcium
• Je mange au moins 3 portions de produits laitiers,
de soja ou de produits dérivés du soja par jour
(1 portion = 200 ml de lait ou de lait de soja enrichi,
1 morceau (30 g) de fromage ou 200 g de yaourt)   oui/non.

Vos boissons
• Je m'hydrate régulièrement avant, pendant
et après une activité physique   oui/non.

Votre consommation d'alcool
• Quand je bois de l'alcool, je ne bois pas plus que
la dose permise pour prendre le volant (entourez
« oui » si vous ne buvez pas d'alcool)   oui/non.

2. Totalisez vos points (1 point pour 1 « oui »).

Résultats
• 18-20 : excellent.
• 15-17 : peut mieux faire.
• 12-14 : moyen.
• 0-11 : insuffisant.

Remarque : les personnes très actives doivent manger plus de
pain, de céréales et de fruits que la quantité préconisée ci-
dessus. Pour être en bonne santé, la quantité indiquée ci-dessus
est la quantité minimale qui permet de couvrir les besoins
d'une personne ayant un mode de vie « normal ».
Test publié dans *The G.I. Factor and Sport Nutrition* et inspiré
de *The Taste of Fitness,* coécrit par Helen O'Connor et Donna
Hay.

PARTIE IV
LES TABLES D'INDEX GLYCÉMIQUES

Comment utiliser les listes d'aliments

Dans cette quatrième partie, vous trouverez une première liste regroupant les aliments les plus consommés au quotidien par la plupart d'entre nous et une seconde liste comprenant des aliments regroupés par catégorie, aliments dont l'index glycémique a été calculé dans des laboratoires spécialisés.

Pour connaître la valeur de l'index glycémique d'un aliment, reportez-vous à la première liste. Grâce au classement par ordre alphabétique, vous trouverez très rapidement la réponse à votre question.

Si nous avons décidé d'inclure dans cet ouvrage la seconde liste, c'est pour répondre à la demande de nombreux lecteurs. Les aliments sont répertoriés par catégorie : viennoiserie ; boissons ; pains ; céréales pour le petit déjeuner et produits de la même famille ; barres aux céréales pour le petit déjeuner ; céréales ; biscuits sucrés ; crackers/gâteaux salés ; produits laitiers et produits dérivés ; fruits et produits à base de fruits ; préparations pour bébés et enfants sevrés ; légumineuses (légumes secs) et fruits à écale ; substituts de repas ; plats prêts à consommer/à préparation rapide ; compléments nutritionnels ; pâtes alimentaires et nouilles asiatiques ; aliments protéinés ; collations, confiseries et pâtisseries ; barres énergétiques ; soupes ; sucres et alcools sucrés ; légumes ; aliments/plats exotiques. Dans chaque catégorie, les aliments ont été classés par ordre alphabétique, ce qui vous permet d'un seul coup d'œil de connaître l'index glycémique d'un produit donné et de le comparer avec l'index glycémique d'autres aliments. Imaginons que les aliments que vous aimez le plus aient un index glycémique élevé, intéressez-vous alors à leur charge glycémique. Si celle-ci est relativement basse comparativement à la charge glycémique d'autres aliments appartenant à la même catégorie, un index glycémique élevé ne doit pas vous inquiéter outre mesure. En revanche, si l'index glycémique et la charge glycémique affichent tous les deux des valeurs élevées, essayez, tant que faire se peut, de diminuer les portions ou de consommer les aliments à index glycémique élevé avec des aliments à très faible index glycémique (par exemple du riz et des lentilles).

Dans chaque liste figurent l'index glycémique (IG) et la charge glycémique (CG) (CG = teneur en glucides x IG/ 100). La charge glycémique a été calculée sur la base d'une portion (portion en grammes variant d'un aliment à l'autre) et la teneur en glucides pour une portion, ces deux éléments apparaissant clairement dans les listes.

Prenons un exemple, celui du riz blanc cuit :

• l'index glycémique est de 45 (en prenant comme référence le glucose) ; poids d'une portion « normale » : 150 ;

• quantité de glucides apportée par une portion (150 g)/ 30 g ;

• charge glycémique d'une portion : 45 x 30/100 = 14, en réalité 13,5.

Vous pouvez, de ce fait, choisir les aliments ayant un faible index glycémique et/ou une faible charge glycémique. Lorsque la teneur en glucides ou la charge glycémique n'est pas mentionnée, référez-vous à l'index glycémique.

Dans la liste récapitulant les aliments par catégorie sont indiquées les valeurs moyennes pour un aliment donné. Ces valeurs moyennes sont basées sur des études conduites dans différents pays (deux études au minimum et dix au maximum). Pour certains produits, les données sont très différentes selon que l'étude a été menée en Australie ou dans un autre pays. Dans ce cas, nous avons pris la décision de mentionner les résultats australiens.

Rompant avec la règle ci-dessus, nous avons décidé, dans une seconde liste, de donner les valeurs disponibles dans d'autres pays. L'index glycémique des aliments est basé sur les travaux effectués, entre autres, aux États-Unis, au Canada, en Nouvelle-Zélande, au Japon, en Chine, en Italie, en Suède et en France. Les Australiens ont de la chance car les produits les plus consommés ont pratiquement tous été testés, ce qui n'est pas toujours le cas dans les autres pays. Nous avons également pris la décision de faire figurer des aliments et des plats exotiques.

Suite aux demandes formulées par nombre de personnes, nous avons également mentionné des aliments ayant une très faible teneur en glucides. Lorsque la teneur en glucides est extrêmement basse voire nulle, la valeur de l'index glycémique de ces aliments est égale à [0]. Entrent dans cette catégorie nombre de légumes (avocat, brocoli, etc.) et des aliments riches en protéines (poulet, fromage, thon, etc.). Nous espérons voir d'ici quelques années l'index glycémique figurer sur les emballages aux côtés des informations habituelles, notamment les valeurs nutritionnelles.

Les index glycémiques répertoriés dans cette partie sont les résultats des tests les plus récents. Toutefois, dès lors qu'un fabricant modifie la teneur d'un produit ou change son procédé de fabrication, l'index glycémique est modifié.

Remerciements

Nous n'aurions jamais pu inclure dans cet ouvrage les listes ci-après sans la collaboration du Dr Susanna Holt du service de nutrition humaine de l'université de Sydney. Le

Dr Holt est à la tête d'une équipe de chercheurs spécialisés dans les recherches et calculs d'index glycémiques. C'est à elle que nous devons une grande partie des données figurant dans cette partie.

ALIMENTS LES PLUS CONSOMMÉS
(PAR ORDRE ALPHABÉTIQUE)

C ette première liste reprend les aliments dont les carac- téristiques ont toutes été testées par le même labora- toire en Australie.

Comme le souligne un représentant de la société Kellogg's France :

« Les produits commercialisés aux USA [et également en Australie] ne sont pas nécessairement les mêmes (en termes de composition et de valeur nutritionnelle) que ceux que vous pouvez trouver en Europe, même s'ils portent le même nom. La fabrication des produits commercialisés en Europe est réalisée en Europe. »

Ceci est probablement valable pour les autres fabricants. La liste complémentaire donnée p. 337 donne des références françaises, quand elles existent, ou obtenues dans des pays autres que l'Australie.

	IG (le glucose étant pris comme référence)	Poids d'une portion moyenne (en g)	Teneur en glucides d'une portion	CG pour une portion
• Abricots	57	120	9	5
• Abricots au sirop sans sucre ajouté	64	120	19	12
• Abricots séchés	30	60	27	8
• Agneau	[0]	120	0	0
• All-Bran® céréales (petit déjeuner)	34	30	15	4
• All-Bran Fruit'n'Oats® (idem)	39	30	17	7
• All-Bran Soy'n'Fibre® (idem)	33	30	14	4
• Ananas en conserve	46	250 ml	34	15
• Ananas frais	66	120	10	6
• Bagel, farine blanche	72	70	35	25
• Baguette, farine blanche	95	30	15	15
• Banane, grosseur moyenne	52 (moy.)	120	24	12
• Barre énergétique au chocolat	43	38	20	8
• Barre musli avec des fruits secs	61	30	21	13
• Betterave rouge	64	80	7	5
• Bœuf	[0]	120	0	0
• Boisson énergétique à l'orange reconstituée	65	250 ml	20	13
• Boisson énergétique chocolatée	31	250 ml	41	13
• Boulgour, blé concassé (prêt à consommer)	48 (moy.)	150	26	12
• Bretzels	83	30	20	16
• Brisures de riz blanc (cuisson à l'autocuiseur)	86	150	43	37

• Bürgen® Fruit Loaf, pain aux fruits secs	44	30	13	6
• Bürgen® Mixed Grain, pain multicéréale	49 (moy.)	30	11	6
• Cacahouètes décortiquées salées	14 (moy.)	50	6	1
• Cantaloup	67 (moy.)	120	6	4
• Capellini, pâtes alimentaires, cuites à l'eau	45	180	45	20
• Carottes pelées, cuites à l'eau	49	80	5	2
• Céréales (petit déjeuner)	77	30	27	20
• Cerises	22	120	12	3
• Chips (pommes de terre)	57	50	18	10
• Chips de maïs	42	50	25	11
• Chocolat au lait	41 (moy.)	50	31	13
• Choco Pops®, céréales (petit déjeuner)	77	30	26	20
• Coca-Cola®	53	250 ml	26	14
• Cocktail de fruits (en conserve)	55	120	16	9
• Cornflakes®, céréales (petit déjeuner)	77	30	25	20
• Confiture à l'abricot, allégée en sucre	55	30	13	7
• Confiture à la fraise	56 (moy.)	30	20	10
• Crackers, farine de blé	67	25	14	10
• Crackers, biscuits salés	55	25	17	10
• Crème anglaise maison	43	100	17	7
• Crème glacée	61 (moy.)	50	13	8
• Crème glacée à la vanille, 16 % MG	38	50	9	3
• Crème glacée allégée à la vanille	50	50	6	3
• Crème glacée au chocolat, 15 % MG	37	50	9	4
• Crêpes (préparation instantanée)	67	80	58	39
• Crêpes au sarrasin	102	77	22	22

• Crispix®, céréales (petit déjeuner)	87	30	25	22
• Crisproll®, pain suédois	71	25	16	12
• Croissant	67	57	26	17
• Crunchy Nut Cornflakes®, barre chocolatée	72	30	26	19
• Crunchy Nut®, pétales de maïs (petit déjeuner)	72	30	24	17
• Crustacés (bouquets, crabe, homard…)	[0]	120	0	0
• Dattes	103	60	40	42
• Dhal bengali, pois chiches	11	150	36	4
• Doughnut	76	47	23	17
• Fanta® orange	68	250 ml	34	23
• Fèves	79	80	11	9
• Fettuccine, pâtes alimentaires aux œufs, cuites	32	180	46	15
• Fibre Plus®, barre aux céréales (petit déjeuner)	78	30	23	18
• Figues séchées	61	60	26	16
• Flageolets cuits	31	150	20	6
• Flan aux œufs (préparation instantanée)	35	100	17	6
• Flan	65	70	48	31
• Flan (préparation instantanée à froid)	35	100	17	6
• Flocons d'avoine au paillasson de blé	42	250	21	9
• Frites allumettes surgelées, cuites au micro-ondes	75	150	29	22
• Fromage	[0]	120	0	0
• Frosties®, pétales de maïs glacés au sucre (petit déjeuner)	55	30	26	15
• Froot Loops®, céréales (petit déjeuner)	69	30	26	18

• Fructose pur	19 (moy.)	10	10	2
• Fruit Loaf Bürgen®, pain aux fruits secs	44	30	13	6
• Galettes de maïs soufflé, sans gluten	87	25	20	18
• Galettes de riz soufflé, blanc	82	25	21	17
• Gâteau à la banane (fait maison)	51	80	38	18
• Gâteau à la vanille avec glaçage à la vanille (préparation instantanée)	42	111	58	24
• Gâteau au chocolat avec glaçage au chocolat	38	111	52	20
• Gâteau de Savoie	46	63	36	17
• Gâteau de Savoie avec nappage chocolat et noix de coco	87	50	29	25
• Gâteau (petit) avec glaçage à la fraise	73	38	26	19
• Gâteaux	59	57	26	15
• Gatorade® boisson énergétique	78	250 ml	15	12
• Gaufres	76	35	13	10
• Gaufrettes à la vanille	77	25	18	14
• Glace au chocolat 15 % MG	37	50	9	4
• Gnocchi, pâtes alimentaires	68	180	48	33
• Golden Wheats®, céréales (petit déjeuner)	71	30	23	16
• Haricots blancs	38 (moy.)	150	31	12
• Haricots blancs à la sauce tomate (en conserve)	49 (moy.)	150	15	7
• Haricots pinto au naturel	45	150	22	10
• Haricots pinto secs, cuits à l'eau	39	150	26	10
• Haricots romano	46	150	18	8
• Haricots mungo (Chine)	33 (moy.)	180	45	12
• Haricots noirs, cuits à l'eau	30	150	23	7
• Haricots rouges, égouttés (en conserve)	44 (moy.)	150	17	9

• Haricots rouges secs, cuits à l'eau	28 (moy.)	150	25	7
• Haricots rouges, trempés et cuits à l'eau	42	150	30	13
• Honey Rice Bubbles®, riz soufflé au miel (petit déjeuner)	77	30	27	20
• Honey Smacks®, céréales (petit déjeuner)	71	30	23	11
• Igname, pelée, cuite à l'eau	37 (moy.)	150	36	13
• Isostar®, boisson énergétique	70	250 ml	18	13
• Jelly Beans®, bonbons	78 (moy.)	30	28	22
• Jus de canneberge	58	250 ml	31	18
• Jus d'orange sans sucre ajouté, reconstitué	50 (moy.)	250 ml	18	9
• Jus de pamplemousse, sans sucre ajouté	48	250 ml	20	9
• Jus de pomme pur, sans sucre ajouté, reconstitué	40	250 ml	29	12
• Kiwi	58	120	12	7
• Lactose pur	46 (moy.)	10 ml	10	5
• Lait chocolaté écrémé, sucré	34	250 ml	26	9
• Lait concentré sucré	61	50 ml	27	17
• Lait concentré sucré	61	250 ml	136	83
• Lait de soja, 1,5 % MG	44	250 ml	17	8
• Lait de soja, 3 % MG, 0 mg de calcium	44	250 ml	17	8
• Lait de soja, 3 % MG 120 mg de calcium	36	250 ml	18	6
• Lait écrémé	32	250 ml	13	4
• Lait entier frais	31	250 ml	12	4
• Lentilles rouges, cuites à l'eau	26	150	18	5
• Lentilles vertes (en conserve)	44	250	21	9
• Lentilles vertes, cuites à l'eau	30 (moy.)	150	17	5

• Lentilles 29 (moy.)	1	50	18	5
• LifeSavers®, bonbons à la menthe poivrée	70	30	30	21
• Linguine, pâtes alimentaires, qualité épaisse, cuites	46	180	48	22
• Linguine, pâtes alimentaires, qualité fine, cuites	52	180	45	23
• Litchis, fruits au sirop (égouttés)	79	120	20	16
• Lucozade®, boisson énergétique gazeuse au glucose	95	250 ml	42	40
• Macaronis au fromage	64	180	51	32
• Macaronis cuits	47 (moy.)	180	48	23
• Maïs doux (en boîte)	46	150	28	13
• Maltose (50 g)	105	10	10	11
• Mangue	51	120	15	8
• Marmelade d'orange	55 (moy.)	30	20	9
• Mars®, barre chocolatée	62	60	40	25
• M&Ms®, cacahouètes au chocolat	33	30	17	6
• Miel	55 (moy.)	25	18	10
• Millet, cuit à l'eau	71	150	36	25
• Milky Bar®, barre au chocolat blanc	44	50	29	13
• Mini-Wheats®, céréales au blé complet (petit déjeuner)	58	30	21	12
• Mini-Wheats®, céréales au blé complet et aux fruits rouges (petit déjeuner)	72	30	21	15
• Mousse à la mangue 1,8 % MG	33	50	11	4
• Mousse au chocolat 2 % MG	31	50	11	3
• Mousse aux fraises 2,3 % MG	32	50	10	3
• Mousse aux fruits rouges 2,2 % MG	36	50	10	4
• Mousse aux noisettes 2,4 % MG	36	50	10	4

• Musli, céréales avec du lait 1,5 % MG	39	30	19	7
• Musli grillé	43	30	17	7
• Muffin	77	30	14	11
• Muffin aux myrtilles (fabrication industrielle)	59	57	29	17
• Muffin aux pommes (fait maison)	46	60	29	13
• Nesquik® à la fraise dissous dans du lait demi-écrémé	35	250 ml	12	4
• Nesquik® au chocolat, dissous dans du lait demi-écrémé	41	250 ml	11	5
• Nouilles chinoises, cuites à l'eau	40	180	39	15
• Nouilles chinoises, cuisson rapide (2 min)	46	180	40	19
• Nouilles chinoises Maggi®, cuites en 2 min	46	180	40	19
• Nouilles Lungkow, nouilles chinoises aux haricots mungo	33	180	45	18
• Nuggets de poulet (surgelés) réchauffés au micro-ondes (5 min)	46	100	16	7
• Nutella®, pâte à tartiner aux noisettes	33	20	12	4
• Œufs	[0]	120	0	0
• Orange de grosseur moyenne	42 (moy.)	120	11	5
• Orge perlé, cuit à l'eau	25 (moy.)	150	42	11
• Pain à la farine complète	70	30	13	9
• Pain aux fruits secs et aux épices, tranche épaisse	54	30	15	8
• Pain aux graines de tournesol et orge	57	30	11	6
• Pain au lait Pasquier®	63	60	32	20
• Pain aux neuf céréales	43	30	14	6
• Pain au son de blé et au miel	49	30	10	3
• Pain blanc, sans gluten, tranché	80	30	15	12

• Pain complet	77	30	12	9
• Pain croustillant, type scandinave	81	25	19	15
• Pain de mie tranché	70	30	14	10
• Pain de seigle	58 (moy.)	30	14	8
• Pain multicéréale, sans gluten	79	30	13	10
• Pain noir au seigle	76	30	13	10
• Pain noir	76	30	13	10
• Pain pita	75	30	16	12
• Pain pour hamburger	61	30	15	9
• Pain Pumpernickel® au seigle noir	41	30	12	5
• Pain rond kaiser	73	30	16	12
• Pain suédois Ryvita®	69	25	16	11
• Pamplemousse	25	120	11	3
• Panais	97	80	12	12
• Papaye	56	120	8	5
• Pastèque	72	120	6	4
• Patates douces, cuites au four	46	150	25	11
• Pâtes alimentaires torsadées	43	180	44	19
• Pêche, grosse (1)	42 (moy.)	120	11	5
• Pêches au sirop	45	120	17	11
• Pétales de blé soufflés (petit déjeuner)	80	30	21	17
• Petite crêpe (blini)	69	50	19	13
• Petits pois surgelés, cuits à l'eau	48 (moy.)	80	7	3
• Pita	57	30	17	10
• Pizza au fromage	60	100	27	16
• Pizza Hut® Super Suprême (11,4 % MG)	36	100	24	9
• Pizza Hut® Super Suprême pâte fine (13,2 % MG)	30	100	22	7
• Poire	38 (moy.)	120	11	4

• Poires au sirop	44 (moy.)	120	13	5
• Pois cassés, jaunes, cuits à l'eau (20 min)	32	150	19	6
• Pois chiches préparés (conserve)	40	150	22	9
• Pois chiches (faits maison)	28 (moy.)	150	30	8
• Pois secs (cuits à l'eau)	22	150	9	2
• Poisson	[0]	120	0	0
• Poisson pané surgelé	38	100	19	7
• Polenta, cuite à l'eau	68	150	13	9
• Pomme, grosseur moyenne	38 (moy.)	120	15	6
• Pomme, séchée	29	60	34	10
• Pommes de terre pontiac, cuites à l'eau (35 min)	72	150	18	16
• Pommes de terre désirée, cuites à l'eau (35 min)	101	150	17	17
• Pommes de terre, cuites au four	85 (moy.)	150	30	26
• Pommes de terre, cuites au micro-ondes	9	150	18	14
• Pommes de terre nouvelles, avec la peau, cuites à l'eau (20 min)	78	150	21	16
• Pommes de terre nouvelles (en conserve) réchauffées au micro-ondes (3 min)	65	150	18	12
• Pop-corn au micro-ondes	72	20	11	8
• Porc	[0]	120	0	0
• Porridge, bouillie de flocons d'avoine	42	250	21	9
• Potiron	75	80	4	3
• Premium Soda Crackers®	74	25	17	12
• Pruneaux secs (6)	29	60	33	10
• Prunes	39	120	12	5
• Purée de pommes de terre (faite maison)	91	150	20	18

• Quatre-quarts	54	53	28	15
• Raisins	53 (moy.)	120	18	8
• Raisins secs	64	60	44	28
• Raisins secs, blonds	56	60	45	25
• Raviolis à la viande, sans sauce	39	180	38	15
• Rice Bubble Treat®, barre au riz soufflé	63	30	24	15
• Rice Krispies®, riz soufflé (petit déjeuner)	82	30	26	22
• Riz basmati blanc, cuit	58	150	38	22
• Riz blanc (pesé cuit)	83	150	43	36
• Riz blanc à cuisson rapide (6 min)	87	150	42	36
• Riz blanc, cuit à l'autocuiseur	92 (moy.)	150	48	44
• Riz brun, cuit à l'eau	76	150	38	29
• Riz doongara blanc	56 (moy.)	150	39	22
• Sablés	64	25	16	10
• Saccharose, sucre de table	68 (moy.)	10	10	7
• Salami	[0]	120	0	0
• Sarrasin	54 (moy.)	150	30	16
• Saucisses, type Francfort, cuites à la poêle	28	100	3	1
• Scones (préparation instantanée)	92	25	9	7
• Seigle allégé	68	30	14	10
• Semoule cuite	55	67 (sec)	50	28
• Semoule de couscous, cuite à l'eau (5 min)	65 (moy.)	150	35	23
• Shredded Wheat® au paillasson de blé (petit déjeuner)	75 (moy.)	30	20	15
• Snickers® barre chocolatée au lait	41	60	36	15
• Soda type cola	53	250 ml	26	14

• Son d'avoine, non raffiné	55 (moy.)	10	5	3
• Soupe aux haricots noirs	64	250 ml	27	17
• Soupe de pois (en conserve)	66	250 ml	41	27
• Soupe de pois cassés	60	250 ml	27	16
• Soupe de tomate (en conserve)	45	250 ml	17	6
• Spaghetti à la farine complète	42	180	42	16
• Spaghetti sans sauce	44 (moy.)	180	48	18
• Spécial K®, céréales (petit déjeuner)	56	30	21	11
• Sport Plus®, boisson énergétique	74	250 ml	17	13
• Sustagen®, boisson énergétique riche en fibres	33	250 ml	44	15
• Tablettes de glucose	102	50	50	50
• Tacos, à base de farine de maïs (cuits au four)	68	20	12	8
• Tapioca (cuit au lait)	81	250	18	14
• Thon	[0]	120	0	0
• Tortellini, pâtes alimentaires nature	50	180	21	10
• Twix®, biscuit nappéde caramel	44	60	39	17
• Veau	[0]	120	0	0
• Vermicelle nature	35	180	44	16
• Vita-Brits®, céréales (petit déjeuner)	68	30	20	13
• Weet-Bix®, céréales (petit déjeuner)	69	30	17	12
• Yaourt à boire aux fruits	38	200	29	11
• Yaourt aromatisé sucré	33	200	31	10
• Yaourt au soja, sucréaux fruits (2 % MG)	50	200	26	13
• Yaourt maigre aromatisé	31	200	30	9
• Yaourt maigre avec édulcorant, aux fruits	25	200	13	3
• Yaourt nature	26	200	10	3

QUELQUES VALEURS NUTRITIONNELLES CONCERNANT DES PRODUITS FABRIQUÉS ET COMMERCIALISÉS EN FRANCE

I – Produits commercialisés par la société Danone-Lu*

3, rue Saarinen
96628 RUNGIS Cedex

Aliment	IG (le glucose étant pris comme référence)	Poids d'une portion moyenne (en g)	Teneur en glucides d'une portion	CG pour une portion
LU PETIT DÉJEUNER Chocolat et Céréales**	46	12,50 (= 1 biscuit)	8,7	4,0
LU PETIT DÉJEUNER Fruits et Fibres Figues**	41	12,50 (= 1 biscuit)	8,5	3,5
LU PETIT DÉJEUNER Brut de céréales***	46	12,50 (= 1 biscuit)	8,9	4,1
LU PETIT DÉJEUNER Allégé en sucre céréales et pépites de chocolat***	37	12,50 (= 1 biscuit)	9,0	3,3
LU PETIT DÉJEUNER Céréales miel et pépites de chocolat***	47	13,50 (= 1 biscuit)	9,7	4,5
LU PETIT DÉJEUNER Muesli aux fruits***	47	12,50 (= 1 biscuit)	9,1	4,3
Barquette abricot	71	6,60 (= 1 biscuit)	4,2	3,0
Véritable Petit Beurre	54	8,30 (= 1 biscuit)	6,6	3,6

* Les produits ci-dessus vendus en France ont été testés dans le laboratoire du Professeur Jennie Brand-Miller en Australie. Pour un petit déjeuner, la portion recommandée est de 4 biscuits LU Petit déjeuner pour un individu moyen. Pour une pause, la portion recommandée est de 6 barquettes ou de 3 Véritable Petit Beurre.

** Les teneurs en glucides calculées correspondent aux glucides disponibles, c'est-à-dire aux glucides qui seront digérés et absorbés par l'organisme.
*** Par ailleurs, lorsque ces biscuits sont consommés au sein d'un petit déjeuner, il a été démontré que les glucides de ces derniers apparaissent de manière stable et prolongée dans le sang.

II – Produits commercialisés par la société Nestlé Nestlé-Proteika

2, avenue des Noëlles
44500 LA BAULE

Aliment	IG (le glucos e étant pris comme référence)	Poids d'une portion moyenne (en g)	Teneur en glucides d'une portion	CG pour une portion
NUTREN ÉQUILIBRE Céréales Petit déjeuner Nature	37	40	23	8,5
NUTREN ÉQUILIBRE Céréales Petit déjeuner Fraise	37	40	24,1	8,9
NUTREN ÉQUILIBRE Barres Citron Vert/Gingembre	41	22	10,3	4,2
NUTREN ÉQUILIBRE Barres abricot	41	22	10,2	4,2

Ces produits ont également fait l'objet de tests dans le laboratoire du Professeur Jennie Brand-Miller en Australie.

III – Produits commercialisés par la société Kot

64, rue Pierre-Charron
75008 Paris

Aliment	IG (le glucose étant pris comme référence)	Poids d'une portion moyenne (en g)	Teneur en glucides d'une portion	CG pour une portion
Musli aux copeaux de chocolat DIATICAL type 2*		190	13	
Boisson au cacao DIATICAL type 2*		175	10	
Crêpe DIATICAL Type 2*		200		
Gâteau de semoule DIATICAL Type 2*		100	8,1	
Barre figue amande DIATICAL Type 2*		30	9,5	
Omelette campagnarde aux cèpes DIATICAL type 2*		105	3,8	
Purée crème et fines herbes DIATICAL type 2*		140	8,2	
Flan aux petits légumes DIATICAL type 2*		105	5,5	
Moelleux chocolat amande DIATICAL type 2*		100	15,6	
Pain KOT**	61	100	21	12,8
Pancake KOT**	37	25	6	2,2
Pizza KOT**	40	100	15	6
Pâtes KOT**	50	60	29	14,4

* L'index glycémique et la charge glycémique n'ont pas été déterminés selon les méthodes de référence pour ces produits. Une méthode de digestion *in vitro*, c'est-à-dire en laboratoire dans des tubes, a permis de vérifier que ces produits étaient digérés plus lentement que les produits de référence. On peut donc dire qu'il est hautement probable que ces produits ont un index glycémique et une charge glycémique faibles (pour les produits ayant une teneur en glucides inférieure à 15 g par portion) ou très faibles (teneur en glucides inférieure à 10 g par portion).

** Produits testés dans le laboratoire du service de Diabétologie de l'Hôtel-Dieu, Paris, France.

IV – Produits testés dans le laboratoire du service de diabétologie de l'Hôtel-Dieu de Paris

1, place du Parvis-de-Notre-Dame
75181 PARIS Cedex 04

Aliment	IG (le glucose étant pris comme référence)	Poids d'une portion moyenne (en g)	Teneur en glucides d'une portion	CG pour une portion
Baguette courante française	78	40	24	19
Baguette de tradition française	57	40	24	14
Boule de pain français à la levure	81	40	21	17
Boule de pain français au levain	80	40	22	18
Boule de pain français complet	85	40	20	17
Pruneaux d'Agen en sachet*	52	25	10	5,2

* Pruneaux d'Agen hors noyau.

V – Produits commercialisés par Kellogg's

rue Léon-Blum
93110 ROSNY-SOUS-BOIS

La société KELLOGG'S France nous a fourni la liste de ses produits commercialisés en France. Elle nous précise que les produits fabriqués en France ne sont pas nécessairement strictement les mêmes que ceux commercialisés sous le même nom dans d'autres pays. Les différences peuvent concerner quelques ingrédients mais l'une des différences essentielles est l'origine géographique des céréales et des fruits utilisés qui sont obtenus localement et qui peuvent différer sensiblement entre l'Europe, l'Amérique, l'Australie ou l'Asie. Les valeurs d'index glycémique n'ayant pas été mesurées pour les produits commercialisés en France, les lecteurs sont invités à se reporter au tableau général du livre apportant des indications que nous pourrons considérer comme des valeurs approchées hautement vraisemblables.

CÉRÉALES FAMILLE ET ADULTES	CÉRÉALES ENFANTS ET ADOLESCENTS
All-Bran® Chocolat ; All-Bran® Figue et Pomme ; All-Bran® Fibres Plus ; All-Bran® Fruit'n Fibre ; All-Bran® Pétales ; Country® Just Right ; Country® Store ; Extra® Pépites Chocolat Noisettes ; Extra® Pépites Fruits ; Kellogg's Oats® ; Kellogg's Original Corn Flakes® ; Special K® ; Special K® Feuilles de chocolat au lait ; Special K® Feuilles de chocolat noir ; Special K® Fruits Rouges ; Special K® Mûre Myrtille Cassis ; Special K® Pêche Abricot	Coco Pops® ; Coco Pops® 2 Choc' ; Coco Pops® Paille ; Coco Pops® Rikiki Billes ; Crisp-X® Chocolat ; Frosties® ; Frosties® Choco Max ; Frosties® Crok'Choc ; Frosties® Nuts ; Frosties® Pépites ; Kellogg's Chocos® ; Miel Pops® ; Rice Krispies® ; Smacks® ; Smacks Trésor® ; Smacks Trésor® Tout Choco

LISTE COMPLÉMENTAIRE

Aliment	IG (le glucose étant pris comme référence)	Poids d'une portion moyenne (en g)	Teneur en glucides d'une portion	CG pour une portion
ALIMENTS/PLATS EXOTIQUES				
Afrique				
• Banane plantain pas mûre *(Musa paradisiaca)* (Ghana)	40	120 (crue)	34	13
• Porridge, farine de millet (Kenya)	107	120	50	34
Arabie et Turquie				
• Couscous marocain (ragoût de semoule, pois chiches et légumes)	58	250	29	17
• Houmous (sauce à base de légumes verts et de pois chiches)	6	30	5	0
• Pain turc, farine de blé blanche	87	30	17	15
• Pain turc, farine complète	49	30	16	8
Asie				
• Légumes sautés, poulet et riz	73	360	75	55
• Riz blanc au beurre	79	150	51	40
• Riz blanc, pauvre en protéines, avec algues séchées (Japon)	70	150	60	42
• Riz au curry	67	150	61	41
• Riz au curry avec du fromage	55	150	49	27
• Riz avec gluten	92	150	48	44
• Riz jasmin (Thaïlande)	109	150	42	46
• Sushi saumon	48	100	36	17
• Sushi, algues rôties, vinaigre et riz	55	100	37	29

• Vermicelle de riz, Kongmoon (Chine)	58	180	39	22
Îles du Pacifique				
• Arbre à pain *(Artocarpus altilis)* (Australie)	68	120	27	18
• Banane plantain verte, cuite à l'eau (Nouvelle-Zélande)	38	120	21	8
• Patates douces	66	150	25	17
Inde				
• Dhal bengali, pois chiches	11	150	36	4
• Dhal avec haricots mungo	43	150	18	8
• Manioc *(Manihot utilissima),* cuit à la vapeur (1 h)	70	250	18	12
• Millet *(Paspalum scorbiculatum)*	68	76 (sec)	50	34
• Orge *(Hordeum vulgare)*	43	150	37	16
• Idli (riz + dhal aux haricots noirs)	69	250	52	36
• Semoule de froment *(Triticum aestivum),* cuite à la vapeur	55	67 (sec)	50	28
• Semoule de froment *(Triticum aestivum),* pré-grillée	76	67 (sec)	50	38
• Semoule de froment *(Triticum aestivum),* avec dhal aux haricots noirs	46	71 (sec)	50	23
• Semoule de froment *(Triticum aestivum)* avec dhal aux haricots mungo	62	71 (sec)	50	31
• Semoule de froment *(Triticum aestivum)* avec dhal bengali	54	71 (sec)	50	27
BARRES AUX CÉRÉALES POUR LE PETIT DÉJEUNER				
• Crunchy Nut Cornflakes® (Kellogg's, Australie)	72	30	26	19
• K-Time Just Right® (idem)	72	30	24	17

• K-Time Stawberry Crunch®, fraises (idem)	77	30	25	19
• Sustain® (idem)	57	30	25	14
BOISSONS				
Boissons énergétiques				
• Gatorade® (Australie)	78	250 ml	15	12
• Isostar® (Suisse)	70	250 ml	18	13
• Lucozade®, boisson gazeuse (riche en glucose)	95	250 ml	42	40
• Sport Plus® (idem)	74	250 ml	17	13
• Sustagen® boisson chocolatée (idem)	31	250 ml	41	13
• Sustagen®, boisson riche en fibres (idem)	33	250 ml	44	15
• Sustagen Sport® (idem)	43	250 ml	49	21
Jus de fruits et de légumes				
• Jus d'ananas, sans sucre ajouté	46	250 ml	34	16
• Jus de canneberge	52	250 ml	31	16
• Jus de carotte frais	43	250 ml	23	10
• Jus d'orange	46	250 ml	26	12
• Jus de pamplemousse, sans sucre ajouté	48	250 ml	21	10
• Jus de pomme, sans sucre ajouté	40	250 ml	29	12
• Jus de tomate, en canette, sans sucre ajouté	38	250 ml	9	4
Préparations à base de poudre				
• Nesquik®, chocolaté 1,5 % MG, dissous dans l'eau (Nestlé, Australie)	53	250 ml	7	4
• Nesquik®, chocolaté, dissous dans du lait écrémé (idem)	41	250 ml	11	5
Soda				
• Coca-Cola®	53	250 ml	26	14

• Boisson fortifiante à l'orange reconstituée	66	250 ml	20	13
• Fanta® orange	68	250 ml	34	23
• Nesquik®, aromatisé à la fraise dissous dans du lait écrémé (idem)	35	250 ml	12	4

BISCUITS SUCRÉS

• Arrowroot® (McCormicks's, Canada)	63	25	20	13
• Arrowroot Plus® (idem)	62	25	18	11
• Barquette LU®, abricot (LU, France)	71	40	32	23
• Flocons d'avoine	54	25	17	9
• Gaufres, Graham Wafers® (Christie Brown, Canada)	74	25	18	14
• Gaufrettes à la vanille (idem)	77	25	18	14
• Grany®, en-cas abricot (LU, France)	55	30	16	9
• Grany®, en-cas fruits des bois (idem)	50	30	14	7
• LU P'tit Déjeuner®, chocolat (idem)	45	50	34	14
• LU P'tit Déjeuner®, miel et pépites de chocolat (idem)	49	50	35	17
• Nutrigrain®, fruits des bois (Kellogg's, France)	57	35	23	13
• Petit LU® Normand (LU, France)	51	25	19	10
• Petit LU® Roussillon (idem)	48	25	18	9
• Prince Énergie+® (idem)	73	25	17	13
• Prince®, fourré chocolat (idem)	52	45	30	16
• Prince Petit Déjeuner®, vanille (idem)	45	50	36	16
• Rich Tea®, 2 biscuits (Canada)	55	25	19	10

• Sablés	59	25	16	10
• Sablé des Flandres® (LU, France)	57	20	15	8
• Thé® (idem)	41	20	16	6
• Véritable Petit Beurre® (idem)	51	25	18	9
CÉRÉALES				
• Amaranthe, grains éclatés avec du lait (Inde)	97	30	22	21
Blé				
Grains complets				
• Blé, grains complets	45	50 (sec)	33	15
• Blé, grains complets, cuits à la vapeur	44	50 (sec)	33	14
Grains précuits				
• Blé durum, précuit, cuisson 10 min	50	50 (sec)	33	17
• Blé durum, précuit, cuisson 20 min	52	50 (sec)	37	19
• Blé durum, précuit dans sachet, réchauffé	40	125	39	16
• Boulgour, cuit à l'eau 20 min	48	150	26	12
Maïs doux				
• Maïs doux	59	150	33	20
• Maïs doux, surgelé, réchauffé au micro-ondes	47	150	33	16
• Tacos Old El Paso®, cuits au four	68	20	12	8
Maïzena				
• Maïzena, dans eau bouillante salée 2 min	68	150	13	9
• Maïzena + margarine	69	150	12	9
Millet				
• Millet, cuit à l'eau	71	150	36	25

Orge				
• Orge perlé	25	150	42	11
Pilpil de blé				
• Pilpil de blé	67	30	20	13
• Shredded Wheat® (Nabisco, Canada)	83	30	20	17
Riz				
Riz basmati				
• Cuit à l'eau	58	150	38	22
• Précuit, Uncle Ben's Express®	57	150	41	24
• Cuisson rapide, qualité supérieure, Uncle Ben's®	60	150	38	23
Riz blanc, cuit à l'eau				
• Canada	60	150	42	25
• France	47	150	32	15
Riz brun				
• Riz brun	66	150	33	21
• Riz brun, cuit à la vapeur	50	150	33	16
• Riz brun doongara, riche en amylose (Australie)	66	150	37	24
Riz étuvé				
• Riz blanchi, Uncle Ben's®	45	150	36	16
• Riz étuvé	48	150	36	18
• Riz étuvé, cuisson 20 min Uncle Ben's Natur-reis® (Belgique)	64	150	36	23
• Long grain, cuit à l'eau 5 min (Canada)	38	150	36	14
• Long grain, cuit à l'eau 15 min (Canada)	47	150	36	17
• Long grain, cuit à l'eau 25 min (Canada)	46	150	36	17

Riz long grain, cuit à l'eau

• Inde	48	150	38	18
• 5 min	41	150	40	16
• 7 min	64	150	40	26

Riz long grain, cuisson rapide

• 10 min	68	150	37	25
• 20 min	75	150	37	28
• Spécial micro-ondes (2 min)	52	150	37	19
• Long grain et riz sauvage, Uncle Ben's® (Effem Foods, Canada)	54	150	37	20

Riz préparation rapide/riz soufflé

• Riz blanc à cuisson rapide (1 min)	46	150	42	19
• Riz sauvage				
• Riz sauvage de Saskatchewan (Canada)	57	150	32	18

Spécialités à base de riz

• Mexicain, Uncle Ben's® (Effem Foods, Canada)	58	150	37	22
• Riz cajun, Uncle Ben's® (idem)	51	150	37	19
• Riz, haricots et ail, Uncle Ben's® (idem)	55	150	37	21

Sarrasin

• Sarrasin	54	150	30	16

Semoule

• Semoule, cuite à l'eau (5 min)	65 (moy.)	150	35	23

Seigle, grains complets

• Seigle, grains complets (Canada)	29	50 (sec)	38	11
• Seigle, grains complets, cuits à la vapeur (idem)	34	50 (sec)	38	13

CÉRÉALES POUR LE PETIT DÉJEUNER ET PRODUITS DE LA MÊME FAMILLE

All-bran®

• All-Bran® (Kellogg's)	42	30	21	9
• All-Bran® Fruit'n'Oats (idem)	39	30	17	7
• All-Bran® Soy'n'Fibre (idem)	33	30	14	4

Biscuits au blé (pétales de blé non raffiné)

• Weetabix®	70	30	19	13

Céréales complètes

• Life® (Quaker Oats Co., Canada)	66	30	25	15
• Mini-Wheats®, au blé complet avec des cassis	72	30	21	15
• Mini-Wheats®, au blé complet (Kellogg's)	58	30	21	12

Grains de riz soufflés au chocolat ou au miel

• Choco Pops® (Kellogg's)	77	30	26	20
• Corn Bran® (Quaker Oats, Canada)	75	30	20	15
• Coco Chex® (Nabisco, Canada)	83	30	25	21
• Riz soufflé au miel (Kellogg's)	77	30	27	20

Musli

• Alpen Muesli® (Wheetabix, France)	55	30	19	10
• Musli	66	30	24	17
• Musli® (Sunfresh, Canada)	60	30	18	11

Pétales de blé soufflés

• Pétales de blé soufflés (Quaker Oats, Canada)	67	30	20	13
• Red River Cereal (Mapple Leaf Mills, idem)	49	30	22	13
• Rice Chex® (Nabisco, idem)	89	30	26	23

Pétales de maïs

• Céréales pommes & cannelle® (Con Agra Inc., États-Unis)	37	30	22	8
• Cornflakes® (Kellogg's, Australie)	77	30	25	20
• Cornflakes® (idem, Canada)	83	30	26	22
• Cornflakes® (idem, États-Unis)	92	30	26	24
• Cornflakes Crunchy Nut® (idem, Australie)	72	30	24	17
• Cornflakes®, riche en fibres (Presidents Choice, Canada)	74	30	24	17
• Cream of Wheat®, Instant (Nabisco, idem)	74	250	30	22
• Crispix® (Kellogg's, idem)	87	30	25	22
• Energy Mix® (Quaker, France)	80	30	24	19
• Frosties®, pétales de maïs glacés au sucre (Kellogg's, Australie)	55	30	26	15
• Golden Grahams® (General Mills, Canada)	71	30	25	18
• Golden Wheats® (Kellogg's, Australie)	71	30	23	16
• Honey Smacks® (idem)	71	30	23	11
• Just Right Just Grains® (idem)	62	30	23	14
• Just Right® (idem)	60	30	22	13
Porridge				
À base de flocons d'avoine roulés				
• Porridge	58	250	22	13
• Bouillie de flocons d'avoine (préparation instantanée)	66	250	26	17
• Pro Stars® (General Mills, Canada)	71	30	24	17
Porridge à la farine d'orge				
• Cheerios® (General Mills, Canada)	74	30	20	15

• Chocapic® (Neslé, France)	84	30	25	21
• Porridge à la farine d'orge complète, 100 % orge qualité traditionnelle (Suède)	68	50 (sec)	34	23
Son d'avoine				
• Son d'avoine, non raffiné	55	10	5	3
Special K-Formulation différente selon les pays				
• Spécial K® (Kellogg's, France)	84	30	24	20
• Team® (Nabisco, Canada)	82	30	22	17
• Total® (General Mills, idem)	76	30	22	17
COLLATIONS, CONFISERIES ET PÂTISSERIES				
Barres chocolatées				
• Mars®, barre chocolatée	65	60	40	26
• Barre musli avec des fruits secs (Uncle Toby's®, Australie)	61	30	21	13
• Snickers®, barre chocolatée	55	60	35	19
• Twisties® (Smith's, Australie)	74	50	29	22
• Twix®, biscuit nappéde caramel (États-Unis)	44	60	39	17
Bonbons				
• Jelly Beans®, assortiments de bonbons (Australie)	78	30	28	22
• LifeSavers® bonbons à la menthe poivrée (Nestlé, Australie)	70	30	30	21
Bretzels et chips				
• Bretzels	83	30	20	16
• Chips de pommes de terre salées	54	50	21	11
Chocolat au lait				
• Chocolat au lait, qualité traditionnelle	34	50	22	7
• Chocolat au lait, (Cadbury's®, Australie)	49	50	30	14

• Chocolat au lait (Nestlé®, idem)	42	50	31	13
• Chocolat au lait, à faible teneur en sucre, au maltitol (Belgique)	35	50	22	8
• Chocolat blanc Milky Bar® (Nestlé, Australie)	44	50	29	13
Chips de maïs				
• Chips de maïs, salées (Doritos®, Australie)	42	50	25	11
• Nachips Old El Paso® (Canada)	74	50	29	21
Crackers/gâteaux salés				
• Biscuits, sel, eau, farine (Canada)	63	25	18	11
• Crackers bretons, farine de blé (idem)	67	25	14	10
• Pain scandinave au seigle (idem)	63	25	16	10
• Pain suédois Ryvita® (idem)	69	25	16	11
• Stoned Wheat Thins® (Christie Brown, idem)	67	25	17	12
• Premium Soda Crackers® (idem)	74	25	17	12
Divers				
• Nougat, Jijona (La Fama®, Espagne)	32	30	12	4
• Nutella®, pâte à tartiner aux noisettes	33	20	12	4
Pop-corn				
• Pop-corn, qualité standard, cuit au micro-ondes	72	20	11	8
FRUITS À ÉCALE				
• Amandes	[0]	50	0	0
• Cacahouètes	13	50	7	1
• Noisettes	[0]	50	0	0
• Noix	[0]	50	0	0

• Noix du Brésil	[0]	50	0	0
• Noix de cajou, salées	22	50	13	3
• Noix de macadamia	[0]	50	0	0
• Noix de pécan	[0]	50	0	0

FRUITS ET PRODUITS À BASE DE FRUITS

Divers

• Cantaloup (idem)	65	120	6	4
• Confiture à la fraise	51	30	20	10
• Marmelade d'orange (Australie)	48	30	20	9
• Salade de fruits (en conserve) (Delmonte®, Canada)	55	120	16	9
Vitari®, dessert, baies sauvages congelées, produit non laitier (Nestlé, Australie)	59	100	21	12

Fruits au sirop

• Abricots, sans sucre ajouté (Riviera®, Canada)	64	120	19	12
• Litchis	79	120	20	16
• Pêche	30	120	11	3
• Pêches, sans sucre ajouté (Delmonte®, idem)	52	120	18	9

Fruits crus

• Abricots	57	120	9	5
• Banane	52	120	24	12
• Cerises	22	120	12	3
• Fraises	40	120	3	1
• Kiwi	53	120	12	6
• Mangue	51	120	17	8
• Orange	42	120	11	5
• Pamplemousse	25	120	11	3
• Papaye	56	120	8	5

349

• Pastèque	72	120	6	4
• Pêche	42	120	11	5
• Poire	37	120	11	4
• Pomme, golden	38	120	15	6
• Prunes	39	120	12	5
• Raisin	46	120	18	8
Fruits dans jus naturel				
• Poire, bartlett (Delmonte®, Canada)	44	120	11	5
• Poires, demi-fruit	43	120	13	5
Fruits séchés				
• Abricots séchés	32	60	30	10
• Pruneaux dénoyautés (Sunsweet®, États-Unis)	29	60	33	10
• Raisins secs	64	60	44	28
• Raisins secs, blonds	56	60	45	25
Jus de fruits et de légumes				
• Ananas, fruit sans sucre ajouté (Dole®, Canada)	46	250 ml	34	15
• Canneberge	59	250 ml	32	19
• Orange	46	250 ml	26	12
• Orange, reconstitué	53	250 ml	18	9
• Orange, reconstitué à partir de concentré congelé (États-Unis)	57	250 ml	26	15
• Pamplemousse, sans sucre ajouté	48	250 ml	20	9
• Pomme, sans sucre ajouté, reconstitué	40	250 ml	28	11
• Tomate en canette, sans sucre ajouté	38	250 ml	9	4
LÉGUMES				
Légumes frais				
• Avocat	[0]	80	0	0

• Betterave rouge (en conserve) (Canada)	64	80	7	
• Brocoli	[0]	80	0	0
• Cassave, cuite, salée (Kenya, Afrique)	46	100	27	12
• Carottes, crues	16	80	8	1
• Carottes pelées et cuites à l'eau	32	80	5	2
• Céleri	[0]	80	0	0
• Chou	[0]	80	0	0
• Chou-fleur	[0]	80	0	0
• Concombre	[0]	80	0	0
• Courge	[0]	80	0	0
• Fèves	79	80	11	9
• Haricots verts	[0]	80	0	0
• Igname	37	150	36	13
• Légumes à feuilles (épinards, roquette, etc.)	[0]	80	0	0
• Maïs doux	54	80	17	9
• Maïs doux, surgelé (Canada)	47	80	15	7
• Manioc, cuit au lait (General Mills®, idem)	81	250	18	14
• Panais	97	80	12	12
• Pâtissons	[0]	80	0	0
• Petits pois surgelés, cuits à l'eau	45	80	7	3
• Poivron	[0]	80	0	0
• Rutabaga	72	150	10	7
• Salade verte	[0]	80	0	0
• Taro, cuit à l'eau	55	150	8	4
Pommes de terre				
• Boulettes de pommes de terre cuites à la vapeur	52	150	45	24

• Frites surgelées, réchauffées au micro-ondes (Cavendish Farms®, Canada)	75	150	29	22
• Patates douces	54	150	32	17
• Pommes de terre (conserve)	61	150	18	11
• Pommes de terre, cuites au four avec la peau, variété Ontario, chair blanche (Canada)	60	150	30	18
• Pommes de terre, cuites à l'eau, variété Ontario (idem)	58	150	27	16
• Pommes de terre, cuites à l'eau, variété Prince Edward Island (idem)	63	150	18	11
• Pomme de terre, chair blanche (idem)	54	150	27	15
• Pommes de terre nouvelles	62	150	21	13
• Potiron	75	80	4	3
• Purée de pommes de terre (préparation instantanée)	85	150	20	17
• Purée de pommes de terre (faite maison)	73	150	18	13

LÉGUMINEUSES (LÉGUMES SECS)

Haricots

• Haricots beurre	36	150	20	7
• Haricots blancs à la sauce tomate (en conserve)	48	150	15	7

Haricots blancs secs

• Haricots blancs (idem)	37	150	25	9
• Haricots blancs, cuits à l'eau (France)	23	150	25	6
• Haricots blancs, cuits à l'eau (Canada)	42	150	25	10
• Haricots blancs (en conserve) (Lancia-Bravo, idem)	52	150	17	9

Haricots mungo

• Haricots mungo *(Phaseolus areus Roxb),* cuits à l'eau (Philippines)	31	150	17	5
• Haricots mungo, cuits à la Cocotte-Minute (Australie)	42	150	17	7
• Haricots mungo, germés (Australie)	25	150	17	4
• Pois, secs, cuits à l'eau (Australie)	22	150	9	2

Haricots navy

• Haricots navy, cuits à la Cocotte-Minute (King Grains®, Canada)	29	150	33	9
• Haricots navy, secs, cuits à l'eau (idem)	30	150	30	9
• Haricots navy, cuits à l'eau (idem)	31	150	30	9
• Haricots navy (King Grains®, idem)	39	150	30	12
• Haricots navy, cuits à la Cocotte-Minute (King Grains®, idem)	59	150	33	19

Haricots pinto

• Haricots pinto, conservés dans de l'eau salée (Lancia-Bravo®, Canada)	45	150	22	10
• Haricots pinto, cuits à l'eau (idem)	39	150	26	10
• Haricots romano (idem)	46	150	18	8

Lentilles

• Lentilles	29	150	18	5

Lentilles vertes

• Lentilles, vertes, séchées, cuites à l'eau (Canada)	22	150	18	4

353

• Lentilles, vertes, séchées, cuites à l'eau (France)	30	150	18	6
• Lentilles, vertes, conservées dans de l'eau salée (Lancia-Bravo®, Canada)	52	150	17	9
Lentilles rouges				
• Lentilles, rouges, séchées, cuites à l'eau (Canada)	26	150	18	5
• Mini-haricots de Lima, congelés (York, idem)	32	150	30	10
Fèves de soja				
• Fèves de soja, cuites à l'eau (Canada)	15	150	6	1
• Fèves de soja, en conserve (idem)	14	150	6	1
• Pois cassés, jaunes, cuits à l'eau (Nupack®, idem)	32	150	19	6
Pois chiches				
• Pois chiches secs, cuits à l'eau (Canada)	31	150	30	9
• Pois chiches, en conserve, cuits dans de l'eau salée (Lancia-Bravo®, idem)	42	150	22	9
• Pois chiches, au curry (en conserve) (Canasia®, idem)	41	150	16	7
PAINS				
Divers				
• Blini (petite crêpe)	69	50	19	13
• Pain au lait Pasquier®	63	60	32	20
• Pain aux fruits secs Bürgen®Fruit Loaf	44	30	13	6
• Pain multicéréale Bürgen®Mixed Grain	49 (moy.)	30	11	6
• Pain au sarrasin, avec 50 % de farine de blé blanche	47	30	21	10

• Pain suédois Crisproll®	71	25	16	12
Pain à la farine de blé blanche				
• Farine blanche	70	30	14	10
Pain à la farine de blé complète				
• Farine complète	72	30	12	8
Pain à pâte non levée				
• Pain libanais, à la farine blanche	75	30	16	12
• Pain pita, à la farine blanche (Canada)	57	30	17	10
• Pain plat du Moyen-Orient	97	30	16	15
Pain blanc et garnitures				
• Pain blanc en tranche et beurre (Canada)	59	100	48	29
• Pain blanc en tranche avec fromage au lait écrémé (idem)	55	100	47	26
• Pain blanc en tranche avec beurre et fromage (lait écrémé) (idem)	62	100	38	23
• Pain blanc en tranche ou complet avec beurre de cacahouètes (idem)	59	100	44	26
Pain de seigle				
• Pains de seigle noir (Pumpernickel®) grosse mouture, 80 % des grains intacts (Suède)	41	30	12	5
• Pain de mie rond (canapés)	55	30	12	7
Pain sans gluten				
• Pain multicéréale, sans gluten	79	30	13	10
• Pain blanc, sans gluten (amidon de blé), non tranché (Royaume-Uni)	71	30	15	11

PÂTES ALIMENTAIRES ET NOUILLES ASIATIQUES

Divers

• Capellini (Primo®, Canada)	45	180	45	20

• Fettucine, aux œufs	32	180	46	15
• Tortellini, fromage, cuits à l'eau (Stouffer®, idem)	50	180	21	10
Linguine				
• Qualité épaisse, farine de blé durum, blanches, fraîches (Suède)	43	180	48	21
• Qualité fine, farine de blé durum (Suède)	49	180	48	23
• Qualité fine, fraîches, farine de blé durum, aux œufs 39 % (Suède)	45	180	41	18
Macaronis				
• Macaronis, qualité traditionnelle, cuits à l'eau (5 min) (Lancia-Bravo®, Canada)	45	180	49	22
• Macaronis au fromage (plat prêt à consommer) (Kraft®, idem)	64	180	51	32
Nouilles asiatiques et vermicelles				
• Nouilles asiatiques, cuites à l'eau	47	180	40	19
• Nouilles Lungkow, nouilles asiatiques à la farine de haricots mungo (Chine)	32	180	45	15
• Nouilles asiatiques fraîches, à la farine de riz, cuites à l'eau (Sydney, Australie)	40	180	39	15
• Nouilles asiatiques sèches, à la farine de riz, cuites à l'eau	61	180	39	23
• Vermicelles de riz, Kongmoon (Chine)	58	180	39	22
Spaghettis				
Spaghettis, farine blanche				
• Cuisson à l'eau 5 min	35	180	48	17
• Cuisson à l'eau 7 min, enrichis en protéines, (Catelli®, Canada)	27	180	52	14

• Cuisson à l'eau 10 min, farine de blé durum, (Barilla®, Italie)	58	180	48	28
• Cuisson à l'eau 15 min	38	180	48	18
• Cuisson à l'eau salée 15 min	44	180	48	21
Spaghettis, farine blanche, semoule de blé durum (Panzani®, France)				
• Cuisson 11 min	59	182	48	28
• Cuisson 16 min	65	182	48	31
• Cuisson 22 min	46	182	48	22
Spaghettis, farine complète				
• Farine complète, cuits à l'eau	42	180	40	17
• Star Pastina, farine blanche, cuits à l'eau (5 min) (Lancia-Bravo®, Canada)	38	180	48	18
PÂTISSERIES INDUSTRIELLES				
Gâteaux				
• Croissant	67	57	26	17
• Doughnut	76	47	23	17
• Flan	65	70	48	31
• Gâteau à la vanille avec glaçage à la vanille	42	111	58	24
• Gâteau au chocolat avec glaçage au chocolat	38	111	52	20
• Gâteau de Savoie	46	63	36	17
• Gâteau de Savoie, nappage chocolat et noix de coco	87	50	29	25
• Gaufres	76	35	13	10
• Gaufrettes à la vanille	77	25	18	14
• Pâte à gâteaux	59	57	26	15
• Quatre-quarts	54	53	28	15
• Petit gâteau avec glaçage à la fraise	73	38	26	19
• Tarte sablée à la fraise	42	250	1	1

PLATS PRÉPARÉS

Divers

• Aloyau avec macédoine de légumes et purée de pommes de terre (Australie)	66	360	53	35
• Légumes sautés avec du poulet et du riz, faits maison (Australie)	73	360	75	55
• Nuggets de poulet, surgelés et réchauffés	46	100	16	7

Pizza

• Pizza, fromage (Pillsbury®, Canada)	60	100	27	16
• Pizza, complète (Italie)	80	100	27	22
• Pizza, Super Suprême (Pizza Hut®, Australie)	36	100	24	9
• Pizza, Super Suprême, pâte fine et croustillante (idem)	30	100	22	7
• Pizza Suprême, végétarienne, pâte fine et croustillante (idem)	49	100	25	12
• Poisson pané	38	100	19	7
• Poulet au riz (Nestlé®, Australie)	36	400	68	24
• Riz blanc, cuit à l'eau, viande de bœuf hachée grillée, fromage et beurre (France)	22	440	50	11
• Saucisses	28	100	3	1
• Spaghettis bolognaise, faites maison (Australie)	52	360	48	25
• Sushi, saumon (Australie)	48	100	36	17
• Sushi, algues rôties, vinaigre et riz (Japon)	55	100	37	20
• Riz blanc, cuit à l'eau, viande de bœuf hachée grillée, fromage et beurre (France)	27	440	50	14

PRODUITS LAITIERS ET PRODUITS DÉRIVÉS

Boissons à base de lait de soja

• Milk-shake soja, banane, 1 % MG	30	250 ml	22	7
• Milk-shake soja, chocolat et noisettes	34	250 ml	25	8
• Milk-shake, framboise	34	250 ml	25	8

Crème anglaise/crème renversée/crème glacée

• Crème renversée (poudre et lait entier, sans cuisson) (Nestlé®, Australie)	35	100	17	6
• Crème anglaise, faite maison (Australie)	43	100	17	7
• Crème anglaise allégée TRIM® (Pauls, Australie)	37	100	15	6
• Crème glacée, vanille-chocolat	61	50	13	8
• Crème glacée, chocolat, 15 % MG (Sara Lee®, Australie)	37	50	9	4
• Crème glacée à la vanille	32	25	3	1
• Crème glacée, vanille française, 16 % MG (idem)	38	50	9	3

Lait de vache

• Lait entier	27	250 ml	12	3
• Lait de vache fermenté (Ropy Milk®, Suède)	11	250 ml	12	3
• Lait écrémé	32	250 ml	13	4
• Lait concentré sucré (Nestlé®)	61	250 ml	136	83

Lait de soja (contenant de la maltodextrine)

• Lait de soja, 1,5 % MG, 120 mg calcium	44	250 ml	17	8

Yaourts

• Yaourt	36	200	9	3

• Yaourt allégé, fruits, aspartame, Ski®	14	200	13	2
• Yaourt allégé, fruits, sucré, Ski®	33	200	31	10
• Yaourt allégé (0,9 % MG), fruits, fraises des bois, Ski®	31	200	30	9
• Yaourt soja, pêche et mangue, 2 % MG, sucre	50	200 ml	26	13
PROTÉINES				
• Agneau	[0]	120	0	0
• Bœuf	[0]	120	0	0
• Fromage	[0]	120	0	0
• Crustacés (crevettes roses, crabes, homards, etc.)	[0]	120	0	0
• Œufs	[0]	120	0	0
• Poisson	[0]	120	0	0
• Porc	[0]	120	0	0
• Salami	[0]	120	0	0
• Veau	[0]	120	0	0
SOUPES				
• Lentilles vertes, soupe (en conserve) (Canada)	44	250 ml	21	9
• Soupe aux nouilles asiatiques (soupe turque avec du bouillon et des nouilles)	1	250 ml	9	0
• Soupe aux petits pois (Campbell's®, Canada)	66	250 ml	41	27
• Soupe à la tomate	38	250 ml	17	6
SUCRES				
Divers				
• Fructose	19	10	10	2
• Glucose (dextrose)	99	10	10	10
• Lactitol	2	10	10	0
• Lactose	46	10	10	5

• Maltose	105	10	10	11
• Saccharose	61	10	10	6
• Xylitol édulcorants à base de maltitol ou agents de charge	8	10	10	1
• Malbit CR (87 % maltitol) (Cerestar®, Belgique)	30	10	10	3
• Maltidex 100 (72 % maltitol) (idem)	44	10	10	4
• Malbit CR (99 % maltitol) (idem)	73	10	10	7
• Maltidex 200 (50 % maltitol) (idem)	89	10	10	9
Miel				
• Miel (Canada)	87	25	21	18
• Iron Bark (Australie)	48	25	15	7
• Pur (Capilano, idem)	58	25	21	12
• Red Gum® (idem)	46	25	18	8
• Stringy Bark® (idem)	44	25	21	9
• Yapunya® (idem)	52	25	17	9
• Yellow Box® (idem)	35	25	18	6

CONCLUSION

L es indications données tout au long de cet ouvrage me paraissent d'une grande clarté mais, par leur entrecroisement, elles pourraient sembler difficiles à appréhender, à mémoriser ou à mettre en pratique. Une lecture attentive et surtout une relecture à tête reposée sont la clé d'une compréhension en profondeur. Qu'il me soit permis ici de résumer en les hiérarchisant les notions développées, ce qui permettra de mieux les utiliser.

Il existe deux cas de figure : soit les notions sont utilisées par des personnes ayant une surcharge de poids ou ayant tendance à en prendre, soit les notions sont utilisées par des personnes n'ayant aucun problème de poids.

1. Vous avez une surcharge pondérale ou vous avez tendance à prendre du poids. Respectez les règles décrites dans ce livre selon la hiérarchie suivante :
• tenez compte de la densité calorique des aliments que vous consommez ;
• la notion de « densité calorique » conduit à éviter ou à limiter l'absorption des aliments les plus gras. Dans les tables d'aliments (voir en quatrième partie), vous constaterez que les aliments les plus gras ont l'index glycémique le plus faible : cela n'est pas une raison pour les consommer en priorité, au contraire. Parmi les lipides, réduisez au maximum les graisses d'origine animale (les viandes et les

fromages) au profit des graisses végétales, notamment celles qui sont riches en acides gras insaturés ;

• favorisez les aliments à faible index glycémique et les moins riches en lipides ;

• pour les aliments à index glycémique élevé, tenez compte avant tout et simultanément de la teneur en lipides et de la charge glycémique en choisissant les valeurs les plus basses, bien sûr, si vous avez le choix. Les extras – les dîners chez des amis ou les anniversaires – n'entrent pas en ligne de compte dans ces calculs, réservés au quotidien. Le calcul de l'index glycémique des repas et, plus encore, celui de la charge glycémique du même repas s'effectue à partir des valeurs individuelles de chaque constituant dudit repas. Il ne s'impose pas ; il peut simplement être utile, dans un but de compréhension, pour comparer deux repas qui vous semblent identiques ;

• préférez les aliments riches en fibres (fruits, légumes, légumineuses) aux aliments trop affinés ;

• dans nos pays industrialisés, la consommation de protéines animales est souvent trop abondante : il est inutile de consommer de la viande deux fois par jour. Les portions doivent être « raisonnables » (par exemple 150 g de viande dégraissée). Mangez du poisson au moins deux fois par semaine.

2. Vous n'avez aucun problème de poids. La hiérarchie énoncée ci-dessus n'est pas modifiée, en ce sens que :

• il n'est pas nécessaire de considérer en premier la teneur calorique des aliments que vous mangez ni leur teneur en lipides ;

• en revanche, sur le long terme et à l'exception des extras qui peuvent éventuellement se présenter plusieurs fois par semaine, il reste important de limiter les graisses animales au profit des graisses d'origine végétale ;

• la notion numéro un devient alors : « Quelle est la valeur de l'index glycémique des aliments du repas que j'ai envie de consommer ? » ;

• les autres recommandations s'appliquent également dans votre cas.

Pr Gérard Slama

INDEX

INDEX DES RECETTES

TABLE DES MATIÈRES

PARTIE I
QU'EST-CE QUE L'INDEX GLYCÉMIQUE ?

PARTIE II
CHOISIR DES ALIMENTS
À FAIBLE INDEX GLYCÉMIQUE

CHAPITRE 7
TRENTE-NEUF RECETTES
À INDEX GLYCÉMIQUE FAIBLE OU MOYEN

PARTIE III

L'INDEX GLYCÉMIQUE ET VOUS

PARTIE IV
LES TABLES D'INDEX GLYCÉMIQUES

Enfants – Éducation

JENNIE BRAND-MILLER | KAYE FOSTER-POWELL
JOANNA MCMILLAN-PRICE | GÉRARD SLAMA

RĒGIME À FAIBLE
INDEX
GLYCĒMIQUE

OU **COMMENT MAIGRIR** AVEC UN RÉGIME RICHE
EN **GLUCIDES DE HAUTE QUALITÉ.**

MARABOUT

Photocomposition Nord Compo

Imprimé en Allemagne par GGP Media GmbH

Pour le compte des Éditions Marabout.
Dépôt légal : Février 2010
ISBN : 978-2-501-06108-7
Codif. : 40.5044.9
Édition 02